# 한국 입학사정관제 분석

-다차원 교육정책 분석모형 적용-

정 훈

도서출판 대영문화사

# 머리말

교육정책은 전통적으로 국가의 중요한 역할 가운데 하나이다. 이명박 정부는 나름대로 선택한 정책의 이념과 철학을 기반으로 공정한 사회를 지향하는 교육정책을 펴 왔다고 볼 수 있다. 그럼에도 다른 입장을 가진 사람들과의 소통 노력이 부족한 정책 추진이라는 비판을 계속 받아왔으며, 고등교육정책에서는 대학입학사정관제가 그 대표적인 정책이다. 특히 우리나라에서 대학입학 전형제도는 공정한 사회를 담보하는 근간이라고 생각한다. 따라서 이명박 정부의 대표적 고등교육정책으로 꼽을 수 있는 대학입학사정관제는 공정한 규칙 속에서 운영되고 있는지 살펴볼 필요가 있다. 필자는 입학사정관제에 대한 정치학적 분석 내지는 정책학적 분석이 필요하다고 보고, 입학사정관제와 관련된 가치, 이해당사자, 관련 제도와 문화, 운영의 기술적 문제 등을 종합적으로 고려한 입학사정관제를 탐색하기 위하여 쿠퍼, 푸사렐리, 랜달(B. S. Cooper, L. D. Fusarelli, & E. V. Randall, 2004)이 고안한 다차원 교육정책분석의 논리와 모형을 설명하고, 우리나라 입학사정관제 분석에 적용하였다.

오늘날 일반적인 공공정책과 특정한 교육정책에 대한 연구가 그 복잡성과 함께 혼란스러운 이론과 모형들로 인하여 곤란을 겪고 있다. 이는 이 분야에 이론이 너무 적어서가 아니고 너무 많아서 발생하는 문제이므로 정책분석가들에게 혼란스러운 일련의 관점을 제공하고 그로 인하여 체계, 방향, 과학적 엄밀성 등이 부족하다고 본다. 특히 교육정책은 다양한 이론이나 관점에서 검토되어야 하나, 수많은 전통적 정책분석 방법은 그 범위가 매우 협소하고 정적이기 때문에 복잡한 정치·사회적 현상에 대한 불충분한 이해를 가져왔으며, 전통적인 교육정책연구는 정책문제에 대한 포괄적인 이해를 제공하지 못한다고 비판받고 있다. 교육정책은 다양한 이론과 모형을 통하여 분석해 보는 것이 정책문제를 더 잘 이해할 수 있다고 보고, 이 문제들에는 정책에 대한 담론, 계획, 집행, 정책 맥락의 역학, 정책의 영향 등이 포함된다.

이 책은 다차원 교육정책분석의 논리를 설명하는 제1부(제1장, 제2장, 제3장)와 실제적인 다차원 교육정책분석 사례로 한국 입학사정관제를 분석한 제2부(제4장, 제5장, 제6장, 제7장), 그리고 『미국 대학 입학사정관들의 고민』을 번역한 제3부(제8장)로 구성되어 있다.

제1부 제1장에서는 쿠퍼(B. S. Cooper) 등의 다차원 교육정책분석에 관한 이론적 논의로서 실증주의 관점은 체제이론, 신다원주의 옹호연합(neo-pluralist advocacy coalition) 및 이익집단 이론, 신제도주의 이론을, 해석학주의 관점은 비판이론, 페미니즘 이론, 포스트모더니즘, 이데올로기적 측면을 고찰하였다. 제2장에서는 다차원 교육정책분석 이론을 토대로 쿠퍼 등의 규범적 차원(normative dimension), 구조적 차원(structural dimension), 구성적 차원(constituentive dimension), 기술적 차원(technical dimension)이라는 교육정책분석 모형을 제시하였다. 제3장에서는 쿠퍼 등의 다차원 교육정책분석 모형에 관한 국내 선행 연구가 별로 없으므로 가급적이면 이 책의 이해를 돕기 위하여 세 가지 사례를 상세히 설명하였다.

제2부는 쿠퍼 등의 다차원 교육정책분석 모형을 실제 적용하여 한국 입학사정관제의 정착에 미치는 영향 요인을 분석한 사례이다. 제4장에서는 입학사정관제에 관한 일반적 고찰로 대입제도의 변화 및 대입자율화의 과정 그리고 입학사정관제의 개념과 특징 및 입학사정관 전형의 내용을 살펴보았으며, 또 외국 입학사정관제의 역사 및 주요 대학의 입학사정관제를 비교 설명한 뒤, 우리나라 입학사정관제의 실태와 국내외 선행 연구를 검토하였다. 제5장에서는 한국 입학사정관제 분석의 연구 설계로서 연구의 목적과 연구의 범위 및 연구의 방법에 대해 설명하였고, 분석 모형 및 가설 설정을 한 뒤, 변수의 조작적 정의 및 설문 구성을 하였고, 설문 대상의 선정과 자료 수집 및 자료 분석 방법을 설명하였다. 제6장에서는 한국 입학사정관제 분석의 연구 결과로서 분석 자료의 특성에서 표본의 일반적 특성과 측정 도구의 타당도 및 신뢰도 검사와 더불어 입학사정관제의 정착에 미치

는 변수의 유의미한 차이와 상관관계 및 확인적 요인분석을 통한 독립변수의 개념적 타당화를 검토한 뒤, 가설 검증을 위한 변수의 영향력 정도를 분석하면서 가설 검증 및 결과에 대한 종합적 논의를 하였다. 제7장에서는 한국 입학사정관제의 정착에 미치는 영향 요인에 관한 연구 결과의 요약과 정책적 시사점 및 향후 연구 과제를 제시하였다.

제3부에서 다루는 『미국 대학 입학사정관들의 고민』은 태커(Lloyd Thacker)가 2004년 『등급 없는 대학(*College Unranked*)』이라는 제목으로 편집·출판한 것을 한석수·이종욱·정훈이 2007년 국내 최초로 공동 번역 출간한 내용 중 일부이다. 이 번역서의 전체 내용은 미국 대학에서 입학사정 및 입학 관련 카운슬링에 종사한 총장, 입학 업무 담당자(입학사정관 등), 카운슬러, 교육자들이 쓴 에세이들로 이 중 마지막 장의 요약과 토론 부분인 교육적 명료성과 영감 찾기를 이 책에 실었다. 그 이유는 한국 입학사정관제 분석에서 나타난 우리나라 입학사정관들의 입학사정관제에 관한 인식과 미국 대학 입학사정관들의 고민을 비교해 보는 것이 입학사정관제를 올바로 이해하는 데 도움이 된다고 판단하였기 때문이다.

집필을 시작할 때는 이 책이 다차원 교육정책분석의 논리와 실제를 겸비한 교재로서 도움이 되었으면 하고, 직접 입학사정관 업무를 담당하는 입학사정관들과 입학사정관제에 관심이 있는 모든 분에게 도움이 되는 정보를 제공하고자 하는 바람을 갖고 출발하였다. 그러나 막상 책이 출판된다고 하니 본래의 의도와는 달리 여러 가지 부족한 점이 많음을 스스로 고백하지 않을 수 없다. 부족한 부분에 대해서는 많은 비평을 들어 좀 더 알찬 내용을 담은 책으로 보완해 나갈 생각이다.

이 책의 집필을 마치면서 감사드려야 할 분이 너무나 많다.

먼저 대학 재직 20년이 되어 가는 대경대학교에서 교수의 길을 걷도록 기회를 주신 유진선 총장님께 큰 감사의 마음을 전하고 싶다.

제1부는 2010년 『국가정책연구』 학술지에 실린 "쿠퍼 등의 교육정책분석 이론 및 모형에 관한 연구"를 수정, 보완한 것으로 중앙대학교 공공인재학부 허만형 교수님께 감사드리며, 제2부는 필자의 경북대학교 행정학 박사 논문인 "한국 입학사정관제의 정착에 미치는 영향 요인 분석: 다차원 정책분석 모형 적용"을 정리한 내용으로 학위 논문의 주제 선정 과정에서 심사 과정에 이르기까지 세심한 지도와 함께 학문하는 방법에 대한 인식의

지평을 넓혀 주신 경북대학교 법대 학장 겸 행정대학원 원장님이신 이원욱 교수님과 행정학과 이광석 지도교수님, 그리고 심사위원장이신 배태영 교수님을 비롯한 권오상 교수님, 영남대학교 행정학과 이해영 교수님, 특히 학문적 소양과 인격 함양에도 큰 가르침을 주신 경북대학교 행정학과 김윤상 교수님 등 모든 분께 감사드린다. 제3부는 2007년에 번역 출간한 『미국대학 입학사정관들의 고민』의 내용 중 일부인 요약과 토론 부분으로 함께 번역한 전북대학교 한석수 사무국장님과 성균관대학교 이종욱 특임교수님께도 감사드린다. 또한 집필 과정에서 유익한 토론과 함께 의견을 제시해 준 같은 학과 양원규 교수님과 차승호 교수님께도 감사드리며, 이 책의 교정과 일부 내용을 검토해 주신 하정용 교수님, 이주하 교수님, 차병준 교수님 그리고 동양대학교 도광조 교수님과 한국직업능력개발원 위촉연구원인 구찬동 박사님께도 감사드린다. 그 외 한국 입학사정관제 분석에서 입학사정관 대상의 실증적 조사에 많은 도움을 준 전국대학입학사정관협의회 회장인 임진택 경희대학교 입학사정관님을 비롯한 60개 대학 500여 명의 입학사정관님들께도 감사드리며, 이 책의 집필에 필요한 귀중한 국내외 자료를 신속하게 검색하여 제공해 준 영남학교 중앙도서관 권영찬 팀장님과 박진혁 선생님께도 감사의 마음을 전한다.

끝으로 고인이 되신 김병찬 교수님과 문경삼 교수님은 경북대학교 행정학과 교수로 재직 시 대학원에서 필자에게 인생의 큰 스승님으로 자리잡아 학문의 가르침과 사랑을 베풀어 주셔서 삼가 영전에 이 책을 바치고 싶다. 또 오직 자식 잘되기만을 바라며 40년간 교육자의 길을 걸으신 아버님과 지금도 노구를 이끌고 매일 자식 기도를 드리시는 어머님 그리고 남편이 하는 일에 묵묵히 지켜보아 준 아내 전숙희와 건강하게 성장하여 대학생이 된 두 아들 상준과 상원에게도 감사하며, 이 책의 출간을 흔쾌히 허락해 준 대영문화사의 임춘환 사장님께도 감사드린다.

2012년 1월<br>도천산 자락 연구실에서<br>정 훈

# 차 례

머리말 / 3

## 제 1 부 다차원 교육정책 분석의 논리

제 1 장 다차원 교육정책 분석이론 ······ 13

제 1 절 실증주의 관점 ······ 14

1. 체제이론 / 14
2. 신다원주의 옹호연합 및 이익집단 이론 / 17
3. 신제도주의 이론 / 20

제 2 절 해석학주의 관점 ······ 25

1. 비판이론 / 26
2. 페미니즘 / 27
3. 포스트모더니즘 / 28
4. 이데올로기적 관점: 좌파에서 우파까지 / 29

제 2 장 다차원 교육정책 분석모형 ······ 32

제 3 장 다차원 교육정책 분석 선행 연구 ······ 35

## 제 2 부 한국 입학사정관제 분석

제 4 장 입학사정관제에 관한 일반적 고찰 ······ 49

제 1 절 대입제도의 변화 및 대입자율화의 과정 ........ 49
1. 대입제도의 변천 과정 / 49
2. 대입제도 변화의 배경 요인 / 53
3. 대입자율화의 과정 / 56

제 2 절 입학사정관제의 의의 ........ 61
1. 입학사정관제의 개념 / 61
2. 입학사정관 전형의 특징 / 62
3. 입학사정관 전형의 내용 / 64

제 3 절 외국 입학사정관제의 역사 및 주요 대학의 입학사정관제 사례 ........ 68
1. 외국 입학사정관제의 역사 / 68
2. 외국 주요 대학의 입학사정관제 사례 / 72

제 4 절 우리나라 입학사정관제 지원사업의 실태 ........ 78
1. 입학사정관제 지원사업의 도입 배경 및 추진 과정 / 78
2. 입학사정관제 지원사업의 추진 목적 및 추진 방향 / 82
3. 입학사정관제 지원사업의 내용 및 선정 대학 현황 / 85

제 5 절 입학사정관제에 관한 선행 연구 ........ 90
1. 외국의 선행 연구 / 91
2. 국내의 선행 연구 / 95

**제 5 장 한국 입학사정관제 분석의 연구설계 ........ 103**

제 1 절 연구의 목적 ........ 103
제 2 절 연구의 범위 및 연구의 방법 ........ 109
제 3 절 분석모형 ........ 110
제 4 절 가설 설정 ........ 112
1. 규범적 차원에 대한 가설 / 112
2. 구조적 차원에 대한 가설 / 113
3. 구성적 차원에 대한 가설 / 113
4. 기술적 차원에 대한 가설 / 114

제 5 절 변수의 조작적 정의 및 설문 구성 ........ 115

1. 통제 변수 / 115
2. 독립변수 / 116
3. 종속변수 / 120

제 6 절 자료 수집 및 자료 분석 방법 ······ 122
1. 설문 대상의 선정 및 자료 수집 / 122
2. 자료 분석 방법 / 123

**제 6 장 한국 입학사정관제 분석의 연구 결과 ······ 125**

제 1 절 자료의 특성 ······ 125
1. 표본의 일반적 특성 / 125
2. 측정 도구의 요인분석 및 신뢰도 검사 / 131
3. 상관관계 분석 / 135

제 2 절 확인적 요인분석을 통한 독립변수의 개념적 타당화 ······ 137

제 3 절 입학사정관제의 정착에 미치는 영향 요인 분석 및 가설 검증 ······ 140
1. 입학사정관제의 정착에 미치는 영향 요인 분석 / 140
2. 가설 검증 / 144
3. 가설 검증에 대한 종합적 논의 / 149

**제 7 장 한국 입학사정관제 분석의 정책적 시사점 ······ 153**

**제 3 부 미국 대학 입학사정관들의 고민**

**제 8 장 요약과 토론: 교육적 명료성과 영감 찾기 ······ 163**

제 1 절 상업적으로 왜곡된 대학 입학 시장 ······ 164
제 2 절 교육적 명료성 추구: 개인 경험 ······ 166
제 3 절 교육적 명료성 추구: 판단 ······ 168
제 4 절 교육 목표의 명료성 추구: 그룹행위 ······ 170
제 5 절 학생다움 되찾기: 교육적 가치 옹호 ······ 172

제 6 절 권고 사항들: 마땅히 해야 할 그 일을 누가 할 수 있을까? ········ 176
1. 학생들은 무엇을 할 수 있는가? / 176
2. 학부모는 무엇을 할 수 있는가? / 181
3. 대학은 무엇을 할 수 있는가? / 188
4. 대학협의회와 언론은 무엇을 할 수 있는가? / 193
5. 희망과 기대 / 197
제 7 절 역자 후기 ········ 198

부록 1: 설문지 / 205
부록 2: 통계자료 / 210

참고 문헌 / 222
찾아보기 / 236

제 1 부

# 다차원 교육정책 분석의 논리

제 1 장 다차원 교육정책 분석이론
제 2 장 다차원 교육정책 분석모형
제 3 장 다차원 교육정책 분석 선행 연구

# 제 1 장

# 다차원 교육정책 분석이론*

일반적인 공공정책과 특정한 교육정책에 대한 연구가 그 복잡성과 함께 혼란스러운 이론과 모형들로 인하여 곤란을 겪고 있다.[1] 이는 이 분야에 이론이 너무 적어서가 아니고 너무 많아서 발생하는 문제이므로 정책분석가들에게 혼란스러운 일련의 관점을 제공하고, 그로 인하여 체계, 방향, 과학적 엄밀성 등이 부족하다고 본다.

정책분석이 비논리적이고 제한적이라는 일부 논란을 부정하는 것은 정책연구 이론의 부재가 아니라 이론이 너무 과다하였기 때문이다(Blair & Maser, 1977: 282). 그러나 맥쿨(D. C. McCool)이 지적하듯이 정책이론의 발달은 괄목할 만한 진전이 있었다고 보고 지금 필요한 것은 이 모든 개념과 이론, 접근 방법을 모두 연계하는 방법을 알아내야 하는 일이며, 정책연구의 성공과 발전 방향은 정책이론가들이 어디까지 연구할지와 함께 그들이 어떻게 정책이론의 분열을 해결할 수 있는지에 달려 있다고 보았다(McCool, 1995: 393). 특히 교육정책은 다양한 이론이나 관점에서 검토되어야 하나, 수많은 전통적 정책분석 방법은 그 범위가 매우 협소하고 정적

---

* 제1부의 제1장과 제2장은 정훈(2010)의 『국가정책연구』 제24권 제4호(2010.12)에 게재된 논문의 내용을 수정·보완한 것임.

1) 이론 간의 모순성은 서로 다른 이론적 주장을 바탕으로 어떤 이론이 현실적으로 타당한가에 대한 문제가 제기될 수가 있다고 하였다(이원욱, 2011: 60).

이기 때문에 복잡한 정치·사회적 현상에 대한 불충분한 이해를 가져왔으며(Hall, 1993; Mazzoni, 1995; Sroufe, 1995), 또한 영(M. D. Young)은 전통적인 교육정책 연구는 정책문제에 대한 포괄적인 이해를 제공하지 못한다고 비판하면서 교육정책을 분석하는 데 단독적인 기반으로서 이론을 사용해서는 안 된다고 주장한다(Young, 1999: 677).

교육정책은 다양한 이론과 모형을 통하여 분석해 보는 것이 정책문제를 더 잘 이해할 수 있다고 보고, 이 문제들에는 정책에 대한 담론, 계획, 집행, 정책 맥락의 역학, 정책의 영향 등이 포함된다고 했다(Young, 1999: 679). 여기서는 쿠퍼 등(Cooper et al., 2004)이 주장하는 일곱 가지의 주요 교육정책 분석이론들을 크게 두 가지 관점으로 구분하여 설명하는 데 첫째, 실증주의 관점은 체제이론, 신다원주의 옹호연합(neopluralist advocacy coalition) 및 이익집단 이론, 신제도주의 이론이고, 둘째, 해석학주의 관점은 비판이론, 페미니즘 이론, 포스트모더니즘, 이데올로기적 측면인데, 이 이론들은 모순적이라기보다는 상호보완적이며, 다양하고 복잡한 교육정책 문제를 더 잘 이해할 수 있도록 도와 준다.

## 제 1 절 실증주의 관점

### 1 체제이론

체제이론은 정책 과정과 그 결과물을 설명하는 데 가장 오래되고 흔한 접근 방식으로 여러 가지 이유로 교육정책을 이해하는 데 유용하며, 지난 50년 동안 발전되어 온 지식과 도구의 체계이자 개념적 분석틀로 교육정책에 적용하였을 경우 교육정책을 다양한 정치적 활동가와 이익집단들이 체제를 통하여 정책의 결과를 형성하는 일련의 단계로 본다. 체제의 전체보다는 분리된 각 부분의 측면에만 집중하는 경향이 있으나 형태의 개별적인 부분만이 아닌 전체를 고찰함으로써만 체제를 이해할 수 있다. 그러므로 체제이론은 개별적인 부분들을 일관성 있고 상호 연결된 이론적 틀을 통합할 수 있는 이점을 가지고 있다(Senge, 1990: 7). 또한 이 이론은 광범위하며 요구가 의사결정으로 전환되는 과정에 개인, 단체, 연대 같은 핵심 관련자 간의 영향을 미치는 관계를 강조한다(Mazzoni, 1993: 359). 따라서 체제이론의 가치는 정책에 영향을 끼치는 다양한 힘, 관련자, 체제를 설명하는 포괄적인 방식이라는 데 있다.

한편 체제이론은 정책결정과 집행이 개방된 환경에서 일어난다는 개념에 입각하여 교육정책을 분석할 때는 정책형성에서 인접한 환경의 역할을 강조한다는 점이다. 단순히 정책형성 단계나 법안이 개발되고 통과될 때뿐만 아니라 교육정책의 집행과 평가 단계에서도 이런 점이 강조된다(Nakamura & Smallwood, 1980).

나카무라와 스몰우드(Nakamura & Smallwood, 1980)는 더 나아가 정책과정이 실제로 하나가 아닌 세 가지 별개의 환경에서 발생한다고까지 주장하였다. 첫 번째 환경은 정책형성이다. 이는 이익집단, 로비스트, 입법의원, 그리고 다른 정치적 주체들이 관련된다. 정책집행은 두 번째 정책환경에서 발생한다. 여기서는 위원회나 관료들이 최종 행위자들에 대한 법과 정책의도를 해석하려고 시도한다. 정부가 정책이 의도한대로 집행되고 있는지를 원할 때 세 번째 환경이 생성된다. 바로 정책평가라는 환경이다. 이때는 또 다른 관련자와 당사자들이 존재한다. 이러한 정책형성, 정책집행, 정책평가라는 세 가지 환경 모두에서 핵심 관련자, 기관, 매개집단들이 그들의 이익을 위하여 과정을 통제하려고 함으로써 정치가 중요한 역할을 한다.[2] 그러나 비록 이익집단, 로비스트, 정치인, 관료, 행정조직 등의 전략과 전술이 이 세 가지 단계에서 모두 다르다고 해도 각 단계에서마다 전혀 새로운 정책활동가들의 결집이 나타나는 건 아니다. 정책형성 과정에서의 실패자들은 정책집행 단계와 정책평가 단계에서 계속 충돌을 일으키고 정책의 결

2) 이광석(2005, 2006)은 정책집행의 성공과 실패에서 이승만 박사에 의한 한글 간소화 파동, 박정희 대통령 시절의 한글 전용 정책, 그리고 김대중 대통령 시절의 한자 병기 정책을 비교하여 정책결정자의 역할을 강조하였다.

과와 영향을 통제하려는 시도를 하며 결국 환류 과정의 일부분으로서 미래의 투입에 영향을 준다. 따라서 교육정책을 이해하는 데에 체제이론의 장점 중 하나가 바로 정책에 영향을 미치는 모든 단계의 세력을 모두 포함하려고 한다는 점이다.

그러나 사바티어(P. A. Sabatier)는 체제이론은 다음의 두 가지 이유에서 부적합한 이론이라고 주장하였다. 첫째, 정책형성 및 집행 과정에서 포괄적, 예측적이려고 노력하지만 모든 긴급 사항과 돌발 사항을 예측할 수는 없기 때문에 사회과학자들이 아무리 열심히 정책 과정의 모든 변수를 설명하려 하여도 이는 불가능하다고 보았고, 두 번째 결점은 어떤 세력이 이전 단계에서 새로운 단계로 과정을 조종하는지에 대한 일관성 있는 가정이 없다는 점과 왜곡할 수 없는 전제가 거의 없다는 점인데, 이 결과로 이론적 일관성이 각 단계를 지날수록 약화된다고 하였다(Sabatier, 1991a: 145).

또한 체제이론은 집행되지 못한 정책들을 설명하는 데 문제점을 가지고 있다. 즉, 전혀 도입되지 못한 법, 위원회에서 투표로 제거되거나 사라진 법, 또는 입법은 되었으나 지원 부족으로 사라져 버린 법안 등을 말한다. 이런 정책과 프로그램들의 점진적인 소멸은 잘 인식되지도 않으며 분석되지도 않고, 정책 입안에 관한 체제이론의 합리성이나 단계이론에 들어맞지도 않는다. 실제 세계는 기계적이고 단계적인, 또한 선형적이며 단방향적 이론이 제시하는 것보다는 훨씬 복잡하고 흥미진진하다.

이는 마치 기계적이고 생물학적인 시스템들로 표현된 체제이론의 은유들이 너무 무뎌서 인간의 사회적 · 문화적 · 정치적 활동의 미묘함과 복잡성을 포착할 수 없는 것 같아 보인다. 체제이론은 그저 이런 단계까지만 우리를 끌고 올 뿐 그 이상을 말해 주지는 못한다.

따라서 기본적 가치와 이데올로기, 문화 · 사회적 맥락, 정책 과정이 공개적인 정치, 당파적 활동 무대에 집중하는 이론들을 포함하여 체제이론과는 다른 관점과 이론이 필요하다고 본다(Cooper et al., 2004).

## 2 신다원주의 옹호연합 및 이익집단 이론

이 이론은 1950년대 초기 트루먼(Truman, 1951)이 연구한 이익집단 정치학 연구에서 시작되어 최근까지 상당한 개정과 변경이 가해졌다(그래서 바로 '신(新)'다원주주의 이론이라고 부르는 것이다). 트루먼(D. B. Truman)은 많은 인간적 상호작용은 필요에 따라 연합하여 정부 정책에 힘을 행사하는 집단들을 중심으로 행해진다고 주장하였다. 정부기관들이 바로 이익집단의 힘의 근원인 것이다. 정부기관들과 이익집단의 연결은 잠재적일 수도 있고 공개적일 수도 있다. 또한 그들의 정치적 활동 범위는 일상화되고 광범위하게 받아들여지는 것에서 불안정하며 매우 논쟁적인 것들까지 다양하다. 자기 주장을 관철하기 위하여 정치적 이익집단은 정부기관 내에서 의사결정을 하는 구심점에 접근하려고 노력한다. 이런 구심점은 공식적으로 설립된 정부의 하부조직뿐 아니라 다양한 형태의 정치적 정당과 정부기관과 다른 이익집단들 간의 관계까지 포함하여 정부기관들의 구조 속에 흩어져 있다(Truman, 1951: 506).

정치학에서 신다원주의적 전통 내에서 연구하고 있는 많은 학자는 트루먼의 분석을 한 단계 더 발전시켜서 정책이란 특정 정치 영역 내에서 경쟁하는 정책옹호연합 및 이익집단들 간의 상호작용의 결과라고 주장한다. 사바티어(Sabatier, 1991b)는 다음과 같은 사실에 주목하였다. 정책결정에서의 시간적 요소에 비교적 관심이 없는 체제이론과는 달리 정책옹호연합 이론가들은 어떤 정책이나 프로그램을 지지하거나 저항하는 이익집단들 내의 복잡한 형성이나 변화 과정을 연구한다.

또 젠킨스-스미스와 사바티어(Jenkins-Smith & Sabatier)가 설명하듯이, 정책 변화의 과정과 그것에 대하여 학습하는 역할을 이해하려면 적어도 10년 이상의 시간적 관점이 필요하며, 이론의 전제는 바로 여러 영역과 기관의 핵심 관련자들이 서로 의사소통하며 연합과 당파를 형성하여 서로 투쟁하며, 의회와 해당 분야에서 모두 승리하기 위한 타협책을 만들어내기 위하여 노력한다는 점이다. 이는 바로 정책을 주도할 상호 이익을 위한 투쟁이자 상호 협력이다. 어떤 관련자가 어떤 것을 원하는가? 어떤 활동 영역과 기관인가? 법안과 정책을 통과시키기 위하여, 충분한 연합을 얻기 위하여 무엇을 포기하여야 하는가? 즉, 특정 시간대에 걸쳐 변화하는 정책에 대하여 생각하는 가장 유용한 방법은 정치적 하부 체제에 초점을 두며, 특정 정책 영역에서 정부의 결정을 추구하고 영향을 주는 서로 다른 기관에 존재하는 관련자들의 상호작용에 관심을 갖는 것이다. 그리고 정책의 성격 그 자체뿐만 아니라 추구하는 수단과 목적에 관한 신념과 우선순위들에 의존한다는 것이다. 이 집단들은 목적에는 서로 동의하면서 수단에는 이견이 있을 수 있고 그 반대로도 행동할 수 있다. 이 신념 체계는 바로 가치 우선순위와 그 가치들을 실현하는 방법에 대한 일상적인 가정이다(Jenkins-Smith & Sabatier, 1994: 178). 가치 체계와 신념, 우선순위 같은 것에서 큰 차이점이 존재하므로 어떤 정책이 통과되고 집행되는지, 그리고 어떻게 하여야 하는지에 대한 지속적인 충돌을 예측할 수 있을 것이다. 또 정책시장(경기장)에서의 경쟁은 정책의 결과물을 만든다. 이런 관점은 전통적인 체제이론과는 다른 관점으로 체제이론에서는 과정이 최고 또는 최적의 정책을 생산한다고 보는 것이다.

그러므로 이 이론은 체제이론에서 고유한 좀 더 합리적 관련자 접근 방식보다 여러 가지 장점을 가지고 있어 장기간에 걸친 시간 동안 일어나는 정책의 변화를 살펴볼 때, 새로운 정보, 아이디어, 가정의 역할이 조직 내의 합리적 관련자 접근 방식의 경우와는 다른 방식으로 고려될 수 있다고 하였다(Stewart, 1991: 171).

따라서 수많은 교육정책 연구에서 이 이론이 지지받고 있으며, 특히 버링앰과 게스케(Burlingame & Geske, 1979: 71)는 미국의 각 주 수준에서 교육정치학은 여전히 이익집단의 정치학이라는 점을 발견하였고, 마휘니(Mawhinney, 1993: 412)는 캐나다의 교육정책 연구 과정에서 온타리오(Ontario) 주의 교육정책 공동체는 잘 정의된 가정 및 규범과 밀착되어 있다는 연구 결과는 정책공동체(이익집단의 체제에 대한 다른 용어)가 교육정책 변화의 성격, 방향, 범위에 관하여 상당한 영향을 준다는 점을 시사한다. 또 마초니(Mazzoni, 1993: 375)는 미국 미네소타(Minnesota) 주정부의 20년 동안의 교육정책 변화를 분석한 결과, 정책옹호연합이 학교개혁운동 배후의 원동력이었던 점을 발견하였고, 미네소타 주의 학교정책 시스템은 광범위한 개혁 옹호연합으로 특징지을 수 있다고 주장하였다. 또 정부, 기업, 교육, 재단, 학부모, 시민단체를 모두 연계하는 연합은 재조정계획을 시작시키고, 공립학교 선택권을 이 계획의 핵심 요소로 선정하는 정책 체제에 영향을 미치는 강력한 힘이 되었다. 이러한 교육정책 연구에서 주요한 이점은 변화라는 요소를 이론에 통합시킴으로써 다른 이론들에서 흔히 발견되는 정적이고 현상 유지적인 요소로부터 자유롭게 해준다는 데 있다.

그러나 이론의 명백한 매력에도 불구하고 세 가지 중요한 결점을 가지고 있다. 그 중 일부는 체제이론의 결점과 유사하다.

첫째, 환경의 압력에 더 민감하기는 하지만 이 이론도 여전히 좀 더 성숙한 문화적·정치학적 맥락에 대한 관점이 부족하다. 즉, 정책 변화가 일어나는 조직구조를 무시하는 경향이 있으며 또한 학교, 지역, 주마다 다른 맥락 차이점을 무시하는 경향도 있다.

둘째, 이 이론은 단지 정책결정과 정책집행에서 반쪽짜리 이론에 불과하다고 할 수 있다. 왜냐하면 새로운 법과 정책의 통과를 만들어내는 세력들을 분석하고 묘사하는 데 특히 강력하다. 정책적 투입을 프로그램의 산출과 연결시키는 체제이론과는 달리 정책의 논리적인 목표까지 정책을 추적하는 도구가 부족하며, 정책 과정에서 로비 과정에 관하여 더 관심을 기울이고 그 다음에 발생하는 일들에 대해서는 약간 무관심한 듯 보인다.

셋째, 체제이론이 정치적 과정에서 무엇이 들어가고 무엇이 산출되는지에 대한 비교 방법을 제시하는 반면에 이 이론은 목적과 결과를 비교하는 언어와 방법론이 부족한 듯 보인다. 그러므로 정책의 유효성을 평가하는 도구로서는 적합하지 않으며, 단지 정책의 영향에 대한 분석은 어떤 관련자나 집단들이 정책적 충돌로부터 무엇을 배웠는가에 관한 사항으로 제한된다.

결국 앞에서 설명한 체제이론과 옹호연합 이론을 비교해 보면 첫째, 체제이론이 규칙성과 단계적인 과정을 중요시한다면 옹호연합 이론은 희소한 자원에 대한 압력, 변화, 충돌(경쟁)을 기대하고 둘째, 체제이론은 '기계적' 이란 단어로 가장 잘 압축적으로 설명할 수 있으며, 옹호연합 이론은 좀 더 상호 소통적이며, 동적이고, 변화하며, 유연하다고 할 수 있다. 셋째, 체제이론가들은 충돌과 경쟁을 정책과정의 '소음'으로 간주하는 반면 이익집단 간의 상호작용을 연구하는 학자들은 여러 집단 간에 통제와 권력을 향한 경쟁을 살펴보며 이 충돌과 타협에 관한 예측을 구축하려 한다. 그 밖에도 전통적인 체제이론은 환류 과정상의 변화를 그 분석 틀 안에 통합하며 옹호연합 이론도 이런 체제이론의 몇 가지 요소를 공유하면서 이익집단의 지적 기초의 많은 부분이 체제이론에 의존하고 있음은 명백한 사실이다. 그러나 체제이론은 정책 변화에서는 시험 가능하거나 증명 가능한 이론이라기보다는 정책의 발전과 변화에 영향을 미치는 요소들의 상세한 목록에 가깝다고 할 수 있으므로 바람직한 이론으로서 필요한 경제성이 부족하다고 볼 수 있다(Cooper et al., 2004).

## 3 신제도주의 이론

정치학과 조직이론 분야에서 관련자와 이익집단보다는 정책을 형성하고 중재하는 것을 돕는 데 대한 제도의 영향력에 더 중점을 두는 또 다른 대안 이론이 있다. 때로는 '신제도주의'나 '역사적 제도주의'[3]로 불리기도 하는 이 이론은 합리적 선택 제도주의에서 규범적 제도주의에 이르는 다양한 관점을 내포한다. 이 접근 방식의 핵심 아이디어는 미국 각 주의 제도들이 정책형성에서 심오한 방식으로 개별적인 영향력을 행사함을 인정하는 것이다(Cooper et al., 2004). 우선, 제도는 개인, 단체, 연대, 사회적 개체들을 정의하는 데 핵심적인 역할을 하며, 단순히 사회적 세력의 반영자나 거울의 역할보다 더 중요한 역할을 수행한다고 믿어진다(Olsen, 1989). 또한 제도

3) 역사적 제도주의의 방법론적 특징은 인과관계의 복잡성, 다중복합적 인과관계, 설명변수 결합의 우연성, 인과관계에 대한 맥락성 등에 대한 강조라고 할 수 있다(정용덕 외, 1999: 31).

들은 법안이 통과되거나 정책과 자원이 구성 요소들에 배분되는 동안 자원들에 집중하고 끌어 모으는 데 능숙하다.

또한 교육정책의 가장 핵심인 학교 그 자체가 교육제도들이므로 정책 과정과 그 영향을 제도적 변수와 연결시키는 것이 중요하다고 본다. 이런 관점은 체제이론과 신다원주의 옹호연합 및 이익집단 이론에 병합되어 있는 행동학적인 관점과 극명한 대조를 이루는데, 이 행동학적 이론에서 제도는 단순히 좀 더 근원적인 요인들에 의하여 발생하는 정치적인 행동의 영역으로만 그려진다(March & Olsen, 1989: 1). 이런 새로운 제도라는 변수에 대한 관심은 행위를 형성하는 지속적인 사회·경제적, 정치적 구조를 막아버리는 행위에 중점을 둔다는 비판에서 비롯되었다(Thelen & Steinmo, 1992: 1). 또 오늘날 일상에서 사회, 문화, 정치적 질서를 관리하는 이데올로기적이고 구조적인 장치로서 제도의 중요성을 다시 강조하려는 시도로 이해할 수 있다(Cibulka, 1997: 318). 스카치폴(T. Skocpol)은 정치인이든 사회적 집단에 의하여 행하여지든지 정치적 활동이란 정부나 정치적 정당 체제의 제도적 설정에 의하여 조절된다고 주장하고 제도적 맥락이 핵심 정책의 통과를 형성하는 데 도움을 줄 뿐 아니라 정책들 또한 법과 정책이 집행되는 교육적 환경에 의하여 집행되고 형성된다고 본다(Skocpol, 1992: 41).

제도적 접근 방법은 명시적으로 정치적 선호도를 제도적 과정으로 연결시킨다. 이전의 연구에서는 종종 학교, 지리, 이데올로기, 종교 등이 모두 정치에 영향을 미치나 정치에 의하여 영향을 그리 크게 받지는 않는다고 가정하였다(March & Olsen, 1989: 4). 크래스너(Krasner, 1984)에 따르면, 정부 관료의 선호도는 행정기구, 법적 질서, 지속적인 신념들에 의하여 제한을 받는다. 그러나 마치(J. G. March)와 올센(J. P. Olsen)은 만약 정치적 선호도가 정치적 경험이나 정치제도에 의하여 형성된다면 선호도가 정치적 과정 외부에서 기인한다고 가정하는 이론은 이상하다고 주장한다(March & Olsen, 1989: 739). 이는 제도화 과정의 결과로서 정책이 개인의 선호도(이익집단의 선호도)를 형성할 수 있음을 암시한다(Katzenstein, 1978a). 마치와 올센은 정책 결과에 관한 제도화 변수의 영향에 대한 분석작업은 제도 행위의 맥락 내에서 관심과 선호도가 발전하는 방법에 대한 이론적 모형의 발전을 가져온다고 하였다. 또한 명성과 기대가 정치적 산물의 결과로 발전하는 방법과 지배 조직의 과정이 예상치 못하였던 결과를 낳거나 제도 내에서 발전하는 상징적인 체제에 연계된 방법에 대한 이론적 모형의 발전을 가져오므로(March & Olsen, 1989: 17) 제도의 구조는 개인의 정치적 행동에 영향을 미치고 정책을 형성한다(Pal, 1992).

정책집행을 하는 정치지도자의 능력은 결정적으로 권위를 가진 기관의 자원과 주어진 정치 체제 내에 존재하는 조직 배치에 의하여 결정된다(Krasner, 1984: 228). 시불카(J. G. Cibulka)는 제도가 관련 행위자들이 만드는 선택들을 형성하고 또한 제한하며 제도에 관한 상징을 만들어내고 신화를 유포시키거나 환경을 구조화하기도 하고 목표를 달성하기 위한 구조나 과정을 생성하고 충돌을 중재하는 등 수많은 방법을 사용한다(Cibulka, 1997: 318-319). 그리하여 정치제도들이 추구하는 목적과 전략은 제도적인 맥락 내에서 형성되고(Thelen & Steinmo, 1992: 8), 이 제도는 어떤 사회적 집단의 요구나 선호도의 장소보다는 자치적 행위의 장소로서 기능한다(Skocpol, 1992: 42).

신제도주의 이론은 제도를 정부나 학교 체제 간의 이해관계 대립에 대하여 단순히 중립적이고 사심 없는 중재자가 아닌 한쪽의 견해를 가질 수 있는 자주적인 행위자로 보고, 이런 접근 방법은 정책 변화를 특정 영역 내에서 경쟁하는 옹호연합들의 산물로 강조하는 신다원주의 관점보다 훨씬 더 진전된 방법이다. 예를 들면, 홀(P. A. Hall)은 미국 각 주는 정책에 관한 그 스스로의 중요한 영향력을 가지고 있고 또한 정책을 주도할 수도 있는 조직적인 사회 이익집단과 선거연합으로부터 상당한 독립성을 가지고 있다고 보고(Hall, 1993: 275), 제도 내부의 과정은 자원과 권력의 배분에 영향을 미치며(March & Olsen, 1989), 의사결정은 항상 그 결정을 만드는 사람들의 위치와 상대적 권력에 의하여 깊이 영향을 받고(Roberts & King, 1996: 17), 정부는 교육을 공공의 선으로 만드는 여러 가지 상호작용하는 변화의 힘을 중재하면서 중립적인 행동만 한다고는 가정할 수 없다고 본다(James, 1991: 177). 아마도 이 이론의 가장 유용한 점은 교육정책 개선에 적용할 때 체제이론이 그러하듯이 정책이란 일단 만들어지면 이어지는 정치적 과정을 재구성한다는 점을 상기시켜 준다는 점일 것이다(Skocpol, 1992: 58).

신제도주의 이론의 주창자인 로버트슨(Robertson, 1993)은 과거의 결정이 제도의 제한 사항과 기회를 현재에 포함한 이후의 시기에 제공한다고 주장한다. 정치가 정책을 생성하듯이 정책이 정치를 만든다고 말할 수도 있다(Skocpol, 1992: 58). 이런 정책들은 사회적 정체성, 목적, 정치에서 이후에 동맹을 맺거나 투쟁할 수 있는 집단의 능력에 영향을 미친다. 이 이론은 연구자들로 하여금 현존하는 정치적 계약 이상을 살펴보도록 해주며 역사적 측면을 그들의 분석에 통합시키도록 권장한다(Skocpol, 1992). 이 단계는 의사결정자들이 항상 과거의 경험에 의식적이든 무의식적이든 의존하기 때문에 반드시 필요하다(Neustadt & May, 1986: xxi). 예를 들어 과거 10년 간의 정책활동이 불가피한 정치적 행위를 만들거나 제한할 수 있는 조건을 만들어 낸다(Mawhinney, 1994: 19). 정책공동체 내에서 정책 변화에 영향을 미칠 수 있는 각 관련 활동자의 능력은 과거 정책 논쟁과 변화의 산물이다(Mawhinney, 1994: 20).

스카치폴(Skocpol, 1992: 59)은 국가의 사회정책(특히 교육정책) 발전에 대한 유효한 설명으로 정책환류의 중요성이 매우 역사적이어야 하며 시간에 따라 펼쳐지는 과정에 유의하여야 하며, 이런 역사적 접근 방법은 다양하고 변화하는 조건과 변수들을 받아들일 수 있는 시간을 제도적 맥락에서 제공된다는 것이다(Swift & Brady, 1991: 61). 또한 역사와 맥락의 영향을 충분히 고려하지 못하면 부정확한 사회적 현상에 대한 개념화에 이르게 된다(Neustadt & May, 1986). 그러므로 신제도주의 이론의 가장 큰 장점 중 하나는 중범위이론(middle-range theory)[4]을 발전시키려고 함으로써 연구자들로 하여금 정치적 역사의 일반 패턴에 대한 이해와 정치·경제적 발달의 우발적 요소, 특히 이런 발전을 형성하는 데 정치제도의 역할, 충돌, 선

---

4) 정책과정이론이 현실에 어느 정도 성공적으로 적용되고 또 현실을 설명할 수 있다면 정책학의 과학적인 이론인 중범위이론(middle-range theory)이 될 수 있다고 했다(이해영, 2010: 53).

택에 대한 설명을 통합할 수 있도록 해 준다는 점이다(Thelen & Steinmo, 1992: 11-12). 또 신제도주의 이론이 어떻게 서로 다른 변수들이 서로에게 연결되는지를 밝히는 데 필요한 관점을 제공함으로써 정치 현상에 대한 설명을 구조화한다. 그리하여 분석의 핵심에 구조적 요인을 위치시킴으로써 제도적 접근 방법은 이론가들로 하여금 실제 정치 상황의 복잡성을 포착하게 해주는 대신 이론적 명료함을 희생시키지 않도록 해준다(Thelen & Steinmo, 1992: 13).

그러나 신제도주의 이론은 실질적인 내용의 부족함과 초점의 부족이라는 두 가지 큰 결점을 가지고 있다(Crowson, Boyd, & Mawhinney, 1996). 우선, 신제도주의 이론의 관점에서 연구하는 학자들은 이론가나 현장 종사자에게 유용할 수도 있는 이론적 가정을 구체화할 수가 없다. '제도는 중요하다'라는 맹목적인 통찰력 외에, 정책학자들은 어떻게 제도가 행동에 영향을 미치는지 명확히 설명할 수 없었다. 어떻게 유사한 제도가 사람들로 하여금 다르게 행동하게 만들 수 있는가? 왜? 거꾸로 왜 서로 다른 제도가 어떤 사람들로 하여금 비슷하게 행동하게 만들 수 있는가에 대한 명확한 답이 없다. 또 하나의 주요 결점은 이 이론이 실제로 한 이론의 여러 개의 분파라는 점과 이 분파들이 서로 상당히 다르다는 데 있다. 예를 들면 피터스(Peters, 1999)는 개념적으로 뚜렷하게 다른 일곱 가지의 신제도주의 이론을 제시하였다. 여기에는 규범적 제도주의, 합리적 선택 제도주의, 역사적 제도주의, 실험적 제도주의, 사회학적 제도주의, 이익집단 제도주의, 국제적 제도주의 등이 포함된다. 합리적 선택 제도주의는 정치학과 경제학의 오랜 전통을 사용한다. 실험적 제도주의는 실증주의적 전통에 굳건한 뿌리를 두고 있다. 규범적 제도주의는 반면에 위의 이론들이 근거를 두고 있는 '가치 중립(value-free)'의 예측적 가정을 거부한다. 역사적·사회학적 제도주의는 마르크시즘적 사고로 그 기원이 거슬러 올라간다. 반면 이익집단 제도주의는 신다원주의 옹호연합 이론과 유사하다(Cooper et al., 2004).

## 제 2 절 해석학주의 관점

일반적인 정책결정의 특성 및 특히 최근 교육정책 과정에 관한 이론화 작업들은 전통적인 정책이론의 핵심 근거를 비판해 왔다. 이 해석학주의 관점은 어떻게 사회가 시민을 교육하는지에 대한 목적과 과정 및 정책 변화의 결과가 모든 사회의 권력 분화와 자세히 관련되어 있다는 이론들을 버려야 한다고 주장하며, 마셜과 앤더슨(Marshall & Anderson)은 사회이론은 사회 현상에 대한 특정 관점을 제공하는 이론이나 창구의 역할을 하면서 다른 이론이나 관점에서는 볼 수 없는 전망을 열어주기 때문에 새로운 이론적 관점은 예전의 이론적 틀에서는 볼 수 없었던 전통적 · 교육적 현상의 측면을 볼 수 있도록 해준다. 또한 새로운 이론은 예전에는 무시되었던 현상을 조명할 수 있게 해줌으로써 중요한 실험을 위한 새로운 영역을 시작할 수 있게 해준다(Marshall & Anderson, 1995: 169).

해석학주의 관점은 전통적인 정책분석의 가치중립적으로 보이는 가정들을 직접적으로 논박하고, 그들의 실증주의적 합리적 전제들에 의문을 제기한다. 비판이론, 페미니스트 비판 정책분석, 문화적 연구, 포스트모더니즘, 정책 고고학, 후기구조주의 같은 새로운 접근 방법들은 정책을 바라보는 이론적 대안의 역할을 하고, 또한 정책을 권력, 권위, 통제, 참여, 대표, 성(性), 인종, 민족, 사회적 계급, 성적 차이 같은 이슈들의 산물로 보는 대안의 역할을 한다(Young, 1999).

카츠(Katz, 1971) 및 보울스와 긴티스(Bowles & Gintis, 1976)에 의하여 제시된 좌파 마르크시스트의 초기 작업부터 시작하여 거의 예외 없이 전통적인 정책연구자들은 이런 이슈들을 무시해 왔다. 대신 교육정책에서 해석학주의 접근 방법은 그 전까지는 큰 문제가 없고 비정치적인 영역이라고 여겨졌던 교육 분야를 문제화하고 정치화하였다(Marshall & Anderson, 1995: 170). 따라서 쿠퍼 등은 교육정책 분석에서 이런 대안적 접근 방법으로 비판이론, 페미니즘 이론, 포스트모더니즘, 그리고 이데올로기적 관점을 제시하였다.

## 1 비판이론

비판이론은 정치적 생활과 사회적 생활에 대한 명확한 구분을 거부한다. 그리고 사회화나 언어 사용 같은 수단을 통한 숨겨진 권력의 사용에 초점을 맞춘다(Cibulka, 1995: 116). 비판이론의 핵심 분석 도구들은 권력, 모순, 방언, 착취, 지배, 합법화 등의 개념들이다(Torres, 1999: 92). 비판이론가들은 교육정책에서 어떤 행위자들에게는 특혜를 주고 반면 나머지 사람들은 배척 및 소외시키는 데 어떻게 권력이 사용되는지를 연구한다(Popkewitz, 1999).

비판이론은 연구자들로 하여금 그들의 대화나 글들에 대한 수행적 성격을 연구하도록 해주며 훨씬 광범위한, 권력, 계급, 문화, 민족, 통제에 대한 제도적이고 구조적인 질문들이 매일매일의 대화, 쓰기, 동작을 통하여 얼마나 광범위하게 자신들을 드러내는지 깨닫게 해준다(Forester, 1993: 2). 이런 힘들의 교활한 효과를 드러내 보임으로써 비판이론은 개인들을 지배당하는 객체에서 스스로 결정하는 적극적 주체로 변화시키는 것을 추구한다(Comstock, 1982; Foster, 1986; Held, 1980). 또 비판이론은 해방의 목적을 명시적으로 가지고 있다. 이 이론은 개인의 자아 지식, 자아 실현, 자각, 자유 등을 강조한다. 마르크시즘과 프랑크푸르트학파에 근원적 뿌리를 두고 있음을 반영하듯이 비판이론은 개인이 억압적인 사회구조를 초월하도록 도우려 한다(Held, 1980). 비판이론은 원래가 교육정책 연구를 위하여 만들어졌고 점진적으로 이를 위하여 사용되었다. 이 이론의 연구는 사회적 불평등을 재생산하는 행정적 관례의 역할이나 전통적인 권력 배분(Foster, 1986; Scheurich & Imber, 1991), 체계적인 배척에 관여하는 교육정책(Fine, 1993), 그리고 그런 행위를 지지하는 이데올로기적 정당화 같은 이슈(Reyes & Capper, 1991)들에 중점을 두고 있다.

따라서 비판이론의 두 가지 결점 중 하나는 정책형성에서의 정책 과정의 역할을 중요하지 않게 취급하고 권력의 배분에만 명시적으로 집중한다는 점이다(Cibulka, 1995). 또 다른 결점으로는 많은 비판이론가 효율성, 생산성, 시장 선택 같은 평등 이외의 사회적 가치의 중요성을 최소화하는 경향이 있다는 점이다. 또한 그들의 분석은 종종 어떻게 사회 체제가 현상 유지를 하는지를 설명하는 것보다는 어떻게 사회 체제가 변화하고 발전하는지에 대한 설명을 더 잘할 수 있다고 본다(Cibulka, 1995: 116).

## 2 페미니즘

페미니즘(feminism) 이론과 페미니스트(feminist) 비판 정책분석은 성적 불평등이 집단 내 이데올로기와 목적에 이용하기 위하여 의도적으로(비록 잠재의식적이라고 하여도) 선택된 것으로부터 기인한다고 가정하며 어떻게 남성에게 혜택을 주는 정치적 의제가 학교 구조와 현장에 녹아 있는지를 밝혀내는 데 관심을 둔다(Marshall & Anderson, 1995: 172). 이론의 전성기 때에는 페미니즘 이론가들은 사회가 남성을 선호하고 여성에게 불이익을 준다고 굳게 믿고 있었다. 그렇게 정책들은 성차별주의들의 제도 환경으로부터 나와서 여성에게 불이익을 주는 방향으로 정책이 결정되고 집행되며 그로 인하여 결국 학교의 성차별주의적 성격이 더욱 강화된다고 본다(Cooper et al., 2004).

또 반(反)여성적인 교육정책으로 미국에서는 대부분의 여성 행정직인 초등학교 교장에 대한 상대적으로 적은 월급, 더 적은 직업 기회, 더 적은 승진 기회 등을 들 수 있다. 불행히도 교육은 이런 성적 불평등의 고전적인 예로서 여성은 수동적인 노동자로, 남성은 지배적이며 실제로 지배하는 관리자인 것이다. 따라서 교육정책 분야에서 페미니즘 학자들은 여성의 접근과 선택을 제한하고 (마셜과 앤더슨은 이를 '자유 페미니즘'이라고 불렀다), 여성의 지식화를 제한하고(Gihigan, 1982), 윤리(Noddhigs, 1984)와 의사결정(차별 페미니즘)을 제한하는 차별적인 사회화와 기회에 대한 장벽을 연구하였다.

## 3 포스트모더니즘

포스트모더니즘(post-modernism)은 '문제'와 '현실'의 사회적 구조에 초점을 맞춘다. 실증주의자나 합리주의자의 정책연구에 내재한 가치중립적 가정을 거부하고, 사회문제를 자연발생적인 것이라고 받아들이기를 거부하면서, 포스트모더니즘 또는 정책 고고학은 특정 문제의 발생을 자세히 그리고 회의적으로 연구한다(Scheurich, 1994: 300). 슈리히(J. J. Scheurich)는 포스트모더니즘을 정책연구에 적용할 방법을 개발하였는데, 어떤 과정을 통하여 특정한 문제가 출현하였는가? 또는 더 나아가서, 어떻게 특정한 문제가 하나의 문제로 인식될 수 있었는가? 무엇이 특정한 문제의 출현을 가능하게 하였는가? 어째서 특정한 문제는 사회적 문제로 간주되는 반면 어떤 문제는 그런 수준의 인식을 받지 못하는가라는 질문을 던진다. 로체포트와 코브(Rochefort & Cobb, 1994: 3)는 정책의 이전 상태에 집중할 필요를 강조하였다. 특히 어떻게 문제가 적법하고 해결의 필요가 있다고 정의되었는지에 대해 강조하였다. 정치와 정책개발의 연계에 대한 문제가 어디서부터 비롯되었는가에 대한 지속적인 충돌이 있었고, 이 의문에 대한 답에 근거하여 어떤 종류의 해결책을 시도할 것인가를 강조하였다.

호그우드(B. W. Hogwood)와 건(L. A. Gunn)에 따르면, 인간은 각자 자신의 현실을 창조하며 이 공간이야말로 인간이 문제나 이슈를 파악하고 해석하고 좀 더 큰 상황의 정신적 지도와 이를 연결시키는 장소로 보고 인간이 어떻게 현실을 인식하느냐가 바로 정책분석에 관해 결정적인 영향을 미친다고 본다(Hogwood & Gunn, 1984: 109). 따라서 포스트모더니즘과 비판이론과의 주요한 차이점 중 하나는 바로 비판이론이 해방적으로 개발되기는 했지만 근본적인 전제로서 이성에 의존한다. 이런 맥락에서, 이 이론은 후기실증주의 관점의 특별한 형태로 생각할 수 있다.

하버마스(Habermas, 1971; 1975; 1983; 1988)는 예를 들어 진정한 지식의 존재를 믿었으며 그 지식이 스스로를 정당화하는 이데올로기들과 구별

될 수 있다고 믿었다.[5] 포스트모더니스트는 그런 보편적이거나 '진정한' 지식의 개념을 거부하며 모든 지식은 어떤 형태의 정당화나 합리화 이데올로기를 나타낸다고 주장하였다. 포스트모더니즘은 어느 정도 "정책이 객관적이거나 이데올로기적으로 중립일 수 있다"고 주장한다(Rosenau, 1993: 3).

## 4 이데올로기적 관점: 좌파에서 우파까지

정치 체제 안에서 정책은 종종 특정한 정치적 위치에 있는 '전문가'들에 의하여 형성되고, 지원받으며, 공포된다. 좌익이든 우익이든, 신보수주의든, 신자유주의든, 사회주의든, 자유주의든, 정책은 정치, 이데올로기적 관점에서 특정 정치단체나 당파의 강령으로 이해될 수 있다. 이 이데올로기적 관점은 이익집단 정치학과 여러 특징을 공유한다. 왜냐하면 당파적 행동을 범주화하고 분석하는 방법 중 하나가 자신들의 가치와 믿음을 노출하는 것이기 때문이다.

미국의 많은 보수주의적 공화당원들은 교육을 민영화, 시장화, 소비자 중심화하고자 한다. 반면 자유주의적 민주당원들은 선택 대신 평등을 강조하는 사회주의적, 독점적 교육 체계에 의하여 통제되는 급진적 평등을 선호한다. 포스트모더니즘과 마찬가지로 이데올로기적 관점은 정책 투입을 결정하는 데 깊숙이 간직된 가치와 믿음의 중요성을 인정한다. 그러나 이데올로기적 관점은 그들의 가치의 근원에 대하여 자아의식이 덜하다. 이는 이 가치들이 그 특정 정당의 지지자들에게는 더욱 명백하기 때문이다. 예를 들어 학교에서 기도를 하는 것은 어떤 종교단체에는 근본적인 일이고 보수적인 관점과 관련이 있는 일이다. 반면 학교 내의 차별 철폐운동은 자유주의적 좌파에 의하여 오랫동안 지지받는 정책이다.

정치적 이데올로기 접근 방법의 장점은 행태학적 지지 대상을 가지고 있다는 점이다. 즉, 투표 행태와 이 정당과의 관점으로부터 나온 행위자들의

---

5) 해석학주의와 비판사회이론은 R. J. Bernstein, 안병영 옮김(1988: 307-370) 참조.

행동이다. 투표 결과는 셀 수 있고, 논쟁을 들을 수 있으며, 강령을 읽을 수 있다. 스톤(Stone, 1988)은 이를 '정책 논쟁(policy argument)'이라고 명하였다. 미국은 과거 그 어느 때보다도 하원과 상원의 의석이 민주당이 많고 공화당이 적을 뿐만 아니라 이들은 자유주의적 민주당원이었다. 이는 교육정책 결정에 대한 정부의 정책과 역할의 근본적인 변화를 초래하였다. 이는 항상 변화를 추구하던 엘리트들은 교육에 대한 연방정부의 정책에서 상당한 이데올로기적 변화를 초래하였고 아무런 도전 없이 유지되었다(Cooper et al., 2004).

지금까지 설명한 정책분석에서의 해석학주의 이론의 결점 중 하나는 이 이론들이 정책을 결정하는 정책 과정의 역할을 중요하지 않게 생각하는 반면 권력 관계에 대해서는 명시적으로 집중한다는 데 있다(Cibulka, 1995). 또 다른 결점으로는 많은 비판이론가가 효율성, 생산성, 시장선택 같은 불평등 이외의 사회적 가치의 중요성을 최소화하는 경향이 있다는 점이다. 또한 그들의 분석은 종종 어떻게 사회 체제가 현상 유지를 하는지를, 어떻게 체제가 변화하고 발전하는지를 좀 더 잘 설명할 수 있다고 본다(Cibulka, 1995: 116).

지난 20년간 교육 분야에서 해석학주의 이론의 인기는 교육정책 분석에서 중요한 영향을 미쳤다. 이 분석가들은 전통적 교육정책의 실증주의적·과학적 가정들에 의문을 제기하고 소외된 집단에 관한 교육정책의 영향에 더 관심을 기울이며 우리로 하여금 정책조작을 통하여 성취할 수 있는 것의 한계를 깨닫게 해줬다. 그러나 교육정책 결정의 해석학주의 이론은 또한 격렬한 비난을 불러일으켰다. 그 중 대부분은 이 이론에 내재한 개념들 중, 특히 포스트모더니즘의 지식은 '사회적으로 구축된다'는 개념 등에 집중되었다. 비록 이 문구가 이제는 많은 교육 현장에서는 하나의 기도같이 되어버리긴 했지만 비평가들은 계속해서 실제 그 문구가 함축하는 대로 의도하고 있는지 의문을 제기한다. 즉, 어떤 지식이나 정책도 다른 것들보다 좋은 것은 없으며 지식과 정책은 단순히 현재 상태, 이데올로기, 관점, 편견들의 산물이라는 것이다. 이런 선언은 많은 현장 종사자들에게는 헛소리로 들릴 뿐이다.

사실, '더 좋은 정책, 더 좋은 학교'는 더 좋은 교육정책으로 교육을 개선시킬 수 있다고 제시하는 것이다. 전체 학교개선운동은 바로 이 전제에 의존하고 있다. 그리하여 비록 해석학주의 이론의 비판적이고, 회의적이며, 대화적 측면이 교육정책 연구에서 핵심적이며 오랫동안 놓쳐온 요소라고 할지라도 모든 것이 상대주의적이라거나 더 나아가서 더 좋은 정책을 통하여 학교를 개선하는 것은 부적절하거나 불가능하다고 선언하는 극단으로 치닫지 말도록 주의하여야 한다. 커르(D. H. Kerr)가 주장하듯이 정책선택은 중요하다. 만약 그렇지 않다면 정책을 만들 이유가 없을 것이다(Kerr, 1976: 177). 진보는 우리의 정책과 학교를 개선시킴으로써 이룩할 수 있다. 그렇지 않다면 전체 학교제도가 불필요하며 결국 실패할 수밖에 없다(Cooper et al., 2004).

제 2 장

# 다차원 교육정책 분석모형

지금까지 설명한 주요 교육정책 분석이론인 체제이론, 신다원주의 옹호연합 및 이익집단 이론, 신제도주의 이론, 비판이론, 페미니즘 이론, 포스트모더니즘, 이데올로기적 관점을 토대로 쿠퍼 등(Cooper et al., 2004)은 규범적 차원(normative dimension), 구조적 차원(structural dimension), 구성적 차원(constituentive dimension), 기술적 차원(technical dimension)이라는 교육정책에 관한 분석모형을 제시하였으며, 그 핵심 가치는 윤리와 사회 정의를 강조하고 있다.

[그림 2-1]에서 볼 수 있듯이, 다양한 교육정책 분석이론들은 네 가지 차원으로 분류할 수 있다.

첫째, 규범적 차원을 사회로 하여금 개선과 변화를 추구하도록 유도하는 믿음, 가치, 이데올로기를 포함한다. 모든 정책은 사회적 목적의 표현이라는 점에서 매우 규범적이다. 심지어는 이른바 과학적인 정책에 대한 노력조차도 인간 행위의 합리성과 사회적 행위의 '과학적' 성격에 대한 가정과 믿음들을 보여 준다. 포스트모더니즘과 이데올로기적 관점이 규범적 차원의 연구에 적합하다.

둘째, 구조적 차원은 정부조직, 제도적 구조, 체제, 교육정책을 발표하고 지원하는 과정 등을 포함한다. 정부의 역할과 영향 그리고 지방 기관의 역

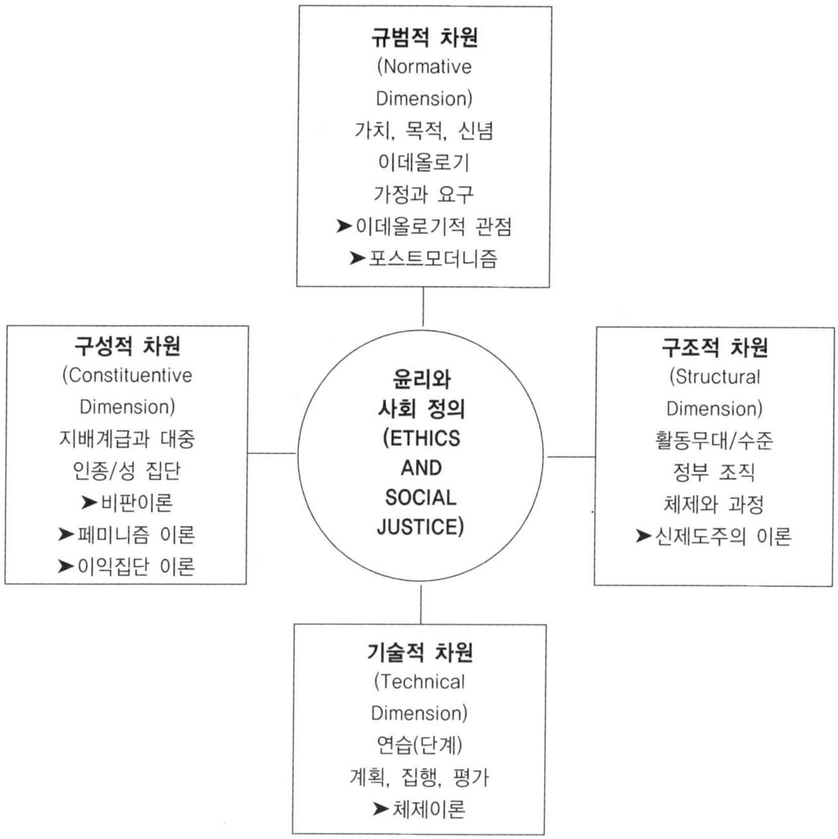


**그림 2-1** 쿠퍼 등의 다차원 교육정책 분석모형

자료: Cooper, Fusarelli, & Randall(2004: 44).

할과 영향에 대한 분석은 이와 같은 기관들이 교육정책을 형성하는 방법이나 방안을 이해하는 데 매우 중요하다. 따라서 신제도주의 이론이 구조적 차원의 연구에 적합하다.

셋째, 구성적 차원은 네트워크, 엘리트, 일반 대중, 이익집단, 윤리/성 집단, 공급자와 수요자, 정책형성 과정에 영향을 주고, 참여하고, 혜택을 받는 수혜자를 포함한다. 여기서는 해결될 필요가 있는 이슈들에 누가 권력에 접근할 수 있는가, 어떻게 이익집단들이 자신들의 요구를 느낄 수 있는가,

경쟁하는 이익집단들이 어느 정도까지 타협책을 만들어 낼 수 있는가 또는 어느 정도까지 자신들의 요구를 충족시킬 수 있는가 등을 포함한다. 구성적 차원에서 정책은 정책을 옹호하거나 반대하는 각 구성 집단들에 의하여 형성되고 만들어진다. 공식적으로는 정부기관을 통하여, 비공식적으로는 다른 집단들에 영향력을 행사할 수 있는 능력을 통하여 이런 일이 벌어진다. 신다원주의 옹호연합 및 이익집단 이론, 비판이론, 페미니즘 이론들은 구성적 차원에서 주체들의 역할 및 활동에 중점을 둔다.

넷째, 기술적 차원은 교육정책에서 연습, 계획, 집행, 평가를 포함한다. 체제이론은 정책의 기술적·도구적 영향을 파악하려 할 때 유용하다. 사소한 것에 문제와 어려움이 숨어 있기 때문에 정책의 영향과 결과에 대한 연구 없이는 어떤 정책분석도 완벽할 수가 없다.

따라서 [그림 2-1]의 네 가지 차원은 모든 교육정책에 적용될 수 있으므로 교육정책을 분석하는 과정은 교육정책 연구자가 이 모든 네 가지 차원의 관점과 함께 제안된 정책의 영향과 효과를 고려하여야 한다. 복잡한 교육정책을 분석한다는 것은 규범적, 구조적, 구성적, 기술적 차원과 함께 검토할 때 가장 잘 이해할 수 있다. 이는 정책에 내포되어 있는 가치와 믿음은 무엇인가? 어떤 이데올로기가 정책에 반영되었는가? 어떤 집단이 이 정책으로부터 혜택을 보는가? 누가 손해를 보는가? 어떻게 다양한 이익집단이 정책의 내용과 집행을 결정하였는가? 어떻게 정책 과정상의 제도의 조직구조가 정책형성과 집행에 영향을 미쳤는가? 어떻게 정책이 집행되고 평가되었는가? 교육정책을 개선하기 위하여 여전히 우리는 그 정책에 대하여 무엇을 알아야 하는가에 대한 이런 질문들은 위에 언급한 네 가지 측면의 분석모형 내에서 고려되어야만 하는 형태의 질문들이다. 그렇지 못할 경우 부적합한 교육정책의 개념화에 이르게 되고, 더 나아가서는 실패한 정책에 이르게 된다. 그러므로 전체적인 네 가지 차원의 교육정책 분석모형을 채택함으로써 교육정책 연구자들의 분석을 향상시킬 수 있다고 본다(Cooper et al., 2004).

제 3 장

# 다차원 교육정책 분석 선행 연구*

쿠퍼 등(Cooper et al., 2004)의 다차원 교육정책 분석모형에 관한 국내 선행 연구는 거의 없으므로 가급적이면 이 연구의 이해를 돕기 위하여 세 가지 사례 연구를 상세히 설명하고자 한다.

첫 번째는 양성관(2006)의 연구인데 국내에 처음으로 쿠퍼 등의 교육정책분석 이론 및 모형을 소개했다는 점에서 의의가 있으며, 실제로 국내 교육정책분석에서 단위 학교 개선을 위한 지원 방안에 관한 내용을 쿠퍼 등의 분석모형으로 연구하였으며, 이 연구의 목적은 대학과 단위학교 간의 협력 관계를 구축하여 교육연구자와 교육담당자 간의 진정한 협력과 참여를 통하여 단위학교 수준에서 이루어지는 학교 개선 노력을 효과적으로 수행하는 데 있다.

쿠퍼 등의 분석모형을 적용한 국내 사례의 내용 이해를 위하여 부언하면, 우리나라 교육 체제에서 교육연구자 중심의 '단위 학교' 개선에 대한 연구가 교육행정의 분권화, 자율화의 흐름에 기초하고 있다면, 교육 현장 중심의 단위 학교 개선을 위한 노력은 교육인적자원부와 각 시 · 도 교육청 중심의 연구학교 지원을 통하여 이루어져 왔다고 할 수 있다. 교육인적자원

* 제3장은 정훈의 경북대학교 행정학 박사 논문인 "한국 입학사정관제의 정착에 미치는 영향요인 분석: 다차원 정책분석 모형"에 관한 일부 내용이다.

부와 시·도 교육청에서는 수업 개선이나 당면한 교육문제를 해결하기 위한 방안으로 정책연구학교, 실험학교, 시범학교[1] 등의 연구학교를 지정하여 운영하고 있다. 교육 현장에서 많은 교사가 이런 연구학교의 실제 운영과 성과 측면 등에 대하여 긍정적인 시각과 비판적인 시각을 보이고 있는데, 이는 교육학 관련 연구 논문을 통하여 분석되어 왔음을 알 수 있다. 단위 학교 교육개혁을 위한 새로운 연구 패러다임이라 할 수 있는 참여적 실천연구(participatory action research) 패러다임의 소개와 함께 학교 변화(school change), 변화의 실행(implementing change), 혁신의 확산(diffusion of innovation)과 같은 학교혁신, 개선, 변화를 설명할 수 있는 이론적 토대를 소개하면서 실제로 단위학교 수준에서 진행되고 있는 교육과정 개선을 위한 연구학교 사례를 쿠퍼 등의 교육정책 분석모형인 규범적 차원, 구조적 차원, 구성적 차원, 기술적 차원에서 분석하여 각 차원에서 제기되는 학교 개선을 위한 변화 노력에 장애가 되는 요인을 탐색한 뒤, 이를 해소할 수 있는 효과적인 대학-단위학교 협력 프로그램 모형을 제시하였다.

양성관(2006)의 연구에서, 연구학교 운영에서 나타난 문제점을 분석하기 위한 도구로서 쿠퍼 등이 학교정책을 분석하는 모형으로 사용하였던 분석틀을 사용한 이유는 다양한 프로그램 분석모형이 존재함에도 불구하고 이 분석틀이 갖는 광범위한 이론적 배경을 종합하였다는 특성 때문이다. 학교 개선을 위한 구체적 사례를 단순히 논리실증적 방식의 기술적 평가나 질적 연구 방법을 통한 자료의 풍부한 제시와 해석에 치우치지 않고, 학교 개선을 위한 시도가 갖는 환경적 변인에서부터 목표가 내포하고 있는 가치에 대한 확인, 그리고 학교 개선을 위한 계획에서 프로그램 구성 요소 설정, 성공적인 실행 과정과 그 평가, 이를 둘러싼 구성원 간의 상호작용 등 다양한 접근을 통하여 이해할 수 있기 때문이다.

이는 쿠퍼 등이 학교정책을 분석하기 위한 틀을 마련하기 위하여 일차적으로 다양한 이론적 스펙트럼을 제시하고 있는데, 그 가운데 하나가 가장

---

1) 정책연구학교는 교육 과정, 교육 방법 및 교육 자료 등의 연구·개발을 목적으로 하는 연구학교이며, 실험학교는 교과용 도서 등의 검증을 목적으로 하는 연구학교이며, 시범학교는 교육 관련 연구 결과의 일반화를 목적으로 하는 연구학교를 말한다.

일반적으로 사용되는 체제분석이론, 이익집단이론, 신제도주의 이론 등을 비롯하여 인종, 성, 계층/계급을 중심으로 한 비판이론, 포스트모더니즘, 그리고 이념적 논쟁 등의 이론들을 종합하여 크게 다음 네 가지 분석틀을 고안하였다.

첫째, 규범적 차원으로 학교 개선이나 변화를 추구하기 위하여 이용되는 신념 체계, 가치, 이데올로기가 무엇인가에 관심을 두는 것을 의미한다.

둘째, 구조적 차원으로 중앙교육행정기관과 지방교육행정기관의 관계, 학교조직의 구조, 체제가 어떻게 이루어져 있는가에 관심을 두며 학교정책을 분석하는 것을 의미한다.

셋째, 구성적 차원으로 학교 개선과 변화를 위하여 실제로 노력하고 이익을 얻으며 영향을 받는 사람들은 누구인가에 관심을 두는 차원을 의미한다.

넷째, 기술적 차원으로 학교 개선을 위한 계획, 시행, 평가를 체제이론적 시각에서 분석하는 것을 의미한다(전술한 쿠퍼 등의 분석모형 [그림 2-1] 참조).

네 차원의 중심에는 '윤리와 사회 정의'가 위치하고 있는데 이는 모든 학교교육 정책이 궁극적으로 추구하는 바가 무엇이어야 하는가에 대한 지속적인 물음에 해당한다고 볼 수 있다. 쿠퍼 등은 중핵 가치를 윤리와 사회 정의로 설정하였지만, 경우에 따라서는 그 가치가 선택, 효율성, 형평성, 수월성(Stout, Tallerico, & Scribner, 1995)이 될 수도 있다고 하였다.

양성관(2006)의 연구는 연구학교 운영과 관련한 구조적 차원으로 고려하여 할 사안으로는 중앙 또는 지방교육행정기관과의 협력 관계 조성 정도라든지, 기타 지역사회로부터 어떤 자원을 지원받을 수 있는 관계를 형성하고 있는가라는 학교 외부 기관과의 구조적 관계에 대한 분석이 있을 수 있다. 그리고 학교 내부적으로도 연구학교가 기획하고 있는 교과 교실의 개선을 통한 수준별 이동 수업의 성공적인 운영을 위하여 어떤 구조적 조정이 이루어지고 있는가에 대한 분석도 이 차원에서 다루어져야 할 부분이었다. 따라서 구성적 차원과 관련된 중요한 질문은 연구학교 운영과 관련하여 학교 구성원의 이해관계가 어떻게 연결되어 있는가이다. 그래서 어느 집단이 연구학교 운영에 적극적인 지원을 제공하고 어떤 구성원이 관심을 보이지 않거나 반대 의사를 보이는가와 관련된 문제 등이 이 차원을 통하여 분석될 수 있다고 보고, 이해관계를 달리하는 학교 구성원의 분리는 연구 가산점의 혜택을 받는 연구학교 담당교사와 일반교사 간의 갈등의 형태로 나타날 수도 있고, 연구학교에서 중시하는 영역이나 주제, 과목별 업무의 편중에 따라 나타날 수도 있다고 하였다. 기술적 차원에서는 체제이론을 바탕으로 연구학교에서 계획된 각종 활동이 어떤 자원을 바탕으로 실행되고 있으며, 각각의 실행을 통한 효과를 분석하여 전체적으로 연구학교의 성공적인 운영에 어느 정도 기여하고 있는가를 평가하는 일련의 과정이라고 보았고, 현재는 연구학교의 각종 활동이 시행되고 있는 단계이기에 그에 대한 평가는 제외하고, 주요 활동들이 어떻게 구성되어 시행되고 있는가에 초점을 맞추었다.

요컨대 협력학교의 연구학교 운영을 규범적, 구조적, 구성적, 기술적 차원에서 분석한 것을 종합하면 다음과 같다. 연구학교 운영이 표방하는 목적을 보면(규범적 차원) 개인차를 중시하는 교육, 적합성을 중시하는 교육, 학생 중심의 교육이 강조되고 있었고, 연구학교 운영을 좀 더 효과적으로 진행하기 위하여 학교장의 지원에 따라 교육과정 부장교사를 중심으로 연구학교 운영 지원을 위한 조직이 형성되어 있음을 구조적 차원 분석을 통하여 확인하였다. 구성적 차원에서는 우선 변화 이행자(change agent)와 변화 수용자(change adopter) 간의 갈등을 들었고, 이때 변화 이행자는 교장이 될 수도 있고, 연구학교 담당교사가 될 수 있고, 상대적으로 변화 수용자는 수준에 따라 연구학교 담당교사가 될 수도 있고 일반교사가 될 수도 있다고 하였다. 기술적 차원에서 연구학교 운영활동의 문제점으로 지적되고 있는 사항은 교실의 배치 구조상의 문제로 이동거리 및 학습 분위기 조성이 어렵고, 교과 교실 공간은 확보되어 있으나 예산 부족으로 시설 여건 조성이 미흡한 점, 예산 집행 시기가 늦어져 실행 과제 적용 및 검증 평가의 시간이 부족한 실정 등이었다.

따라서 양성관(2006)은 연구 결과를 토대로 한 제언에서 우선 이론적 측면에서 기존의 실증주의적, 해석학적, 구성주의에 입각한 연구접근법에서 현장 연구와 참여 및 협력을 강조하는 새로운 연구 패러다임(참여적/협력적 실천 연구)이 적극 논의될 수 있고 교육행정(교육정책) 영역에서도 탐구할 수 있을 것으로 기대된다고 하였다.

두 번째는 손경재(2009)가 발표한 쿠퍼 등의 다차원 정책분석 모형을 활용한 초등 방과후학교 운영에 미치는 요인 탐색에 관한 연구로 방과후학교는 수요자(학생, 학부모) 중심으로 운영하는 정규 교육과정 이외의 학교 교육활동으로 정규 수업에서 충족하기 어려운 다양한 교육활동을 수익자 부담으로 제공하는 프로그램으로, 정부가 의욕적으로 추진하고 있는 교육정책이다. 노무현 정부에서 2004년 2월 17일 사교육비 대책의 일환으로 기존의 방과 후 교육활동의 문제점을 개선하고 교육 수요자 중심으로 전환하여 수요자 중심의 프로그램으로 운영하는 방과후학교 정책을 발표하게 되었다. 그러나 방과후학교는 여러 측면에서 비판을 받기에 이르렀다. 정책의 방향이 2004년에 사교육비 경감 대책에서 2006년 이후에는 사회 양극화 해소를 위한 교육 격차 해소가 주요 핵심 목표가 되어 현장에 혼란을 주게 되었다.

지금까지는 교사의 인식과 실태를 분석하는 연구가 주를 이루고 있으나, 단편적인 교사들의 인식에 대한 연구만으로는 방과후학교 운영에 영향을 미치는 요인을 탐색하기에는 부족함이 많다고 할 수 있다. 따라서 손경재(2009)의 연구는 방과후학교 정책을 다양한 관점에서 분석하기 위한 분석 도구로 쿠퍼 등이 학교정책을 분석하는 모형으로 사용하였던 분석틀을 사용하였다. 다양한 분석모형이 있으나, 이 분석틀을 사용하는 것은 체제분석 이론, 이익집단 이론, 신제도주의 이론, 비판 이론, 포스트모더니즘 이론 등의 광범위한 이론을 종합하여 4차원의 단순화된 분석모형을 제시하였기 때문이며, 또 다른 이유는 방과후학교 정책은 목표에서도 사교육비 경감, 저소득층 지원, 교육복지, 평생교육 등 다양한 스펙트럼을 갖고 있고, 운영면에서도 방과후학교와 관련된 구성원 간의 상호작용 및 제도 개선의 문제, 재정 및 시설에 대한 지원 체재 등 복합적 요인을 갖고 있으므로 한두 가지 차원에 대한 논의만 하는 것은 부족하다고 할 수 있어서 방과후학교 정책을 다양한 관점에서 분석하기 위하여 쿠퍼 등의 네 가지 분석의 틀, 즉 규범적 차원, 구조적 차원, 구성적 차원, 기술적 차원으로 종합적으로 분석하였다.

이 연구는 쿠퍼 등의 다차원 정책분석 모형을 활용하여 방과후학교 운영에 미치는 요인을 탐색하기 위하여 서울시에 소재한 초등학교에 근무하는 교사를 중심으로 실증 분석하는 데 중점을 두고, 방과후학교 운영에 영향을 미치는 요인들을 추출하고, 이에 대한 교사의 사회적 변인별로 차이가 있는지 알아보고, 우수학교에서는 어떤 요인들이 잘 이루어지고 있는지, 지역별로는 어떤 차이가 있는지를 다양한 관점에서 분석해 보는 것이 연구의 특징이며 방과후학교의 발전 방향을 제시하는 데 매우 중요한 의의가 있다고 할 수 있다. 따라서 이 연구는 방과후학교 운영에 미치는 요인들을 쿠퍼 등의 다차원 정책분석 모형을 적용하여 규범적 · 구조적 · 구성적 · 기술적 차원으로 밝혀보고, 이 요인들이 방과후학교 운영에 미치는 영향을 탐색해 보는 데 그 목적이 있다.

따라서 방과후학교 정책을 분석하기 위한 틀로 쿠퍼 등이 학교 정책을 분석하는 모형으로 사용하였던 분석틀을 사용하기 위하여 정책집행에 영향을 미치는지 요인들을 참고 문헌과 정부의 추진계획 등에서 추출하였는데, 쿠퍼 등의 교육정책 분석모형의 규범적 차원 하위 요인은 방과후학교가 추구하는 목표와 가치에서 수월성교육, 교육의 형평성, 교육복지, 평생교육을 추출하였고, 쿠퍼 등의 교육정책분석 모형의 구조적 차원 하위 요인은 방과후학교 조직, 구조, 체제가 어떻게 이루어져 있는가에 관심을 두고 운영 시스템, 교사문화, 교육환경, 운영 프로그램을 추출하였으며, 쿠퍼 등의 교육정책 분석모형의 구성적 차원 하위 요인은 방과후학교 운영에 영향을 미치는 사람들은 누구이고 상호작용은 어떠한가에 관심을 두고 학교장 의지, 교사 열의, 학부모 참여도, 교사 연수를 추출하였고, 쿠퍼 등의 교육정책 분석모형의 기술적 차원 하위 요인은 방과후학교 운영을 위한 지원체제가 어떠한지에 관심을 두어 의견 수렴, 평가, 예산 및 자원을 추출하였다. 이상에서 살펴본 것처럼 규범적 차원의 하위 요인으로는 수월성 교육, 교육의 형평성, 교육복지, 평생교육을, 구조적 차원의 하위 요인으로는 운영 시스템, 교사문화, 교육환경, 운영 프로그램을, 구성적 차원의 하위 요인으로는 학교장 의지, 교사 열의, 학부모 참여도, 교사 연수를, 기술적 차원의 하위 요인으로는 의견 수렴, 평가, 예산 및 자원을 추출하여 다양한 접근을 통하여 분석해 보았다. 연구 결과를 요약하면 쿠퍼 등의 다차원 정책분석 모형을 활용하여 방과후학교 운영에 미치는 요인과 영향을 탐색하기 위하여 서울특별시 교육청 관내의 교사를 대상으로 설문조사를 실시하였으며, 연구의 근본 목적을 달성하기 위하여 서울특별시 교육청 내에 초등학교를 대상으로 하였는데, 11개 교육청 관내에 소재하는 학교를 각각 4개교씩 선정하였고, 설문지 대상 학교인 우수학교와 일반학교는 서울시교육청의 방과후학교 평가 자료와 자문을 바탕으로 구분하였다.

그러므로 방과후학교의 가치와 방과후학교에서 추구하는 목표와 가치를 규범적 차원이라고 하였고, 수월성교육, 교육의 형평성, 교육복지, 평생교육의 4개 하위 요인을 추출하였으며, 하위 요인에 대한 일원배치 분산분석(ANOVA)한 결과 유의미한 차이가 있는 것으로 나타났고, 구조적 차원으로 운영 시스템, 교사문화, 교육환경, 프로그램 운영의 4개 하위 요인을 추출하였으며, 하위 요인에 대한 일원배치 분산분석한 결과 유의미한 차이가 있는 것으로 나타났으며, 구성적 차원으로 학교장 의지, 교사 열의, 학부모 참여도, 교사 연수의 4개 하위 요인을 추출하였으며, 하위 요인에 대한 일원배치 분산분석한 결과 유의미한 차이가 있는 것으로 나타났고, 기술적 차원으로는 의견 수렴, 평가, 예산 및 자원의 3개 하위 요인을 추출하였으며, 하위 요인에 대한 일원배치 분산분석한 결과 유의미한 차이가 있는 것으로 나타났다. 또 교사의 사회적 변인(학력, 경력, 지위) 및 학교 변인(집단별, 소재별)에 따라 방과후학교 운영에 대한 규범적·구조적·구성적·기술적 차원에 차이가 있는지 분석하였으나 대부분 유의미한 차이가 없는 것으로 나타났다.

이상과 같은 손경재(2009)의 연구에서는 방과후학교의 가치와 목표에 대한 교사들의 인식 및 변화, 방과후학교 운영 시스템, 교육환경적 측면, 운영 주체인 학교장의 의지, 교사들의 열의, 교사 상호간의 문화, 예산 지원, 자원들이 방과후학교 활성화 및 내실화에 미치는 영향에 대하여 종합적으로 분석한 결과, 제언한 내용은 교사 중심 연구에서 방과후학교 강사, 학부모, 학생, 그리고 지역사회 방과후학교 운영 관련자들을 포함할 경우 좀 더 다양한 의견이 도출된다고 보았고, 방과후학교 정책분석에 대한 구체적인 지표 개발이 필요하다고 주장하였다.

세 번째는 국내에 처음으로 쿠퍼 등의 교육정책분석 이론 및 모형을 소개하고 연구에 적용한 양성관(2009)의 후속 연구로서 대학입학사정관제의 특징 및 개선 방안 분석에 쿠퍼 등의 4차원 정책분석모형을 사용하였다. 이 연구는 입학사정관제와 관련된 대입제도의 구조와 입학사정관제가 추구하는 다양성의 가치를 이와 관련된 이해당사자의 입장에서 분석하고, 입학사정관의 전문성과 입학사정관 전형의 개선 방안을 제시하는 것을 목적으로 하고, 이를 위하여 입학사정관제의 역사적 맥락을 검토하고 개념을 재해석한 뒤, 입학사정관제를 쿠퍼 등이 고안한 다차원 교육정책 분석 틀을 사용하여 입학사정관제를 규범적·구조적·구성적·기술적 차원으로 분석하였다. 규범적 차원에서는 인재의 다양성을 사회적 다양성으로 확대하고, 구조적 차원에서는 고교 교육 과정을 개인적 역량을 파악하는 수준에서 반영하여 사교육의 영향을 최소화함과 동시에 고교등급제에 대한 불신을 해소함으로써 대학의 책무성을 증진하여야 함을 강조하였다. 구성적 차원에서는 대학의 특성에 따라 입학사정관제 지원의 필요성, 고교 지원의 필요성, 학부모에 대한 입학사정관 전형 안내의 중요성이 논의되었고, 기술적 차원에서는 입학사정관의 전문성을 자격 기준보다 교육훈련을 통한 증진을 강조하였고, 입학사정관 전형 요소의 통합 및 기타 전형의 통합 가능성을 제시하였다(양성관, 2009: 125).

양성관(2009)의 연구 결과는 앞으로 입학사정관제가 대입 전형에서 대학의 자율성과 책무성 확보, 고교 교육의 정상화, 사회적 다양성 확보라는 정책적 목표를 달성하여야 된다고 보았고, 그 개선 방향을 규범적·구조적·구성원·기술적 차원으로 나누어 제시하였다.

첫째, 규범적 차원에서는 입학사정관 전형을 통하여 선발하는 인재의 다양성 개념 속에 사회적 다양성도 고려되어야 하고, 대학의 자율성이 강조되는 입학사정관 전형이 책무성도 증진하는 기제로 작동하여야 하며, 경쟁의 원리보다는 자율과 책임, 공유를 강조하는 원리가 중시되어야 하고, 입학사정관 규모의 확대는 효율성을 전제로 하여야 할 것이다.

둘째, 구조적 차원에서는 입학사정관 제도를 통하여 고교 교육과정 및 교육활동이 반영될 수 있도록 하며, 외부의 영향력을 최대한 배제하는 전형 요소가 개발될 필요와 함께, 국민의 신뢰를 얻을 수 있는 대학의 노력이 강조되어야 한다.

셋째, 구성적 차원에서는 대학의 설립, 지역, 특성에 따른 배려 속에서 지원이 이루어져야 하며, 대교협의 지원 확대, 고교 교사 및 각종 연구 및 사업기관에도 입학사정관과 관련된 지원을 확대할 필요가 있다. 그리고 학생과 학부모를 위한 정기적 입학사정관 전형 안내를 위한 공간 또는 프로그램 개발도 함께 요청된다.

넷째, 기술적 차원에서는 입학사정관의 채용에서 자격 기준을 통한 전문성 확보보다 교육 훈련을 통한 전문성 확보가 중요하며, 정규직화를 유도할 수 있는 방안도 함께 마련되어야 한다. 그리고 입학사정관 전형의 확대는 곧 대입 전체 전형을 전문화하고 타당화할 수 있는 입학사정관의 역할 확대로 이어질 필요가 있다는 점이다.

2009년 입학사정관제 지원과 관련하여 선도 대학을 선정하는 과정에서 입학사정관 전형의 선발 규모와 입학사정관의 평가 참여 정도가 중시되었다. 대학들은 이와 같은 기준에 부합하기 위하여 2010학년도 입학사정관 전형의 선발 규모를 급격히 확대하였으며 그 결과 학생, 학부모, 교사, 일반 국민들의 관심은 크게 증가되었다. 입학사정관 전형 규모 확대와 입학사정관 역할 강화 방향의 의도하지 않은 결과는 신규 채용된 입학사정관의 전문성에 대한 확신이 결여된 상태에서 입학사정관 전형의 무리한 참여 확대는 대학의 구성원과 사회로부터 입학사정관 전형 자체에 대한 신뢰성을 감소시키는 역할을 낳게 되었다. 그리고 일반 국민의 관심의 확대에 비하여 입학사정관제의 취지나 그 준비 방법 등에 대한 정보 부족으로 인하여 입학사정관 전형과 관련된 사교육 시장이 확대되고 있는 추세이다.

따라서 앞으로 입학사정관제는 입학사정관의 전문성 증진을 위한 교육을 강화함과 동시에 입학사정관 전형의 선발 규모보다는 대학의 인재상에 부합되면서도 고교 교육과정을 반영할 수 있는 선발 방식에 초점을 둘 필요가 있다. 그리고 입학사정관 전형으로 선발하는 규모를 현재의 수준(각 대학별로 정원의 10~30%)을 당분간 유지하면서 입학사정관 전형의 요소와 수를 통합하는 방향을 탐색하는 것이 더욱 중요하다고 판단된다. 이와 함께 대학들은 현재 고교에서 진행되는 교육과정과 교육활동의 요소를 중심으로 입학사정관 전형을 시행하여 사교육 시장의 영향력을 최소화하는 노력을 기울여야 할 것이다.

입학사정관제의 충실한 이행과 대학의 추진 의지를 제고하기 위하여 적용된 '경쟁의 원리'에 따라 선도 대학과 계속 대학 간의 지원의 차이, 부실대학의 탈락 등으로 정부의 정책 의지가 입학사정관제 시행 대학에 반영되어 결과적으로 정부의 지원 유무에 상관없이 입학사정관제를 시행하는 대학의 수가 90여 개 대학으로 증가하였다. 이와 같은 경쟁의 원리 도입에 따른 의도하지 않은 결과로는 입학사정관 전형의 우수 사례를 공유하고자 하는 의지가 약화되어, 신규 대학에서 입학사정관 전형을 실시하는 경우, 유용한 국내 대학의 정보를 얻는 데 어려움을 겪고 있는 실정이다. 여기에 입학사정관 규모를 확대하기 위하여 기존의 전형을 입학사정관 방식으로 전환함으로써 입학사정관제의 취지나 특성이 모호하게 된 측면이 강하게 부각되고 있다. 경쟁의 원리의 적용과 국립대학 대 사립대학, 수도권 대학 대 지방 소재 대학, 대규모 대학 대 소규모 대학의 정책적 배려에 대한 원칙이 부재하여 입학사정관제 지원 대학들의 불만이 높아진 것으로 판단하였다. 따라서 향후 입학사정관제에 대한 지원은 '경쟁의 원리'보다 '자율과 책임의 원리', '공유의 원리'를 적용할 필요가 있다. 입학사정관제는 여전히 정책 확산의 초기 단계에 해당하기에 선도 대학과 계속 대학 간의 지원 규모나 대응자금 비율 등의 차이를 완화시키고, 신규 대학에 대한 선도 및 계속 대학들의 경험들을 공유할 수 있는 시스템 확립을 적극 지원하는 방향으로 나갈 필요가 있다고 보았다(양성관, 2009: 143-144).

그러나 양성관(2009)의 대학입학사정관제의 특징 및 개선 방안 분석에서 쿠퍼 등의 4차원 정책분석 모형을 사용하여 이론적 분석만을 토대로 연구 결과를 제시하였으므로, 이 연구 주제이기도 한 2007년부터 시범 도입하여 4년간 시행하고 있는 우리나라 대학입학사정관제도 이제 심층적인 실증 연구가 필요하다고 본다. 이에 연구자는 종합적 연구가 가능한 쿠퍼 등의 다차원정책 분석모형을 적용하여 대학입학사정관제의 일선 정책집행 담당자인 입학사정관들을 대상으로 설문 조사 분석을 실시하였다.

이상에서 설명한 쿠퍼 등의 다차원 교육정책 분석모형에 관한 선행 연구를 비교 정리하면 <표 3-1>과 같다.

**표 3-1** 쿠퍼 등의 다차원 교육정책 분석모형에 관한 선행 연구 비교

| 순번 | 연도 | 연구자 | 연구 주제 | 연구 내용 |
|---|---|---|---|---|
| 1 | 2006.12 | 양성관 (『지방교육경영』 제11권 통합본) | 단위학교 개선을 위한 지원 방안 | 1) 문헌 연구 및 사례 분석<br>2) 이 연구의 목적은 대학과 단위 학교 간의 협력 관계를 구축하여 교육연구자와 교육담당자 간의 진정한 협력과 참여를 통하여 단위 학교 수준에서 이루어지는 학교 개선 노력을 효과적으로 수행하는 데 있다. 실제로 단위학교 수준에서 진행되고 있는 교육과정 개선을 위한 연구학교 사례를 쿠퍼 등의 교육정책 분석모형인 규범적 차원, 구조적 차원, 구성적 차원, 기술적 차원에서 분석하여 각 차원에서 제기되는 학교 개선을 위한 변화 노력에 장애가 되는 요인을 탐색한 뒤, 이를 해소할 수 있는 효과적인 대학-단위학교 협력 프로그램 모형을 제시하였음.<br>3) 쿠퍼 등의 분석모형을 국내 처음 소개하였다는 점에서 그 의의가 있으나, 단위학교 사례 분석만 하였음. |
| 2 | 2009.8 | 손경재 (건국대 박사학위 논문) | 초등 방과후학교 운영에 미치는 요인 탐색 | 1) 문헌 연구 및 실증 연구 분석<br>2) 이 연구는 쿠퍼 등의 다차원 정책분석 모형을 활용하여 방과후학교 운영에 미치는 요인을 분석하기 위하여 서울시에 소재한 초등학교에 근무하는 교사를 중심으로 실증 분석하는 데 중점을 두고, 방과후학교 운영에 영향을 미치는 규범적 차원의 하위 요인으로는 수월성 교육, 교육의 형평성, 교육복지, 평생교육을, 구조적 차원의 하위 요인으로는 운영 시스템, 교사문화, 교육환경, 운영 프로그램을, 구성적 차원의 하위 요인으로는 학교장 의지, 교사 열의, 학부모 참여도, 교사 연수를, 기술적 차원의 하위 요인으로는 의견 수렴, 평가, 예산 및 자원을 추출하여 이 요인들이 방과후학교 운영에 미치는 영향을 탐색해 보는 데 목적이 있음.<br>3) 쿠퍼 등의 분석모형을 국내 처음 실증 연구 |

| | | | | |
|---|---|---|---|---|
| | | | | 에 적용하였으나 분석 방법에서 다차원 영향 요인의 차이만을 규명하였음. |
| 3 | 2009.12 | 양성관<br>(『교육정치학연구』<br>제16집<br>제3호) | 대학입학사정관제의 특징 및 개선 방안 분석 | 1) 문헌 연구를 통한 이론적 분석<br>2) 쿠퍼 등의 4차원 정책분석 모형을 사용하여 분석모형의 중앙에는 입학사정관제가 대입 전형에서 추구하여야 할 중핵 가치로서 대학의 자율성과 책무성 확보, 고교 교육의 정상화, 사회적 다양성 확보라는 정책적 목표를 달성하여야 된다고 보았고, 그 개선 방향을 규범적·구조적·구성적·기술적 차원으로 나누어 제시하였음. 첫째, 규범적 차원에서는 입학사정관 전형을 통하여 선발하는 인재의 다양성 개념 속에 사회적 다양성도 고려되어야 하고, 대학의 자율성이 강조되는 입학사정관 전형이 책무성도 증진하는 기제로 작동하여야 하며, 경쟁의 원리보다는 자율과 책임, 공유를 강조하는 원리가 중시되어야 하고, 입학사정관 규모의 확대는 효율성을 전제로 해야 함. 둘째, 구조적 차원에서는 입학사정관 제도를 통하여 고교 교육과정 및 교육활동이 반영될 수 있도록 하며, 외부의 영향력을 최대한 배제하는 전형 요소가 개발될 필요와 함께, 국민의 신뢰를 얻을 수 있는 대학의 노력이 강조되어야 함. 셋째, 구성적 차원에서는 대학의 설립, 지역, 특성에 따른 배려 속에서 지원이 이루어져야 하며, 한국대학교육협의회의 지원 확대, 고교 교사 및 각종 연구 및 사업기관에도 입학사정관과 관련된 지원을 확대할 필요가 있고, 학생과 학부모를 위한 정기적 입학사정관 전형 안내를 위한 공간 또는 프로그램 개발도 함께 요청됨. 넷째, 기술적 차원에서는 입학사정관의 채용에서 자격 기준을 통한 전문성 확보보다 교육 훈련을 통한 전문성 확보가 중요하며, 정규직화를 유도할 수 있는 방안도 함께 마련되어야 할 것이고, 입학사정관 전형의 확대는 곧 대입전체 전형을 전문화하고 타당화할 수 있는 입학사정관의 역할 확대로 이어질 필요가 있다는 점<br>3) 쿠퍼 등의 분석모형을 국내 처음 소개한 연구자가 사례 분석에 이은 이론적 연구로서 이 연구 주제에 부합하는 대학입학사정관제 분석에 적용하였으나, 쿠퍼 등의 이론과 모형을 적용하여 실증 연구를 통한 검증이 필요하다고 사료됨. |

제 2 부

# 한국 입학사정관제 분석


제 4 장 입학사정관제에 관한 일반적 고찰
제 5 장 한국 입학사정관제 분석의 연구설계
제 6 장 한국 입학사정관제 분석의 연구 결과
제 7 장 한국 입학사정관제 분석의 정책적 시사점

# 제 4 장 입학사정관제에 관한 일반적 고찰*

## 제 1 절 대입제도의 변화 및 대입자율화의 과정

### 1 대입제도의 변천 과정

해방 이후 대학입학제도는 크게 10여 차례, 작게는 35차례 이상의 변화를 겪어 왔다(정일환 외, 2009: 25). 대입제도의 변천을 연구한 많은 연구물에서는 대입제도의 변천을 각기 다양한 방식으로 분류하고 있다.[1] 우리나라의 대입제도가 주로 교육 외적인 요인인 정치사회적 변화에 따라 급격하게 변화되었다는 점과, 몇 가지 유형의 대입 전형이 반복적으로 일어났

---

* 제2부는 필자의 경북대학교 행정학 박사 논문인 “한국 입학사정관제의 정착에 미치는 영향요인 분석: 다차원 정책분석 모형”에 관한 실증적 연구 내용이다.

1) 이종승(2005)은 해방 이후 지금까지 세부적으로는 14번, 크게는 4개로 범주화하고 있으며, 남혜영(2002)은 거시적 범주화 없이 13번으로 분류하고 있으며, 조성종(2001)은 크게 6개로 구분하고 있으며, 백승현(1999)은 해방 이후 1999년까지의 변천 과정을 총 12번으로 분류하고 있다(자세한 논의는 강창동[2007]을 참조). 이들 연구에서는 변천의 시기를 주로 어떤 요소로 대입이 이루어졌는가에 따라 구분하고 있지만, 워낙 짧은 기간 동안만 실시되었던 입시 유형이 많아, 연구자에 따라 이를 생략하기도 하고 독립적인 시기로 분류하기도 하고 있다. 이러한 이유로 연구자마다 시기 구분이 달라진다.

다는 점으로 인하여 학문적으로 범주화하기 어렵다는 특징이 있다(강창동, 2007). 크게 보면 대학별 단독시험제(1945~1953), 대학입학국가연합고사(1954), 대학입학 국가자격고사제(1962~1963), 대학별 단독시험제(1964~1968), 대학입학 예비고사·본고사 병행제(1969~1980), 대학입학학력고사·내신병행제(1981~1993), 대학수학능력시험과 대학별 본고사 병행제(1994~1996), 대학수학능력시험과 학교생활기록부 및 논술의 혼합형(1997~2001), 대학의 학생 선발 자율권 확대를 통한 다양한 전형 유형 개발 적용(대학수학능력시험+학교생활기록부+논술+추천서+심층면접 등, 2002~현재)으로 변화되어 왔다(송순재 외, 2007). 이러한 잦은 대학 입시제도의 변화를 가져온 배경에는 교육정책의 독자성이나 자율성의 추구보다는 정권의 교체와 같은 정치적 사건 등 교육 외적인 충격이나 위기 발생에 따라 대입정책을 둘러싼 행위자들의 상호작용과 전략이 깊이 작용해 왔다는 견해도 있고(노명순, 2006), 대학교육에 대한 과다한 수요 발생으로 빚어진 결과로 보는 견해도 있다(이현청, 2005). 또한 우리 사회에 깊숙이 뿌리박힌 학력·학벌주의의 문제와 대학의 서열화 문제를 극복하기 위해 대학입시제도 개선이라는 비교적 손쉽고 효율적인 방법이 활용되었으며, 이 과정에서 위정자들의 조급함이 크게 작용하였다는 견해도 있다(강창동, 2007).

따라서 대입제도의 변천 과정은 대체로 학생선발권을 둘러싸고 국가와 대학이 부단히 경쟁하는 연속적 패턴으로 이해할 수 있다. 이는 대학입시제도를 운영하는 과정에서 국가 주도의 중앙집권적 방식을 채택하느냐 아니면 개별 대학들의 자율성을 존중해 줄 것이냐를 둘러싸고 경쟁과 갈등, 그에 따른 긴장이 지속되었다고 볼 수 있다(정일환 외, 2009: 26).

따라서 대입에 대한 주도권을 누가 갖는가에 따라 대입제도의 변천을 네 시기로 나누어 살펴보기로 한다.

1945년부터 1961년까지는 대학이 주도권을 가지고 있었던 시기로, 1962년부터 1980년까지는 국가와 대학이 주도권을 나누어 가지고 서로 대립하는 시기로, 1982년부터 1985년까지는 국가가 주도권을 가지고 있었던 시기로, 1986년부터 현재까지는 국가-대학-고등학교 간 균형의 시기로 설정하였다. 이를 자세히 살펴보면 <표 4-1>과 같다(양성관·김택형, 2008: 147-149).

**표 4-1** 시기별 대입전형 반영 요소의 변화

| 구분 | 연도 | 대입전형 반영 요소 | | |
|---|---|---|---|---|
| | | 국가고사 | 대학(본고사) | 고교(내신) |
| 대학 주도 시기 (1945~1961년) | 1945~1953 | | | |
| | 1954 | (연합고사) | | |
| | 1955~1961 | | | (권장) |
| 국가-대학 대립기 (1962~1980년) | 1962~1963 | 자격고사 | | |
| | 1964~1968 | | | |
| | 1969~1972 | 예비고사 | | |
| | 1973~1980 | | | (권장) |
| 국가 주도 시기 (1981~1985년) | 1981 | | | |
| | 1982~1985 | 학력고사 | | |
| 국가+대학+고교 균형기 (1986~현재) | 1986~1987 | | 논술 | |
| | 1988~1993 | | 면접 | |
| | 1994~1996 | | | |
| | 1997~2001 | | 논술 | 학생생활기록부 |
| | 2002~현재 | | 논술, 추천서 등 | |

자료: 국정브리핑 특별기획팀(2007: 23).

첫째 시기는 해방 이후 1961년까지 대학이 선발의 자율권을 누리던 시기이다. 본래 대학이라는 기관은 중세 시대에 처음 등장한 이래 폭넓은 학문의 자율성을 누려 왔다. 한국의 많은 근대적 고등교육기관 또한 국가 주도가 아닌 개인이나 단체의 사재로 건립되었으며, 해방 직후의 시대적 상황과 한국전쟁 이후 궁핍한 국가 재정은 국가로 하여금 고등교육을 통제할 만한 정책적·재정적 여유를 갖지 못하였으므로, 이승만 정부 하에서의 대학은 폭넓은 자율성을 누려 왔다. 특히 대입시험에서도 대학별로 단독 출제되어 대학별 고사라는 한 가지 요소만으로 학생의 입학을 결정하였다. 당시에는 고등학교 졸업자의 수가 그다지 많지 않아 대학 진학이 많은 사람의 공통된 문제는 아니었지만 입학하기 힘들었던 국공립대학과 일부 사립대학에 대한 입학경쟁률은 매우 높았기 때문에 신입학과 편입학에서 입시 비리가 발생하기도 하였다. 또한 일부 사립대학은 대학별 고사제도를 악용한 무적격자 입학 및 6·25전쟁 중의 대학생 병역 특전을 노린 부정 입학 등의 문제가 성행하기도 하였다. 이러한 부정을 방지하고자 1954년에 한시적으로 연합고사의 도입이 시도되었으나 당해 연도에도 효력을 갖지 못하고 무효화되었다(교육부, 1998a: 491).

둘째 시기는 1962년부터 1980년까지의 시기로 국가와 대학 간의 학생 선발의 주도권을 두고 서로 대립하게 되는 시기이다. 1962년에 박정희 대통령이 정권을 잡게 되면서 사회 전반에서 국가 주도의 경제사회개혁이 진행되었고, 대입과 관련해서는 국가 주도의 국가고사와 대학별 고사가 혼용되면서 대학의 자율성이 이전에 비하여 축소되었다. 박정희 군사정부가 들어선 초기인 1962년부터 1963년에는 대학입학 국가자격고사제를 실시하여 대학별 고사 없이 대학입학이 이루어지면서 대학 입학에 대한 국가의 영향력이 더욱 커지는 계기가 되었다. 그러나 곧 대학의 자율성 침해라는 비판으로 인하여 1964년부터 1968년까지는 국가고사가 폐지되고, 다시 대학별 단독시험제가 시행되어 대학의 자율성을 되찾는 듯하였으나, 부정 입학, 학사 부조리 등의 문제가 발생되면서 대학의 부정행위 등을 바로잡고, 대학의 선발권을 동시에 보장하기 위하여 1969년부터 1980년까지 대입예비고사와 대학별 본고사가 병행 실시됨으로써 정부와 대학 간의 일종의 균형이 이루어지게 된다. 그러나 국가 주도의 예비고사와 대학별 본고사로 수험생은 이중고에 시달려야 하였고, 본고사는 특정교과에 집중된 고학력 경쟁시험의 성격을 띠게 되어 입시 위주의 교육과 과열 사교육 문제를 발생시켰다.

셋째 시기는 1981년 신군부의 등장으로 학생 선발의 국가 주도권이 강해지는 1985년까지의 시기이다. 신군부는 정권의 정당성을 강화하는 측면에서 7·30 교육 조치를 단행하여 대학별 본고사를 폐지하게 된다. 당시 정부는 대학별 본고사를 폐지하고, 대학입학예비고사(1982년부터 학력고사) 성적과 고교 내신 성적에 의하여 입학전형을 시행하도록 하였다. 또 과외를 금지하는 대신 KBS 'TV가정고교'를 통하여 국가과외 시대를 열었다. 대학입시에서 국가의 주도권을 강화하는 정책은 과도한 입시경쟁 완화와 사교육비 절감이라는 국민적 요구에 맞물리면서 정책적 정당성을 유지하게 되었다.

넷째 시기는 1986년부터 현재까지로 대학의 선발권 강화에 대한 요구를 제한적으로 수용하면서 국가고사, 대학별 요소, 내신 성적이 골고루 사용되게 되는 시기이다. 1986년부터 1987년까지는 대학별 논술고사가 시행됨으로써 대학의 선발권에 대한 요구가 어느 정도 수용되었다. 그러나 논술고사는 실제 대입에서의 반영 비율이 10% 이내에 불과하여 그 역할을 다하지 못하고 이듬해에 폐지되고 말았다. 1988년부터 1993년까지는 면접고사가 실시되었으나, 논술고사와 마찬가지로 실제 입시 반영률은 낮아 적절한 실효를 거두지 못하였다. 이렇게 대학 측에서 실시하는 전형 요소가 가미되면서 1994년에서 1996년 사이에 한시적으로 대학별 고사까지 실시되었고, 결국 현재는 지필고사 형태의 본고사만이 금지되면서 대학은 다양한 형태의 대학별 고사를 실시할 수 있게 된다.

## 2 대입제도 변화의 배경 요인

우리나라 대입제도의 특성과 변천 과정을 종합해 보면, 국가에서 실시하는 국가고사와 대학별로 치러지는 대학별 고사, 그리고 고등학교의 교육의 결과인 내신 성적의 조합을 반복하다가, 최근 들어 사용 가능한 모든 전형 요소를 각기 다른 전형 방식으로 사용하는 다양화된 형태를 띠고 있는 것을 알 수 있다(양성관 · 김택형, 2008: 149).

이렇게 대입제도가 다양하게 된 이유는 우수한 인재를 선발하고자 하는 의도도 있지만, 과도한 대입 경쟁을 완화하고 급증하는 사교육비를 절감시키고자 하는 현실적 요구가 있었다. 대입제도의 다양성의 원인을 좀 더 상세하게 살펴보면 다음과 같다(양성관, 2009: 136-137; 양성관 · 김택형, 2008: 149-151).

첫째, 대학 입학 경쟁을 완화하고자 하였다. 해방 직후 한동안은 대학이라는 고등교육기관의 수 자체가 희소하여 '대학입학' 자체가 신분 상승의 통로 역할을 하여 대입 경쟁률이 치열하였다. 그러나 당시에는 대학에 지원하는 고교 졸업자의 수가 그다지 많지 않았기 때문에 국가적인 문제로 부각되지는 않았었다. 그러나 지속적으로 대학의 숫자가 증가하고 대학 지원자의 수가 완만해지면서, 최근에는 고등교육 진학률이 80%를 넘게 됨으로써, 대다수의 국민이 대학 입학에 직·간접적인 영향권 아래 들어오게 되었다. 또한 대학이 대중교육기관화되고 있는 실정에서는 단순한 대학 입학이 문제가 아니라 어떻게 하면 경쟁력 있는 상위권 대학에 진학할 것인가가 주된 관심사로 떠올라, 대입 경쟁에 참여하는 이해당사자의 폭이 넓어지고 경쟁의 치열함이 예전보다 훨씬 강해지고 있다. 이러한 대입 경쟁을 완화시키기 위하여 '한 줄 세우기'가 아닌 '여러 줄 세우기'로 입학 전형이 다양화된 측면이 있다(교육부, 1998a).

둘째, 상위권 대학을 향한 치열한 입시경쟁은 사교육비의 증가를 가져왔고, 역대 정권은 증가하는 사교육비를 절감하고자 하였다. 즉, 사교육을 억제하기 위하여 시험을 쉽게 하거나 전형 요소를 다양화시키는 등의 대입제도의 변화를 꾀해 온 것이다. 그러나 상위권 대학을 중심으로 한 입학 수요가 매우 크게 존재하는 현실 속에서의 대입제도의 다양화는 오히려 사교육 시장을 키우는 요소로 작용하게 되었다. 특히 기존 요소의 영향력을 완화시키고 새로운 요소를 도입함에 따라 공교육기관에서는 기존의 요소와 새롭게 도입된 요소 모두를 준비시켜 줄 여력이 없었기 때문에 사교육 시장만 비대해지는 결과를 낳게 되었다. 치열한 대입 경쟁과 사교육비의 증가를 억제하기 위하여 대학 입학의 규칙을 변화시켜온 기존의 방식으로는 결코 이 문제가 해결될 수 없다. 사실 이것은 어떤 규칙을 사용하여야 하는가라는 기술적인 문제라기보다는 대학 입학이 어떤 조건 하에 놓여 있는가 하는 구조적인 문제이기 때문이다. 즉 치열한 대입 경쟁과 증가하는 사교육비는 대학 입학의 방식과는 상관없이 대학들 간에 형성된 구조적 문제와 대학이 한국 사회에서 위치하고 있는 위상 때문이다(양성관, 2009: 136-137).

이를 좀 더 자세히 살펴보면, 첫째, 한국의 대학은 최상위권 대학을 정점으로 하는 피라미드 형태의 대학 서열 체제를 형성하고 있다. 이러한 대학의 서열 체제는 해방 이후 점차 고착화되고 있으며, 특히 최상위권의 대학의 순위는 거의 변동 없이 유지되고 있어 대학 입학을 향한 치열한 경쟁은 주로 이들 대학에 집중되고 있다(정진상 외, 2004; 김택형, 2008). 둘째, 이러한 최상위권 대학 출신자들은 사회 전반의 거의 모든 영역에 걸쳐 높은 점유율을 보이고 있어, 사회적으로도 이들 대학 출신자들에 대한 평가 또한 높다. 또한 재수, 삼수를 하더라도 높은 순위의 대학에 진학할 때 해당 대학 출신자들의 소득 수준이 높아지는 현상은 사회적 안정을 위해서라도 이들 대학에 입학하는 것을 당연시하게 한다(장수명, 2004). 대학 자체의 서열화된 구조와 명문대를 우대하는 사회적 풍토는 서로 긴밀하게 결집되어 서로를 확대·강화·재생산하는 기제가 되고 있다. 이렇게 형성된 기제는 하나의 신제도주의 이론의 주요 개념인 제도군(institutional matrix)으로서 역할을 하게 된다. 제도군은 어떤 제도 혹은 조직이 그것과 관련된 다른 제도나 조직들과 관련을 맺고 있는 상태를 의미하는데, 이는 제도 간의 상호 의존적인 관계 때문에 제도가 쉽게 변화하지 않는 속성을 가지는 주요 원인이 된다(Krasner, 1998: 84-85). 이렇게 형성되어 고착화된 '제도'적 규칙은 정부가 추진하고자 하는 '정책'적 규칙을 능가하는 사회적 동인이 되고 있어, 다양한 대입 정책의 변화에도 불구하고 본래 의도한 소기의 성과를 거두지 못하는 근본적 원인이 되고 있다. 지금까지는 치열한 대입 경쟁 완화나 사교육비 억제, 교육의 질제고 등을 정부의 규제라는 정책적 수단을 통하여 달성하고자 하였으나 이러한 두 가지 구조적 조건 속에서 실패해 온 것이다.

한편, 지속적인 정책실패 또한 제도 변화의 요인이 된다. 대입과 관련된 정책실패는 지금까지와는 다른 새로운 방향의 대안을 요구하게 되는데, 이명박 정부가 출범하게 되면서 제시한 대안은 대입자율화 3단계 정책이다. 이는 지금까지 풀지 못하였던 복잡한 대입의 문제를 정부에서 주도하지 않고 민간에 권한을 이양함으로써 해결하고자 하는 것이다. 이리하여 선언적 수준에 머물고 있었던 대입의 자율화가 점차 실천적 수준으로 구체화되고 있는 것으로 보인다(양성관·김택형, 2008: 150-151).

따라서 이와 같은 대입제도의 구조 속에서 입학사정관제를 확대 실시하기 위해서는 다음과 같은 사안을 고려하여야 한다(양성관, 2009: 137-138).

첫째, 입학사정관제는 고교 정규 교육과정과의 연계를 강조하고 있다는 점이다. 대학의 신입생 선발에서 주로 국가 주도의 선발시험 또는 대학 주도의 선발시험이 강조되던 역사적 맥락과 달리, 입학사정관제는 고교 교육과정과 밀접한 연계를 강조하고 있다. 따라서 학교생활기록부를 중심으로 한 고교 교육과정, 교내 교육활동을 중심으로 학생들의 교과 및 비교과 활동에 대한 평가가 이루어질 수 있도록 지원이 이루어질 필요가 있다. 여기서 주의하여야 할 점은 고교 교육과정과 교내 교육활동을 반영한다는 의미가 '고교등급제'로 변질되어서는 안 된다는 점이다.

둘째, 지금까지 모든 개혁적 선발 방식은 사교육비 유발이라는 비난과 함께 사교육비 경감 대책이라는 정부 정책 목표가 공존해 왔다. 입학사정관제 역시 그 규모의 확대로 인하여 사교육 시장의 활성화 문제가 중요하게 다루어지기 시작하였다. 따라서 향후 입학사정관제 지원 사업은 대학이 입학사정관 전형 요소에서 사교육 시장의 영향력을 최대한 배제하는 방식을 개발하는 데 적극 지원하는 방향으로 나아가야 한다.

셋째, 규범적 차원의 대학의 책무성과 관련된 내용으로 지금까지 대입전형에서 대학은 국민들의 불신을 받아온 상태라 할 수 있다. 정부의 규제적 성격의 지침에 반발하여 대학이 중시하는 인재상을 선발하기 위하여 다양한 방식으로 마찰을 빚어온 것은 사실이다. 따라서 대학은 입학사정관 전형의 목적이나 취지에 맞는 인재상을 사전에 밝혀서 그에 따른 전형을 실시하고 그 결과를 밝힘으로써 국민의 신뢰를 얻는 방향으로 전형을 진행할 필요가 있다.

## 3 대입자율화의 과정

우리나라 대학입시제도의 특성과 변천 과정을 종합해 보면, 국가에서 실시하는 국가고사와 대학별로 치러지는 대학별 고사, 그리고 고등학교 교육의 결과인 내신 성적의 조합을 반복하다가, 최근에는 사용 가능한 모든 전형 요소를 각기 다른 전형 방식으로 사용하는 다양화된 형태를 띠고 있다. 이렇게 대학입학제도가 점차 다양하게 된 목적은 우수한 인재를 선발하고자 하는 의도가 있지만, 과도한 대학입학 경쟁을 완화하고 급증하는 사교육비를 절감시키고자 하는 '현실적 의도가 있었다.

현재 진행되고 있는 이러한 대입자율화의 추진을 참여정부 말기에 벌어졌던 내신 반영 비율에 대한 정부와 대학 간에 벌어졌던 첨예한 대립과 정부가 주도한 수능등급제에 대한 보완책이라고 볼 수 있다. 당시 정부는 대학이 내신을 무력화시키기 위하여 실질 반영률을 낮춘 것에 대하여 대학에 제재를 가할 수 있다고 경고하였으며, 일부 대학은 교육부가 제시한 반영률보다 더 낮게 책정함으로써 대학과 교육부 간의 대립 양상을 보였다. 2007년 후반기에 수능이 치러진 이후에는 수능등급제를 통하여 점수 경쟁을 완화시키면서 학생부 성적을 더 반영하도록 유도하기 위한 정부의 정책적 의도와 수능 9등급으로는 변별력이 없다는 대학의 문제 제기가 맞붙은 두 번째 대립이었다.

대입자율화의 방향은 1998년에 발표된 '2002학년도 대학입학제도 개선안'에 구체적인 모습이 드러났으며, 좀 더 근본적으로 1995년 5·31 교육개혁을 통하여 천명된 고등교육의 개혁 방안에서부터 시작되었다고 볼 수 있다. 대입자율화란 '대학 입학'에서 누가 주도권을 쥐어야 하는가에 대한 문제의 지평 위에 놓인 것으로 자율화란 국가 혹은 정부에서 민간, 즉 대학으로 그 주도권이 이양되어야 한다는 정책적 방향 혹은 가치지향성을 의미한다. 이는 정부실패로 인하여 나타난 문제점을 민간과 시장 원리에 맡김으로써 해결하고자 하는 신자유주의적 철학이 담겨져 있는 것이기도 하다(양성관, 2008: 3).

대입자율화의 추진은 크게 네 번에 걸쳐 일어나게 된다.

첫째는 1995년에 발표된 5·31교육 개혁안에 나타난 고등교육 분야의 개선안이다. 여기서는 대학의 다양화, 특성화를 지향하고, 대입제도를 개선하기 위하여 종합생활기록부를 도입하는 것을 골자로 하는 대학입학제도를 천명하게 된다(교육개혁위원회, 1995).

둘째는 1998년에 발표된 '2002학년도 대학입학제도 개선안'이다. 2002학년도 개선안은 학벌 중시 풍조와 시험성적에 의한 획일적 학생 선발에 대한 문제 의식을 가지고 대학 입학에서의 '무시험 전형'을 도입하는 등의 다양한 전형을 허용함으로써 학생 선발에 대한 대학의 자율성을 보장하는 것을 그 내용으로 하고 있다(교육부, 1998b). 이때 수시모집이 도입되고 학교장 추천제 등의 특별전형이 확대되는 등의 획기적인 변화와 더불어 기여입학제, 고교등급제, 대학별 본고사에 대한 금지는 유지하고 있다.

셋째는 2004년에 발표된 '학교교육 정상화를 위한 2008학년도 개선안'에서는 2002학년도 개선안을 계승하면서 대학·모집 단위별 특성에 부합하는 전형모형 개발을 유도하고, 수능 점수를 등급화하여 서열화의 부작용을 줄이고, 대신 지원자의 다양한 정보가 담긴 서류(학교생활기록부, 자기소개서 등)를 제대로 해석할 수 있는 전문가로서 입학사정관제 도입을 예고하였다(교육인적자원부, 2004).

그러나 실제로 수능 9등급제가 실시되자 언론과 수험생의 엄청난 반발을 맞이하게 되었다. 이에 넷째로 2008년 1월에 대통령직인수위원회가 발표한 '대입 3단계 자율화 방안'에서는 논란이 되었던 내신의 실질 반영률 문제와 수능 9등급제를 일거에 원상태로 돌리게 된다. 수능은 표준점수와 백분위를 병기함으로써 '보완'되고, 학생부와 수능 반영은 대학이 자율적으로 실시함과 동시에 이를 수행할 입학사정관제를 지원하게 되었으며, 교육부의 대입 관련 업무는 대학협의체인 한국대학교육협의회로 이관되게 된다(대통령직인수위원회, 2008). 대입 3단계 자율화 방안은 1단계는 수능등급제 보완(2009학년도부터), 대입자율화 조치와 대학책무성 강화(2008~2009년도부터), 2단계는 수능 응시과목 최대 4개로 축소(2012~2013학년도부터), 3단계는 대입 완전 자율화(2012년 이후)로 이루어져 있다(양성관, 2008: 3-5; 양성관·김택형, 2008: 151-153).

대입자율화는 '대학의 입학에서 대학에게 자율권을 주겠다'라는 일종의 전형 방식의 변화를 의미하기 때문에 대입자율화 자체가 최종 목적이 될 수는 없다. 대입제도 개선을 포함하여 대학자율화의 목적으로 제시된 것은 다음과 같다. 5·31교육개혁에서는 대학 입시에서 국민의 고충을 덜어주기 위함이었고, 2002학년도 개선안에서는 학력보다 능력 위주의 사회 구현, 창의력과 경쟁력 있는 인재 양성을 목표로 하였으며, 2008학년도 개선안에서는 학교교육 정상화, 미래형 우수 인재 발굴·육성에 있었다. 대입 3단계

**표 4-2** 정권별 교육개혁안에 따른 대입자율화의 목표와 정책 수단

| 연도 | 개혁안 | 대입자율화의 목표 | 정책 수단 |
|---|---|---|---|
| 1995년 | 5·31 교육개혁안 | • 국민의 고통을 덜어주는 대학 입학제도<br>• 학교교육 강화, 과열 과외 완화 | • 종합생활기록부(이후 학교생활기록부)의 도입 |
| 1998년 | 2002학년도 개선안 | • 학력보다 능력 위주의 사회 구현<br>• 창의력과 경쟁력 있는 인재 양성 | • 무시험 전형 등 다양한 전형 가능성 |
| 2004년 | 2008학년도 개선안 | • 미래사회가 요구하는 21세기형 우수 인재 발굴 육성에 기여<br>• 고교교육의 중심축을 학교 밖에서 학교 안으로 전환 | • 수능등급제<br>• 입학사정관제 도입 |
| 2008년 | 대입 3단계 자율화 방안 | • 대학이 정부의 획일적 규제와 점수 위주의 학생 선발 방식에서 벗어나 학생의 잠재력을 발굴하는 선진화된 전형 방식으로 전환하도록 지원함.<br>• 학교가 학생의 특성을 계발하는 창의적이고 다양한 교육을 할 수 있도록 지원하여 학생들이 불필요한 학습 부담 없이 대학에 진학할 수 있도록 함. | • 대입자율화 3단계<br>• 대입 업무의 대교협 이관<br>• 입학사정관제 확대 |

자료: 양성관(2008: 5).

자율화 방안에서 밝히고 있는 정책 목표는 '학생의 잠재력을 발굴하는 선진화된 전형 방식으로의 전환을 지원'하고, '학교가 학생의 특성을 계발하는 창의적이고 다양한 교육을 할 수 있도록 지원하여 학생들이 불필요한 학습 부담 없이 대학에 진학할 수 있도록' 하는 것이다.

<표 4-2>는 정권별 교육개혁안에 따른 대입자율화의 목표와 정책 수단에 관한 내용이다.

이러한 정책목표는 적절한 정책 수단으로 구현될 필요가 있다. 대입자율화와 관련되어 제시된 정책 수단은 5·31개혁안 전형 요소로 종합생활기록부의 도입(이후 학교생활기록부로 명칭 변경), 논술·면접·실기고사의 실시, 2002학년도 개선안에서는 무시험전형제, 수시모집 확대 등이었고, 2008학년도 개선안에는 입학사정관제 도입이었으며, 대입 3단계 자율화 방안에서는 학생부 및 수능 반영 자율화에 따른 입학사정관제도 지원과 교육부의 대입 업무를 대학협의체로 이양 등이 있었다. 이러한 대입제도 개선을 포함한 대입자율화의 실제적인 형태는 수능 성적과 더불어 학교생활기록부를

활용하고, 이러한 전형 요소를 반영할 때 대학의 주관적인 판단에 자율권을 부여하는 것이라고 볼 수 있다.

시기별로 다른 시기에 도입되었지만 학교생활기록부-무시험전형-입학사정관제도는 서로 긴밀한 연관을 보이고 있다. 학교생활기록부는 점수화할 수 있는 정량적 요소뿐만 아니라 수치화할 수 없는 정성적 정보가 담겨 있고, 무시험전형을 통하여 시험성적이 아닌 학교생활기록부에 기재된 내용을 중심으로 면접과 논술 등의 다양한 전형 요소를 사용할 수 있게 되었다. 이러한 정성적인 요소를 판단할 수 있는 입학사정관제의 도입으로 대학입학 전형제도는 학교생활기록부(전형 요소) → 무시험 전형(전형 방법) → 입학사정관제(전형 주체)로 이어지는 대학의 자율성 보장의 한 축이 형성된 것이다. 즉, 대학은 학교생활기록부를 비롯한 다양한 전형 요소를 대학 자체적으로 판단할 수 있는 입학사정관을 둘 수 있게 됨으로써 대학의 학생 선발권을 보장받게 된 것이다(양성관 · 김택형, 2008: 153-154).

2008년 3월 20일 교육과학기술부의 대통령 업무 보고 때 밝힌 '교육살리기, 과학기술 강국 건설-2008년 주요 국정과제 실행계획'에 나타난 대입 3단계 자율화 방안에도 입학사정관제를 중요한 정책과제로 제시하고 있다. 그 방안을 살펴보면, 첫째, 2009학년도 대입전형 기본계획을 수정 고시 완료하면서 2008학년도에 수능 성적을 영역별/과목별 등급만 제공하였으나 2009학년도부터는 영역별/과목별 표준점수, 백분위, 등급을 함께 제공하는 것으로 수능등급제는 보완(폐지)되었다.

둘째, 학생 선발 다양화와 특성화를 위한 지원을 확대할 목적으로 시범 실시되고 있는 입학사정관제에 대하여 2007년에 10개교에 20억 원을 지원하던 것을 2008년에는 30개교에 128억 원을 지원하기로 하였다(실제로는 2008년 8월에 40개 대학에 158억 원을 지원하였다).

셋째, 대입과 관련된 정부의 기능을 한국대학교육협의회(이하 대교협) 및 한국전문대학교육협의회(이하 전문대협)로 이양하는 방안이 포함되었다. 이에 2008년 4월 15일 대입과 관련된 정부의 개입 근거를 고등교육법 시행령에서 삭제하고 자율화 3단계 완료 시까지 대교협에서 정한 원칙 또는 일정 등을 준수하도록 한국대학교육협의회법과 한국전문대학교육협의회법을 개정하는 관련 법령 개정 추진이 발표되기도 하였다(이상 1단계 내용).

넷째, 중 · 장기적으로 수능 응시 과목의 축소(2단계)에 이은 대입 완전자율화(3단계)의 내용이 제시되어 있다(양성관, 2008: 5-6).

## 제 2 절 입학사정관제의 의의

### 1 입학사정관제의 개념

입학사정관제와 관련하여 논의할 때 먼저 명확하게 하여야 할 것이 두 가지가 있다. 그 중의 하나는 입학사정관제의 명확한 의미와 목적이고, 다른 하나는 입학사정관의 의미이다. 교육인적자원부의 보도자료(2007. 6)와 지원사업 실행계획서(한국대학교육협의회, 2008. 6) 등을 보면 입학사정관제에 대해서는 의미 규정이 되어 있으나 입학사정관에 대해서는 명확한 의미 규정을 찾아보기가 힘들다. 물론 입학사정관제 자체의 의미 규정도 명확하지는 않고 정부가 제시한 효과도 사실과 다를 수 있는 부분이 있다(박남기 외, 2008: 14).

제1단계 대입정책 자율화 방안의 주요 과제라 할 수 있는 입학사정관제는 "대학이 고등학교 교육과정, 대학의 학생 선발 방법 등에 대한 전문가인 입학사정관을 채용하고, 입학사정관을 활용하여 학생의 성적, 개인 환경, 잠재력 및 소질 등을 종합적으로 판단하여 신입생을 선발하는 제도"(남보우, 2007: 41)를 말한다. 사실 입학사정관 제도가 도입되기 이전에도 몇몇 대학에서는 입학전형관 또는 입학전형위원이라 하여 대입 관련 자료를 분석하고 다양한 전형을 개발하는 전문인이 존재하고 있었다. 또한 입학사정위원회라고 하여 주로 내신과 수능, 논술, 면접 등의 전형 요소의 총합을 기준으로 합격자를 선발한 뒤, 각 전형 요소의 계산 및 합격 기준에 착오는 없는지를 주로 검토한 다음 최종 합격자를 결정하는 역할을 담당해 왔다.

그런 기존의 입학전형관 또는 입학사정위원회와 최근 도입을 시범적으로 실시하고 있는 입학사정관은 어떤 차이가 있는가?

전형(銓衡, screening, selection, choice)의 의미가 사람의 됨됨이와 재주, 지능을 시험하여 뽑는다는 의미로 보고, 사정(査定, assess, revise, screen)의 의미를 사실을 조사하여 속 내용을 자세히 살피거나 조사하여 결정한다는 의미로 본다면, 사실 기존의 입학전형관과 입학사정관은 거의 비슷한 의미로 받아들여진다(양성관, 2008: 6-7).

그러나 2007년부터 시범 실시되고 있는 입학사정관제 사업의 지원계획에 나타난 정책적 개념을 살펴보면 다음과 같다(양성관 · 김택형, 2008: 155).

2007년 5월 교육인적자원부가 마련한 입학사정관제 지원계획에서 입학사정관(admission officer)은 "직무상 대학 내 다른 행정조직으로부터 독립된 보직으로 전형기관과 무관하게 연중 입학 업무를 수행하는 전문가"로 정의하고 있으며, 입학사정관제의 역할 범위도 전형 방법과 종류, 대학이 실시하는 주관적 · 종합적 판단을 통한 신입생 선발에 대한 사회적 용인의 정도에 따라 다양할 수 있다고 정의하였다(남보우, 2008: 85).

김현철(2006)은 교육인적자원부의 지원계획에 제시된 입학사정관의 정의가 그 수행 업무나 역할을 규정하지 않고 성격만 나타내고 있다고 지적하면서 외국의 경우와 비교하였다. 미국과 영국 등의 사례를 분석한 이 연구에서는 입학사정관이 지역고등학교에서 입학 전형과 관련된 자료를 수집하고 입학사정을 직접 담당하는 것으로 보고하고 있다. 이에 2008년 교육과학기술부는 입학사정관을 "다양한 전형자료를 심사, 학생의 잠재력 및 소질을 평가하여 입학 여부를 결정하는 전문가"(남보우, 2008: 85)로 정의함으로써 그 개념을 분명히 하였다.

## 2 입학사정관 전형의 특징

현재 우리나라에서 시행되고 있는 입학사정관 전형의 특징을 기술하면 다음과 같다(정일환 외, 2009: 20-21).

첫째, 입학사정관 전형은 입학 전형의 개별화를 특징으로 한다. 즉, 학생 개인별 자료에 대한 심층적인 전형이 이루어진다. 심지어 학생 개인의 잠재력과 미래 성장가능성까지도 고려할 수 있다.

둘째, 대학 입학 전형이 종합화된다. 즉 학생 개인의 교과 성적뿐만 아니라 비교과 활동기록, 면접, 그리고 논술 등에 대한 종합적인 전형이 이루어진다고 할 수 있다. 다만, 대학별, 전형별로 종합의 수준이 달라질 뿐이다.

셋째, 대학입학 전형이 장기화된다. 이는 전형 기간 자체의 증가의 의미도 있지만, 입학사정관 전형이 고교 전 학년 활동에 대한 검토를 하기 때문에 학생의 준비 기간 자체가 장기화된다는 두 가지 의미를 지니고 있다.

넷째, 입학사정관 전형은 학교교육 중심적이다. 입학사정관 전형은 학교의 활동과 학교 교사의 평가와 기록을 중시하고 이에 근거하여 평가를 실시한다.

다섯째, 입학사정관 전형은 대학의 재량권 확대를 특징으로 한다. 정량적 평가만이 아니라 정성적 평가를 도입하기 때문에 대학 자체적으로 전형 기준을 설정하여 전형을 할 수 있고, 구체적인 전형 기준을 공개하지 않을 수도 있다. 대학의 재량권이 확대되기에 대학별 전형별로 다양한 특징을 지니고 있어 이전보다 대입 전형이 더 복잡해질 수 있다.

여섯째, 입학사정관 전형은 전형의 불확실성을 특징으로 한다. 현재 대부분의 대학은 전형 유형별 전형 기준과 방법을 분명하게 밝히지 않고 있어 대학입학 전형이 기존의 전형 방식에 비하여 비교적 투명하지 않고, 그에 따라 과정과 결과를 확실하게 예측하기 어렵다. 향후 최종 전형 요강 발표 시까지도 개략적인 전형 기준조차 밝히지 않는다면, 이러한 불확실성은 해소되지 않을 것으로 우려된다.

이러한 특징을 고려할 때, 입학사정관 전형은 긍정적인 효과와 부정적인 효과를 모두 유발할 수 있는 전형이다. 앞에서 기술한 입학사정관제의 정책 목표를 달성할 수도 있으나, 우려되는 부정적인 효과가 현실화될 수도 있다. 따라서 입학사정관 전형의 향후 운명은 긍정적인 효과를 최대한 살리고 부정적인 효과를 축소하는 노력과 그 결과에 의하여 결정될 것이다.

특히 그 중에서도 사교육비 증가 유발 정도가 주요 기준이 될 수 있다. 입학사정관 전형의 특징 중 대학 입학 전형의 개별화, 종합화, 장기화는 사교육비를 증가시킬 수 있는 요인이 될 수도 있다. 또한 대학의 재량권 확대와 전형의 불확실성도 입학사정관 전형 관련 정보 불균형을 유발하여 사교육기관에 대한 의존도를 증가시킬 수 있다.

이렇게 볼 때 입학사정관제는 대입정책의 자율성을 보장하고, 학생 선발에서 개별적 판단이 가능하다(권승아, 2009: 7-8). 학생을 평가할 때 총체적(holistic) 평가가 가능하며, 평가를 비롯한 학생 선발에서 다양성(diversity)을 추구할 수 있으며, 대입자율화의 한 방편이 될 수 있다. 정완용(2008)과 박우순(2008)은 대입자율화란 각 대학이 원하는 인재를 각 대학에 적합한 방법으로 자율적으로 선발하는 것이라고 정의하였다. 따라서 각 대학은 대학의 설립 이념과 교육 목표 및 특성을 갖고 있기 때문에 이에 적합한 인재상을 정립하고, 대학의 특성에 맞는 인재를 외부의 간섭이나 규제 없이 자율적인 방법으로 선발하는 것이라고 할 수 있다. 또한 대학의 자율적 학생 선발은 기본적으로 교수나 입학사정관에 의하여 결정되어 주관적 판단이 가능하다는 것이다. 따라서 학생 선발 과정의 정량화와 명시화를 할 수 없기 때문에 대학입학 정책에 명확한 관점을 가지고 있어야 하며, 선발 요소들이 학생 선발을 하는 당위성을 설명할 수 있어야 한다(Laird, 2005)는 한계를 지닐 수 있다.

## 3 입학사정관 전형의 내용

### 1) 입학사정관 전형의 주요 전형 요소

입학사정관 전형은 전술한 바와 같이, 다양한 전형 요소를 전체적으로 평가하는 것이 주요한 특징이다.

즉, 대학입학 전형의 종합화가 특징이지만, 정일환 외(2008)의 선행 연구에 의하면, 학생부 영역에서는 교과보다는 비교과를 중요하게 보고 있다

표 4-3 입학사정관이 신입생을 판단할 수 있는 전형자료의 중요도(4점 척도)

| 구분 | 전체 | 교수 | 대학 직원 | 입학사정관 | 교사 |
|---|---|---|---|---|---|
| 학생부 교과 | 3.25 | 3.21 | 3.23 | 3.28 | 3.43 |
| 학생부 비교과 | 3.54 | 3.61 | 3.49 | 3.59 | 3.57 |
| 수능 성적 | 2.98 | 3.12 | 2.88 | 3.00 | 3.00 |
| 면접 | 3.69 | 3.96 | 3.53 | 3.76 | 3.57 |
| 논술 | 3.16 | 3.39 | 3.05 | 3.12 | 3.14 |
| 적성인성검사 | 3.29 | 3.56 | 3.29 | 2.88 | 3.29 |
| 리더십 | 3.29 | 3.54 | 3.21 | 3.19 | 3.14 |
| 자기소개서 | 3.58 | 3.75 | 3.49 | 3.71 | 3.29 |
| 특기 | 3.45 | 3.58 | 3.42 | 3.35 | 3.43 |
| 봉사 공헌 | 3.45 | 3.43 | 3.43 | 3.47 | 3.57 |
| 기타 | 3.15 | 3.00 | 3.04 | 3.57 | 3.29 |
| 평균 | 3.35 | 3.47 | 3.28 | 3.36 | 3.34 |

자료: 정일환 외(2008: 71).

(<표 4-3> 참조).

특히 여러 전형 요소 중에서도 면접을 가장 중요하게 보고 있다. 입학사정관들이 중시하는 전형 요소 비중을 순서대로 보면, 면접 > 자기소개서 > 학생부 비교과 > 봉사 공헌 > 특기 > 학생부 교과 > 리더십 > 논술 > 수능 성적이라고 할 수 있다. 교수, 입학사정관, 대학 직원, 교사들의 설문 결과를 종합하더라도 면접, 자기소개서, 학생부 비교과, 봉사 공헌과 특기, 학생부 교과를 함께 중시하고 있다. 또한 자기소개서도 일종의 논술이라고 할 때, 면접만이 아니라 논리적이고 설득력 있게 글을 쓰는 능력도 평가에 매우 중요하게 고려한다고 할 수 있다(정일환 외, 2009: 21-22).

### 2) 입학사정관 전형의 주요 전형 기준

입학사정관 전형의 전형 기준은 대학마다 다르고, 한 대학에서도 전형마다 다를 수도 있다. 그리고 중요한 것은 대학들이 전형별 전형 기준을 구체적으로 공개하지 않고 있으며, 개략적인 기준조차 공개하지 않는 대학도 있다. 이 경우 고등학교와 학생·학부모들의 혼란은 더 증폭될 수 있다. 이러한 한계에도 불구하고, 입학사정관 전형의 전형 요소별 주요 전형 기준을 살펴보면 다음과 같다(정일환 외, 2009: 22-25).

먼저, 입학사정관 전형은 서류심사 중 학생부 교과 요소 심사는 교과 성적 중심의 학업성취도 평가를 중시한다. 즉, 3개년 간 교과 성적 자체뿐만 아니라 성적 향상 추이를 주의깊게 보고, 지원하는 전공 영역과 관련 있는 교과의 성적을 중시할 수 있다. 교과 성적의 향상 추이는 학업 성실성과 발전 가능성을 의미하고, 전공 영역과 관련 있는 교과의 성적은 전공 영역에 대한 학습 동기와 열망을 알 수 있는 근거가 되기 때문이다.

둘째, 입학사정관 전형 중 서류심사에는 학생부 비교과 영역 심사, 자기소개서, 추천서 심사가 포함된다. 서류심사에서는 이를 종합하여 평가할 수도 있고 분리하여 평가할 수도 있을 것이다. 여기에서는 지원자의 성실성, 리더십과 의사소통 능력, 전공 영역의 미래 발전 가능성과 잠재력, 사회봉사 정신, 논리적·비판적·창의적 사고력(또는 창의적 문제 해결 능력), 역경 극복 능력, 삶과 학습에 대한 열정, 정직성, 대학의 건학 이념 또는 학과 특성에의 부합 여부(전공 적합성) 등을 심사할 수 있다. 학생부 비교과 영역에서는 교사가 성의를 가지고 직접 작성한 '세부 능력 및 특기 사항'과 '행동 특성 및 종합 의견'을 가장 중시하고, 또한 가장 많이 반영할 가능성이 있다. 일부 대학에서는 학습활동 실적으로서의 포트폴리오를 심사하기도 한다.

셋째, 입학사정관 전형 중 심층면접에서는 학생부와 서류를 함께 활용하여 학업에 대한 열의, 전공 영역의 기초 지식과 미래 발전 가능성과 잠재력, 리더십과 의사소통 능력, 사회봉사 정신, 논리적·비판적 사고력, 창의적 문제 해결 능력, 표현력, 역경 극복 능력, 삶에 대한 열정, 인성, 흥미, 태도, 특기 등을 평가한다. 대학에 따라 주요 평가 기준이 제시되기도 한다. 심층면접은 입학사정관 전형에 그 비중이 크고, 정성적인 평가를 특징으로 하고 있기에 향후 전형 과정에서 지원생의 당락을 좌우하는 결정적인 요소가 될 가능성이 있다.

넷째, 서류심사, 면접과 함께 개인 과제 발표를 포함하여 발전된 형태의 면접전형을 실시하여 종합적 사고력과 함께 의사소통 능력, 발표력, 문제 상황에서의 창의적인 대처 능력 등을 평가하기도 한다.

다섯째, 입학사정관 전형에서 '관찰 입학사정관제'를 도입하는 학교도 있다. 울산과학기술대학교(UNIST)는 고등학교 1~2학년 학생도 입학사정관 평가 대상에 포함시키는 '관찰 입학사정관제'를 도입하였다.

### 3) 입학사정관 전형의 공통 예시안

한국대학교육협의회(2009.5.4)는 입학사정관 전형에 대한 관심이 증대됨에 따라 입학사정관 전형의 공정성과 신뢰성 확보 방안의 일환으로 공동전

**표 4-4** 입학사정관제 공통 전형절차 예시안

| 사전 공지 | | 서류심사 | | 심층면접/토론 | | 최종 선발 |
|---|---|---|---|---|---|---|
| - 전형 취지<br>- 지원 자격<br>- 선발 기준<br>- 선발 방법<br>- 제출 서류 등 | ▶ | - 자격심사<br>- 학생부(교과,비교과), 자기소개서, 추천서, 수능성적 등 | ▶ | - 잠재력, 창의성, 소질, 사고력 등 파악<br>- 인성 및 적성 파악<br>- 교육환경 조사 등 | ▶ | 합격자 결정 |

자료: 한국대학교육협의회 보도자료(2009.5.4).

**표 4-5** 입학사정관제 공통 전형 요소 예시안

| 요소 | 주요 내용 |
|---|---|
| 학생의 특성 | □ 인지적 특성<br>- 사고력: 이해력, 분석력, 논리적 사고력, 창의력, 문제해결력 등<br>- 적성 및 역량 : 관련 분야에 대한 소질, 학업 적성, 대학 또는 학과 수학 능력, 현장 경험 등<br>- 표현력: 의사소통 능력(토론/설득력) 등<br>□ 정의적 특성<br>- 인성: 자신감, 적극성, 리더십, 책임감, 목표지향성, 사회봉사성, 자기조절 능력, 도덕성, 사회성 등<br>- 흥미: 지적 호기심, 열정, 학습 동기 등<br>- 태도: 가치관, 학습 태도 등<br>□ 잠재력, 미래 성장가능성, 전공 적응가능성 등 |
| 대학 및 모집전형과의 적합성 | □ 건학 이념 및 학과 특성에 부합하는 학생인지 여부<br>□ 리더십 전형, 사회적 배려 전형 등 모집 전형에 부합하는지 여부 등 |
| 교육환경 | □ 가정환경, 교육 여건, 고등학교의 교육과정 특성 등 |

자료: 한국대학교육협의회 보도자료(2009. 5. 4).

형절차 예시안을 발표하였다. 이것의 목적은 학생 선발을 위한 공통적인 전형절차 및 요소를 공유하고, 여기에 개별 대학의 특성이 추가될 수 있도록 하기 위함이다. 이 내용에는 서류, 면접, 토론 등의 다단계 평가 과정을 고려하며, 전형계획 주요 사항 및 모집 요강 속에 <표 4-4> 및 <표 4-5>와 같은 전형절차와 요소 등을 명시하고 준수하도록 하고 있다(최병기, 2009: 13).

## 제 3 절 외국 입학사정관제의 역사 및 주요 대학의 입학사정관제 사례

### 1 외국 입학사정관제의 역사

미국의 대학입학제도와 관련하여 우리나라와 가장 다른 점은 대학입학시험과 고등학교 성적 등과 같은 학생들의 학업 능력 관련 지표 이외에 인성, 운동 능력, 리더십, 전공 분야에 대한 열정과 같은 주관적 요소의 고려를 당연시하고 있다는 점이다. 이는 입학전형 요소를 공식화하여 정량적 차원에서 최대한 객관적 결정을 내리는 것을 중시하는 우리나라 상황과는 달리, '개별적, 종합적 또는 포괄적 검토(individualized comprehensive review, holistic approach)'를 바탕으로 입학 결정을 내리는 경향이 미국의 대학 입시에서 찾아볼 수 있는 가장 큰 차이라고 할 수 있다(양성관 · 정일환, 2007: 169).

입학사정관 제도의 기반이 되는 포괄적 검토의 역사적 배경이 특정 인종을 배제하려는 시도와 밀접하게 관련이 있다는 주장은 관심을 가져볼 만하다(양성관, 2008: 8; 양성관 · 김택형, 2008: 158). 1900년대 초반까지만 해도 하버드(Harvard), 예일(Yale), 프린스턴(Princeton)대학들도 다른 대학과 마찬가지로 학생들의 학업 성취 능력을 대입 전형에서 가장 중시하였다. 그러나 1920년대부터 대입 결정에 중요한 요소로 주관적인 판단 기준을 도입하게 되었는데, 버클리(UC Berkely)대학의 사회학자인 카라벨(Karabel,

2005)은 이와 같은 변화를 당시 미국 대학에서 “사회적으로 원하지 않는 학생(유대인)의 입학 증가와 억제”와 관련이 있다고 밝혔다. 유럽 출신의 이민자 증가 추세에 맞추어 많은 유대인 학생이 미국 대학에 입학하게 되어, 미국의 대학들이 새로운 대학입학 정책을 마련하였다는 것이다. 그 정책의 주요 원리는 ‘자유재량(discretion)’과 ‘비투시성(opacity)’이라 할 수 있는데, 자유재량의 의미는 대학의 이해관계에 따른 자체 판단에 의하여 학생을 선발할 수 있다는 의미이며, 비투시성은 대학의 자체 결정에 대하여 공적 감시가 이루어질 수 없음을 의미한다. 이런 입시정책의 변화에서 가장 큰 특징이 바로 인성, 용감성, 리더십과 같은 요소에 대하여 주관적 결정을 자유재량의 원칙으로 인정하는 것이었다.

미국 사회에서 엘리트 집단이 어떻게 미국의 대학에 입학하는가를 아이비리그(IVY League) 대학 중심으로 조사한 골든(Golden, 2005) 역시 이와 유사한 주장을 하고 있다. 그에 따르면, 제1차 세계대전 이전의 대학 입학은 주로 능력 중심의 시험 결과를 바탕으로 이루어졌다. 하버드나 예일대학의 경우, 라틴어와 몇몇 과목의 시험을 통과해야 입학할 수 있었다. 그러나 제1차 세계대전 이후, 교통의 발전, 공교육 개선, 유럽에서의 이민 증가 등의 현상과 더불어 미국의 상위권 대학에 유대인 입학 비율이 증가하였다. 예를 들면, 하버드대학에 입학한 유대인의 비율이 1900년에 7%이던 것이 1922년에는 21.5%로 증가하였으며, 컬럼비아(Columbia)대학도 1918년에 40%에 육박하였다. 이에 따라 차별적 성격이 드러나지 않으면서도 유대인 학생의 입학률을 낮출 수 있는 새로운 입학사정 기준이 제시되었는데 그것이 바로 1922년 다트머스(Dartmouth)대학이 제시한 기준으로서 학업 성적뿐만 아니라 인성, 운동 실력, 지역 배분 등의 기준을 추가하여 입학 결정을 하게 되었으며, 이러한 경향은 다른 대학에도 확산되었다. 이와같이 대입 결정에 주관적 요소라고 할 수 있는 개인적 성향이나 리더십, 그리고 지원자의 출신 배경 등과 같은 지원자의 사회·경제적 배경 변인을 고려할 수 있는 조건이 마련됨에 따라 대학에서 원하는 신입생을 선발할 수 있게 되었다. 예일대학의 경우, 대학 동문의 자녀가 1931년 21.4% 정도이던 것이 1936년에는 29.6%로 증가한 반면, 1927년 유대인의 입학 비율이 13.3%

에서 1934년에는 8.2%로 줄어들게 되었다. 하버드대학의 경우에도 20% 이상 입학하던 유대인의 비율이 1920년대 후반부터 30년대 사이에 10~16%로 줄어들었다고 보고하고 있다(Karabel 2005; 128-129).

이러한 변화는 곧 미국 사회에서 중시하는 '업적(merit)'에 대한 개념의 변화를 의미한다고 볼 수 있다. 1900년대 초반까지의 업적은 곧 라틴어, 그리스어와 같은 전통적 교육과정을 어느 정도 숙지하였는가와 연관되어 있었으나, 1920년대부터 원만한 인성, 건강한 신체, 적합한 사회적 배경이 업적의 개념에 포함되었다고 할 수 있다(Karabel, 2005: 4). 이와 같은 변화는 곧 대학 동문이나 대학 발전에 다양하게 기여할 수 있는 인사들의 자녀나 친척의 대학 입학 가능성에도 영향을 주게 되었다. 1950년대와 1960년대 사회적·정치적 격변기를 보낸 미국의 대학입학제도는 '업적' 개념의 중시에서 '다양성', '통합' 개념 중시로 이어졌으며, 이와 관련된 정책적 표현이 바로 대학 입학에서 '소수인종 우대정책(affirmative action)'이라 할 수 있다. 1978년 미국의 연방대법원은 할당제를 도입하여 특정 인종의 학생을 입학시키는 것은 법에 어긋나지만 대학 구성원의 다양성 증대를 위해 신입생 선발이나 장학생 선발, 그리고 교원 충원 시에 인종을 심사 요건에 포함시킬 수 있다는 판결을 내리게 되었다. 이런 결정으로 인하여 소수인종의 학생이나 여학생에 대한 우대정책이 미국의 공교육과 고등교육에 퍼지게 되었다. 그리하여 매년 선발된 대학 신입생의 사회·경제적 배경 변인 가운데 얼마나 다양한 인종의 학생들이 대학에 진학하게 되었는가가 중요한 관심거리가 되었으며, 이를 위하여 대학들은 신입생 선발 과정에 다양한 방법으로 지원자의 인구학적 배경 변인을 전체적 검토나 포괄적 검토의 접근을 통하여 고려하게 되었다.

그러나 백인들 가운데 이와 같은 소수인종 우대정책은 백인에 대한 인종차별을 하는 정책으로 그 공정성에 문제를 제기하기도 하였는데, 그와 같은 주장이 법원의 판결(텍사스 주의 경우)이나 주민투표(캘리포니아 주)에 의하여 폐지되기도 하였다. 1996년 텍사스 주에서 법원 판결(Hopwood vs. Texas)과 캘리포니아 주에서 주민투표를 통한 제안 209호를 통하여 대학의 입학 결정에서 소수인종에 대한 우대조치가 금지되어 미국의 대학들은 신입생의 다양성을 확보하기 위한 새로운 정책 마련이 필요하게 되었다(양성관 · 정일환, 2007: 169-171).

대표적인 사례가 일정 비율의 상위권 학생들을 자동 입학시키는 제도이다.[2] 이는 고등학교의 수준에 상관없이 각 고등학교에서 상위 일정 비율에 속한 학생들이 자신이 거주하고 있는 주립대학에 자유롭게 진학함으로써 부수 효과로 소수인종의 학생들이 대학에 진학할 수 있는 길을 넓히고자 하는 정책이다. 캘리포니아 주의 경우 1999년 이후 상위 4%, 텍사스 주의 경우 상위 10%, 플로리다 주는 2000년부터 상위 20% 학생을 자동 입학시키고 있다(양성관, 2008: 9-10; 양성관 · 김택형, 2008: 159).

최근에는 연방정부 수준에서 이와 같은 소수인종 우대정책의 문제점을 지적하고 그 폐지를 주장하는 사건이 있었는데, 그와 관련된 판결이 2003년 미시간(Michigan)대학의 학부 입학과 법학대학원 입학 사정에서 인종 고려에 관한 것이었다. 글루터(Barbara Grutter)는 1997년 미시간 법학대학에 지원하였다가 떨어졌는데, 그 이유가 백인이라고 주장하면서 대학을 법원에 고소하게 되었다. 미시간 지방법원 판사는 미시간대학이 신입생 선발 자료로 인종을 참조한 것은 위헌이라는 판결을 내려 연방 대법원에 항소하게 되었고, 연방 대법원에서는 5 : 4의 판결로 소수인종 우대정책이 위헌이 아님을 판결하게 되어, 소수인종 우대정책에 기초한 입학정책의 틀은 유지하게 되었다.

그러나 법원은 대학이 인종을 입학 결정에 가산 요인으로 사용하고자 하는 경우에는 지원자가 특정 인종이기에 가산점을 부과하는 방식이 아닌, '개인'으로서 총체적인 판단을 내릴 수 있는 입학 결정 방법이 고안되어야 함을 명령하였다(Rigol, 2004: 27). 이때 대법원 판사 오코너(Sandra Day O'Connor)가 판결문에서 '개별적 검토(individualized review)'라는 단어를 사용함으로써 기존에 사용되어 오던 전체적 · 포괄적 검토를 대신하게 되었다(양성관 · 정일환, 2007: 171).

---

2) 상위권 학생의 자동 입학 비율을 조정한다는 의미에서 비율계획(percent plan) 또는 주정부계획(state plan)이라고도 불린다(Horn & Flores, 2003).

다시 말해 전체적·포괄적 검토는 재능, 성취, 잠재 능력을 개인의 환경과 기회를 고려하여 평가하는 것을 말하며, 개별적 검토는 지원자를 개인 대 개인으로서 보고 능력을 평가함을 원칙으로 한다는 점이다. 이는 지원자가 속한 특정 집단이나 범주의 구성원으로 평가되는 것이 아님을 강조하고 있다(Thacker, 한석수·이종욱·정훈 옮김, 2007: 123-124).

## 2 외국 주요 대학의 입학사정관제 사례

미국과 영국의 대부분 대학들은 일반적으로 표준화 시험에서 획득한 점수에 의하여 학생을 선발하는 것이 아니라 학문적인 분야와 비학문적인 분야에 대한 입학사정관의 주관적이고 포괄적인 판단에 의하여 자원자의 합격과 불합격을 결정한다. 하버드대학, 스탠퍼드대학, 앰허스트(Amhust)대학 등 미국에서 최우수 대학으로 분류되는 사립대학들은 학문적인 분야 이외에 음악, 미술, 체육, 리더십 등의 비교과 활동 실적을 중요한 전형 요소로 간주한다. 반면 주립대학들은 비교과 활동 실적이 많지 않아도 비교적 입학 가능성이 높으며, 주에 따라서 전형 요소 간의 비중이 서로 다른 양상을 나타낸다(김현철, 2008).

미국의 대학교의 사례를 알아보기 위하여 미국의 대학들의 순위를 정하는 대표 잡지인 *U.S News & World Report*에서 2008년에 우수 대학으로 선정한 1그룹에 속하는 대학 중에서 국립대학으로 컬럼비아대학과 버클리대학 그리고 사립대학 중에서는 프린스턴대학과 MIT(Massachusetts Institute of Technology)를 선정하였다. 또한 일본의 대학 중에서는 영국 THES(Times HIgher Education Supplement)에서 발표한 자료 중에서 상위권에 랭크되면서 AO(Admission Officers) 시스템이 있는 대학을 중심으로 선정하였다. 국립대학은 규슈대학(九州大學)을 선정하였고, 사립대학은 와세다대학(早稻田大學), 게이오대학(慶應義塾大學)을 사례로 정하였다. 영국의 주요 대학교 선정은 『타임지』가 2008년 세계 우수 대학으로 선정한 전 세계의 상위 10개 대학 중에서 영국의 대학을 사례로 정하였다. 그 중에서 영국의 국립대학으로 런던 임페리얼(Imperial College London)대학을 선정하였고, 사립대학 중에서는 케임브리지(Cambridge)대학, 옥스퍼드(Oxford)대학을 선정하였다. 위의 사례를 중심으로 각 사례별 대학의 입학 시 평가 요소 및 기준과 평가절차, 평가자로서 입학사정관의 역할을 보고자 한다(권승아, 2009: 13-14).

### 1) 미국[3)]

미국은 현재 우리나라의 입학 관련 부서와는 사정이 다른데 미국의 경우 입학 관련 부서 조직의 대부분은 해당 교육기관의 최근 졸업생이 신입사원으로 고용되어 입학 관련 부서 직원 혹은 카운슬러가 된다. 경력직 사원은 입학 관련 부서의 부처장이 되며, 선임 직원은 학장, 이사, 혹은 입학처 및 등록 관리는 주로 부총장이 하게 되며 일반사정관은 주로 특정 주나 지역을 담당하도록 조직화되어 있다(Johnston, 2008a).

현재 우리나라의 입학사정관제는 일본의 AO(Admission Officers) 시스템의 형식을 가지고 있기 때문에 특정 전형 부분에서만 입학사정관의 역할이 필요하다. 그러나 미국의 경우는 1920년대 이후 입학에 관련한 모든 영역에서 입학사정관이 일하고 있기 때문에 현재 우리나라의 입학 관련 부서와는 조직에 차이를 보이고 있다. 미국의 경우 입학사정관이 1인당 담당하는 지원서는 평균 393개이며, 입학사정관을 채용한 대학의 입학 관련 부서는 기존의 입학관리팀에 입학사정관을 배속시키기보다는 별도의 조직을 만들어야 한다(Johnston, 2008b).

따라서 새로운 조직을 만드는 과정에서 기존 행정직 및 교수와의 업무 협조와 분류는 필수적이며, 무엇보다 이 제도가 자리잡기 위해서는 대학의 총장과 입학처장의 강력한 리더십이 요구된다.

또한 많은 학교에서 일반지원서(common application)라는 형태의 입학원서를 사용하며, 이 형식의 원서를 채택하고 있는 학교들로는 코넬대학,

3) 미국 주요 대학의 입학사정관제는 입학사정관제의 운영 사례(한국대학교육협의회, 2009)를 요약한 내용이며, 권승아(2009: 14-14)의 연구를 참조하였음.

다트머스대학, 하버드, 예일, 프린스턴 등이 있다. 이 입학원서를 사용하는 학교들은 지원자에게 교사 평가(teacher evaluation), 학교 보고서(school report)나 중간 보고서(midyear report) 등을 추가 자료로 요구한다.

### 2) 일본[4)]

현재 우리나라에서 운영되고 있는 입학사정관제는 미국에서 시행하고 있는 형태라기보다 일본에서 시행하고 있는 AO(Admission Officers) 시스템에 가깝다고 할 수 있다. 그동안 학업 수준에 의하여 학생 선발이 대부분 이루어졌기 때문에 기존의 입시제도의 바탕에 입학사정관 제도를 일부분 받아들인 형태로 보아야 하기 때문이다.

일본의 경우 일반 전형과 입학사정관 전형과 추천의 비율이 사립대학이 국립대학에 비해 약 4배 가까이 높다. 또한 전체적으로는 추천에 의한 입학은 37.6%, 입학사정관 전형은 6.3%, 일반 전형은 56.1%이다(Takata, 2007).

일본 대학입시제도의 특징은 대학 입학을 위한 국가 주요 공통 선발고사가 대학입시센터시험을 통하여 이루어진다. 또한 수험경쟁의 완화책으로서 입학자 선발의 다양화 정책이 출현하기 시작하는데 새로운 선발 수단으로서 문부성이 권장하였던 것은 입학시험에 따르지 않는 '추천입학제'이다. 이 제도에 따른 지원자가 많은 경우에는 학력 판정을 위한 시험을 실시하는 대학도 있다. 이 밖에도 스포츠, 예술, 자원봉사활동, 면접, 에세이 등을 선발 수단으로 도입하는 대학이 꾸준히 늘고 있는 추세이다. 자기 추천 전형의 경우 대부분 1차 서류심사는 고등학교 성적과 지원서나 외국어 검정시험이며 2차 시험은 에세이와 면접을 통하여 이루어지고 있다(정영수 외, 2007; Takata, 2007).

일본의 경우 대학의 설립 유형과 무관하게 학생선발권에 대하여 자율성을 보장받고 있으며 각 대학의 자율적 전형 방법(소논문, 면접 등)을 활용

4) 일본 주요 대학의 입학사정관제는 입학사정관제의 운영 사례(한국대학교육협의회, 2009)를 요약한 내용이며, 권승아(2009: 28-32)의 연구를 참조하였음.

하도록 권고하고 있다(박선형·박남기, 2008).

### 3) 영국[5)]

영국에서의 대학입학과 관련된 사항은 대부분 UCAS(Universities and Colleges Admissions Service: 영국 대학의 입학 지원을 총괄하는 기관)를 통하여 이루어진다. UCAS는 영국 국내·외의 420,000명의 지원자의 지원서를 영국 내의 370개 대학에 전달하고, 지원자의 학력 정보와 개인 정보 전달과 통계적 정보를 담당하는 역할을 하고 있다(UCAS, 2006). 대부분 영국 내의 지원자들은 UCAS로 입학 지원서를 온라인으로 작성하여 제출하며 영국 외의 지원자는 독립적으로 온라인을 통하여 신청하도록 하였다. 영국의 대학에 입학하기 위한 방법은 크게 세 가지 정도로 분류할 수 있는데 첫 번째는 GCE(Getneral Certificate of Education: 대학 입학 기초자격시험)의 A-level 과정에서 2년을 거치는 방법이 있으며, 두 번째는 고등학교 졸업하고, 기초(foundation) 코스를 수료한 후 성적에 따라서 대학에 진학하는 방법이 있다. 그리고 2년간 국제 학사학위(International Baccalaureate) 과정을 수료하는 방법이 있다.

영국의 대학은 전통적으로 엘리트 체제를 유지해 왔고, 상아탑적 '자유교육(liberal education)'의 이상을 추구해 오다가 시대의 변화와 함께 고등교육 개혁의 필요성을 느끼고 실천해 왔다(유재봉, 2006). 특히 영국의 『고등교육백서(*The Future of Higher Education*)』 2003)에 따르면 대학의 입학과 관련하여 사회적 공정성과 기회를 제공하며, 개인의 배경을 넘어선 교육 기회의 제공을 통하여 고등교육을 통한 잠재력을 이끌어내는 것을 제시하고 있다. 따라서 영국의 경우 입학의 공정성에 대하여 중요하게 생각하고 있으며, 학생의 실력과 잠재력에 따라서 학생 선발을 하는 것에 큰 목표를 두고 있다.

지금까지 간략히 살펴본 미국, 일본, 영국 대학에서의 입학사정관제를

5) 영국 주요 대학의 입학사정관제는 김현철(2006: 52-56)과 권승아(2009: 28-32)의 연구를 요약, 참조하였음.

**표 4-6** 외국 주요 대학의 입학사정관 제도 비교

| | 대학 | | 미국 | | | | 영국 | | | 일본 | | |
|---|---|---|---|---|---|---|---|---|---|---|---|---|
| | | | 컬럼비아 | 버클리 | 프린스턴 | MIT | LIC | 케임브리지 | 옥스퍼드 | 규슈 | 와세다 | 게이오 |
| 설립형태 | 국·공립 | | O | O | | | O | | | O | | |
| | 사립 | | | | O | O | | O | O | | O | O |
| 모집기간 | 동일 | | O | O | O | O | O | O | O | | | |
| | 조기 선발 | | | | | | | | | O | O | O |
| 선발적용학과 | 전체 학과 | | O | O | O | O | O | O | O | | | |
| | 일부 학과 | | | | | | | | | O | O | O |
| 선발단계 | 1단계 | | O | O | O | O | O | O | O | | | |
| | 2단계 이상 | | | | | | | | | O | O | O |
| 평가방법 | 서류심사 | | O | O | O | O | O | O | O | O | O | O |
| | 면접 | 개별 | O* | | | | | O* | O* | O | O | O |
| | | 단체 | | | | | | | | O | | O |
| | 에세이 | | O | O | O | O | O | O | O | O | O | O |
| | 주제 논술 | | | | | | | | | O | | O |
| 평가요소 | 표준화 시험 | | O | O | O | O | O | O | O | O | O | O |
| | 학생부(GPA)성적 | | O | O | O | O | O | O | O | O | O | O |
| | 외국어 능력 | 영어(국외자) | O | O | O | O | O | O | O | O | O^ | O |
| | | 제2 외국어 | | | | | O | | | | | |
| | 중등학교 교육과정 내용 | | O | O | O | O | O | O | O | | | |
| | 추천서 | | O | | O | O | O | O | O | | O^ | |
| | 교과 외 활동 | | O | O | O | O | O | O | O | | | |
| | 인성적 평가 | 서류 | O | O | O | O | O | O | O | | | |
| | | 면접 | | | | | | | | O | O | O |
| | 개인적 배경 | | O | O | O | O | | | | | | |

주: O* 필요한 지원자만 실시, O^ 필요한 학과만 실시.
자료: 권승아(2009: 33).

실시하고 있는 사례로 미국의 컬럼비아대학, UC 버클리대학, 프린스턴대학, MIT, 일본의 규슈대학, 와세다대학, 게이오대학, 영국의 런던 엠페리얼대학, 케임브리지대학, 옥스퍼드대학 등의 입학 전형에 대하여 조사한 내용을 토대로 비교하고자 한다. <표 4-6>은 각 대학별 입학사정관 제도에 관한 비교 내용이다.

각 국가별로 입학사정관을 통한 입학 전형에 차이를 보이는 경향이 나타나는데 미국과 영국은 모집 기간, 입학사정관을 통한 선발 학과, 선발 단계, 평가 방법, 평가 요소와 같은 부분에서 거의 같은 맥락으로 학생을 선발하고 있으나, 일본의 AO(Admission Offecers) 선발은 모집 기간과 입학사정관을 통한 선발 학과, 선발 단계에서 차이를 보이며 평가 방법에서도 면접과 주제 논술의 비중이 크게 차지한다.

평가 요소 중에서 학업 능력과 관련된 부분은 모든 학교에서 고려하고 있으며 학과나 개인에 따라서 약간의 차이를 보이고 있다. 특히 일본의 경우 입학사정관 제도를 하나의 독립된 입학 전형 형태로 보고 있기 때문에 기존의 일반 대학 입학에 해당하는 선발 절차와 평가 요소가 달라질 수밖에 없다. 이는 현재 한국의 입학사정관 제도와 그 출발을 같이하고 있기 때문이다.

이와같이 미국과 영국에 비하여 일본의 입학사정관제가 다른 점은 입학사정관 제도의 도입이 사회적 맥락에서 다르기 때문이다. 박선형·박남기(2008)는 미국의 입학사정관제는 다문화 속에서 교육의 균형적 조화가 확립된 풍토에서 만들어졌지만 일본의 경우는 과도한 대학 입학 경쟁과 교육 병리 현상을 완화하기 위한 방편으로 만들어졌기 때문이라고 한다.

우리나라에 운영되고 있는 입학사정관제의 경우 모집 기간과 선발 적용 학과, 선발 단계는 일본의 입학사정관 제도와 비슷한 형태를 취하고 있다. 미국과 영국의 경우 학생 선발 과정이 모두 종합적 평가를 통하여 이루어지는 경향이 크고, 일본과 한국의 경우는 기존의 학업 성적 위주의 학생 선발 제도를 기본으로 하고 입학사정관 제도를 일부 도입한 경우이므로 학과 특성에 맞게 적용하고 있다. 한국과 일본의 경우는 정시 모집과 분리되어서 모집을 하기 때문에 평가 방법에서도 영국이나 미국과 차이를 보이고 있다. 영국과 미국은 면접을 통하여 학생을 평가하기보다는 지원서의 내용과 학업 성취 등의 요소를 전반적으로 평가하는 방법을 사용한다. 그러나 한국과 일본은 대부분 1차 서류 심사를 통과한 지원자를 대상으로 면접이나 주제 논술과 같은 방법을 통하여 학생을 선발하는 방법을 택한다. 2차 심사의 평가 내용은 학교의 특성에 맞게 다양하게 이루어지고 있다. 평가 요소에 관한 부분에서 표준화 시험의 경우 미국, 영국, 일본 모두 평가 요소로 삼고 있으며, 특히 미국과 영국의 경우 표준화 시험의 영향이 큰 편이다. 그러나 우리나라는 표준화시험(수학능력시험)을 최저 학력 기준으로 삼거나 학생 선발에 반영하지 않고 있다. 모든 학생부 성적은 대학교에서 평가 요소로 간주하고 있으며, 중등학교 교육과정에 대한 부분은 미국과 영국에서 중요하게 생각하는 평가 요소인데 이는 대학의 학업 과정의 선수 학습이 어느 정도 되었는지를 평가할 수 있기 때문이다. 또한 지원자의 개인적 배경에 대한 부분은 미국의 경우 학생 선발 시에 영향을 끼치는데 이것은 미국의 다문화주의와 교육적 기회 제공과 관련이 있다. 우리나라도 점차 다문화사회로 접어들고, 교육의 기회를 통한 평등에 대하여 대학이 일조하기 위해서는 학생의 개인적 배경을 고려한 학생 선발에 대한 논의가 필요하다(권승아, 2009: 32-34).

# 제 4 절 우리나라 입학사정관제 지원사업의 실태

## 1 입학사정관제 지원 사업의 도입 배경 및 추진 과정

### 1) 입학사정관제 지원 사업의 도입 배경

도입 배경을 짐작할 수 있는 것은 교육부가 2004년 10월에 발표한 '학교교육 정상화를 위한 2008학년 이후 대학입학제도 개선안'이다. 이 안에 따르면 대학수학 능력시험의 점수가 등급화되고, 입학사정에서 고등학교 생활기록부의 비중이 높아지게 된다. 이 안을 적용하기 위해서는 대학들이 대학수학능력시험 성적에 대한 의존도를 낮추는 대신 고등학교 생활기록부 자료로부터 학생들의 다양한 재능을 변별하며, 논술시험이나 면접시험 등과 같이 학교생활기록부 이외의 다른 평가 요소들을 대학 입학 전형 방법으로 효과적으로 활용할 수 있는 방안을 모색하여야 한다(김현철, 2006: 1). 대학이 당면할 이러한 어려움을 돕기 위하여 국가 차원에서 입학사정관제 도입을 검토한 것으로 짐작해 볼 수 있다(박남기 외, 2008: 16).

당시 시행되고 있던 대입제도의 성과로는 시험점수보다는 학생의 특기, 적성, 경력 등을 다양하게 반영하는 특별전형이 증가하였다. 모집 인원 대비 특별전형의 비율도 2002년 32.3%에서 2005년에는 37.4%로 증가하였으며, 특별전형의 유형도 매우 다양하여 '특기자, 취업자, 자격증 소지자, 학교장 등 추천자, 선・효행자, 소년・소녀가장, 국가유공자 손・자녀, 만학도, 지역균형 선발 전형' 등이 실시되었다. 그리고 수능 성적보다는 학교생활기록부 위주로 선발하는 '수시모집'의 비율이 증가한 점, 수능의 영역 가운데 선별하여 전형 요소로 사용하는 점 등을 주요 성과로 삼았다.

개선안에서 제기한 당시의 주요 문제점은 첫째, 학교생활기록부를 강조하는 경향이 성적 부풀리기 현상으로 이어져 결과적으로 대학이 학생부를 신뢰하지 않은 점, 둘째, 수능의 세밀화로 인한 사교육비 유발 문제, 셋째, 대학별 특성화된 전형이 이루어지지 않고 있다는 지적, 넷째, 특목고의 입시학원화 심화 현상 등이었다. 이 네 가지 문제점을 해결하기 위한 방안으로 학교생활기록부의 공정성을 강화하면서 반영 비중을 높이려는 의지, 수능등급제의 개발, 다양한 전형을 유도할 수 있는 대입 전문조직의 구성, 그리고 사회 통합과 관련된 전형의 확대 실시가 주요 정책과제로 제시되었는데, 결과적으로 2007년 초반기에 대학과 정부 간의 내신 반영 비율에 대한 논란, 후반기의 수능등급제에 대한 논란으로 이어졌다. 이 가운데 세 번째 과제의 세부 추진 과제로 '입학사정관 제도'의 도입이 제기되었다. 대입 전형의 전문화 체제 강화 방안으로 도입된 입학사정관 제도는 현재 진행되고 있는 대입자율화의 성공을 가늠할 수 있는 지표로 간주될 정도로 많은 관심을 받고 있다(양성관, 2008: 7-8; 양성관・김택형, 2008: 155-156).

### 2) 입학사정관제 지원 사업의 추진 과정

입학사정관 제도의 도입 추진 과정을 보면 다음과 같다(교육과학기술부, 2008). 먼저, 2004년 10월 '2008 대입제도'에서 학생부가 강조됨에 따라 학생부를 해석하고 반영하기 위한 전문가로서 입학사정관 제도가 최초로 도입되었다고 할 수 있다. 그러나 수능 위주의 전형을 학생부 위주로 유도하기 위하여 학생부 상대평가제, 수능등급제 등을 도입하면서 입학사정관 제도의 도입을 권장하긴 했으나 이를 위한 별도의 지원 조치는 추진되지 않았다.

2007년 예산안 확정 과정에서 당시 한나라당 이주호 의원(2011년 6월 현재 교육과학기술부 장관)의 반영 요구(70억 원)에 따라 국회 예결위에서 20억 원을 반영하게 되었다. 그리고 당시 국회교육위원회에서는 대입 전형에서의 입학사정관 활용 여부는 대학이 자율적으로 추진할 사안으로 정부 지원은 바람직하지 않다는 논란이 제기된 것으로 보고되고 있다. 2007년도에 확보된 20억 원으로 10개 대학(국립대 2개교, 사립대 8개교)을 선정하여 시범적으로 입학사정관 제도를 운영하게 되었다. 2008년 예산안 편성 과정에서 고등교육 재정 1조 원 추가 확보의 일환으로 200억 원을 반영하였으나 이후 예결위에서 128억 원으로 조정되었다가 2008년도 사업 시행 과정에서 30억 원이 추가 배정되어 158억 원의 사업비가 확보되었다.

이명박 정부는 대선공약 항목 중 '학교 만족 두 배 사교육 절반'에서(2007. 10. 9) 3단계 대입자율화를 발표하였으며, 이어 '대학 강국 프로젝트'에서(2007. 11. 25) 대학 관치 완전 철폐를 발표하기에 이르렀다. 이러한 맥락에서 대입 전형제도로서의 입학사정관 제도는 이명박 정부의 본격적인 중요한 고등교육정책 중의 하나로서, 그리고 대학 자율화의 첫 단추로서 확대·시행할 것을 강력히 추진하고 있다. 구체적인 공약 내용을 소개하면 다음과 같다. 여기서 대입자율화의 1단계 조치로서 대학이 학과의 특성에 따라 지원자의 학생부와 수능 반영을 자유롭게 하고, 정부는 대학의 입학사정관 제도를 지원하는 내용이 주요 공약으로 제시되었다. 이러한 대학입시 및 고등교육 관련 공약들은 다음과 같이 좀 더 구체화되어 정부의 주요 국정 과제로 발표되었다(교육과학기술부, 2008. 3. 20).

정부는 대학입시 3단계 자율화 추진으로 학생부와 수능 등의 전형 요소 반영이 합리적으로 이루어져 수능·내신·논술로 악순환 되었던 대학 입시 3중고(三重苦)의 경감을 기대하고 있고, 특히 정부 규제를 피하기 위하여 복잡하게 만들어졌던 전형 방법을 명확히 함으로써 진학 컨설팅 등에 소요되는 사교육비의 절감이 가능하며, 대학은 입시에 관한 교과부의 통제에서 벗어나 자율적으로 다양한 전형으로 대학의 특성에 맞는 인재를 선발할 수 있어 대학 경쟁력이 한층 높아질 것으로 기대하고 있다. 이러한 정부의 정책 추진의 의지는 대학 자율화에 따른 새로운 대학 입시 문화를 정착하는데 기여할 것으로 보인다. 그러나 여기서 대입 자율화 2단계 조치인 수능 응시 과목 축소에 대한 부분은 고교 교육과정 편성·운영과 직결되는 문제이므로 좀 더 이 분야의 전문가 및 학교 현장의 요구를 좀 더 검토한 후 신중하게 결정할 사항이다.

우리나라 고등교육의 경쟁력을 강화하기 위한 조치로서 대학 자율화가 고등교육의 정책 기조로 강조되면서, 자연스레 첫 정책으로서 대입자율화가 부상하게 되었다. 이는 그동안 대학에서 지속적으로 요구한 대학 자율화를 정권이 바뀌면서 수용한 것이라 할 수 있다.

이명박 정부가 들어서면서, '대입 3단계 자율화 정책'에 따라 대학이 건학 이념, 모집 단위별 특성에 맞는 자율적이고 선진화된 학생 선발을 할 수 있도록 입학사정관 제도를 확산하기 위하여 2008년 기존 확보 예산 128억 원에 30억 원이 추가로 배정되었으며, '중기재정계획'에 2009년부터 2012년까지 매년 236억 원 이상~350억 원까지 지원·계획되었고, 아울러 이 제도의 시행을 위하여 고등교육 관련 법령도 개정하였다.

정부는 대학이 정부의 획일적 규제와 점수 위주의 학생 선발 방식에서 벗어나 학생의 잠재력을 발굴하는 선진화된 전형 방식으로 전환하도록 지원하는 데 중점을 두고 있다. 즉, 고교별 교육과정의 특성, 개인적 환경 및 특성을 평가하고 판단할 수 있는 권한을 대학 자율에 맡기고, 정부는 입학사정관 제도를 지원하여 내신이 실질적으로 활용될 수 있도록 유도하고 있다. 이와 더불어 정부는 입학사정관 제도 지원, 고급 심화 과목 이수제 활성화 등 대학의 학생 선발 능력 제고를 위한 재정 지원을 확대하고, 한국대학교육협의회 등 대학협의체의 업무 역량 강화를 위해 지원하는 조성정책을 펴고 있다. 이와같이 대학에 대한 지원·조정과 더불어 대학의 신입생 다양성에 관한 정보(신입생 중 소외계층 비율, 출신 고교의 유형 및 특성, 전형 방법에 따른 전형 결과 등)를 공개하도록 하여 대학의 책무성을 확보하도록 하고 있다(정일환 외, 2008: 7-12).

교육과학기술부는 2009년도 입학사정관제 지원 사업 기본계획에서 입학사정관제 3단계 정착 방안을 [그림 4-1]과 같이 제시하였다(정일환 외, 2009: 9-12).

| 2009년 | | 2010~2011년 | | 2012년 이후 |
|---|---|---|---|---|
| 입학사정관제 내실화 | ▶ | 입학사정관제 확대 | ▶ | 입학사정관제 정착 |
| · 선도 대학 육성<br>· 입학사정관 전문 양성·훈련 | | · 예산 지원/선도 대학 확대<br>· 고교 현장 여건 조성 | | · 한국형 입학사정관제 정착<br>· 2012년 이후에도 예산 지원 |

**그림 4-1** 입학사정관제 3단계 정착 방안

자료: 교육과학기술부(2009.4).

따라서 입학사정관제는 대입 전형 선진화를 위한 제도적 대안으로 점수 경쟁을 하는 현행 대입 방식으로는 '초·중등교육의 정상화'가 불가능하며, 입학사정관제를 통하여 이러한 점수 경쟁에서 벗어나야 가능하며, 대입 완전 자율화를 위해서도 입학사정관제 정착이 긴요하다고 보고 2012년까지 입학사정관제의 정착을 목표로 3단계 방안 추진을 입학사정관제 내실화, 확대, 정착으로 제시한 것이다(교육과학기술부, 2009).

## 2 입학사정관제 지원사업의 추진 목적 및 추진 방향

2010년 입학사정관제 지원사업 시행계획에 나타난 사업의 추진 목적 및 추진 방향은 다음과 같다(교육과학기술부·한국대학교육협의회, 2010).

### 1) 입학사정관제 지원사업의 추진 목적

입학사정관제 지원사업은 대학의 학생 선발권 강화에 부응하는 대입 전형 선진화 촉진을 통하여 대학의 건학 이념, 인재상 및 모집 단위 특성에 부합하는 잠재력 있는 학생 선발 체제 구축과 학생부, 수능성적, 각종 서류 등 다양한 전형 요소를 해석·활용할 수 있는 대입 전형 전문가(입학사정관) 활용을 강화하며, 또한 성적 위주의 획일적 선발에서 학생의 소질 · 적성 · 인성 · 창의성 등 다양한 요소를 고려한 선발로 개편하여 공교육 활성화를 유도하는 데 그 추진 목적이 있다

### 2) 입학사정관제 지원사업의 추진 방향

2010년 입학사정관제 지원사업의 중점 추진 방향은 다음과 같다.

첫째, 입학사정관제가 안정적으로 정착 및 확산될 수 있도록 선도 대학의 수를 확대한다. 선도 대학은 입학사정관제 운영 성과가 우수하며, 입학사정관제를 발전시킬 가능성이 높아 제도의 확산 및 정착에 크게 기여할 수 있는 대학으로, 작년에는 15개교를 지원하였으나, 올해에는 20개교 내외로 확대한다.

둘째, 대학의 경쟁력 있는 학과 · 학부(모집 단위) 차원에서 입학사정관제를 실시할 수 있도록 예산을 신규 지원한다. 사업 지원 유형에 '특성화 모집 단위 운영 대학'을 신설하고, 10억 원 내외의 예산으로 10개 교 정도를 지원하고, 해당 대학은 대학 내 경쟁력 있는 학과 · 학부(모집 단위) 단위를 선정하여 해당 모집 단위의 특성에 맞는 인재상을 설정하고, 입학사정관제를 통하여 인재상에 맞는 학생을 선발하게 된다.

셋째, 입학사정관제가 학교 교육과정을 충실히 이수하면서 자기주도적으로 학습한 학생을 선발하는 제도로 정착될 수 있도록 한다. 이를 위하여 입학사정관 전형에서 모집 단위의 특성과 무관하게 공인 어학시험 성적이나 교외 수상 실적, 해외 봉사 실적 등 공교육 내에서 정상적으로 이수하기 어려운 활동들을 반영하고 있는지 등과, 입학사정관 전형의 취지에 부합하지 않는 지원 자격 제한을 두고 있는지 여부를 평가에 반영한다. 또한, 입학사

정관제가 내실 있게 안정적으로 확대될 수 있도록 지원하는 데 중점을 둔다.

대학들이 스스로의 역량과 의지에 따라 감당할 수 있는 수준에서 입학사정관제 추진 속도를 결정할 수 있도록, 학생 선발 비율이 모집 인원 대비 10% 이상인 경우에는 해당 평가 항목 배점의 만점을 부여하도록 하였고, 동시에 제도의 내실을 기하기 위하여 평가의 공정성·신뢰성을 확보하기 위한 다수의 평가자에 의한 다단계 평가 방식이 정착되도록 하고, 입학사정관의 신분 안정 및 전문성 강화를 위한 지원도 강화하며, 고교-대학 간 연계를 활성화하기 위한 학생상담 및 고교 대상 홍보, 연계 프로그램 운영도 활성화한다. 향후 대학이 이 사업에 지원하기 위해서는, '2010학년도 정원 내 모집 인원 대비 신입생 충원율이 95% 이상이어야 하며, 국고보조금 대비 대응자금을 70% 이상(선도 대학 85 : 15)으로 확보하여야 한다.

[그림 4-2]와 같이 입학사정관제 지원사업의 운영 체계에서 교육과학기술부는 입학사정관제 지원사업 기본계획 수립, 관련 예산 확보 및 보조금 교부, 보조사업자관리 등을 담당하며, 한국대학교육협의회는 입학사정관제

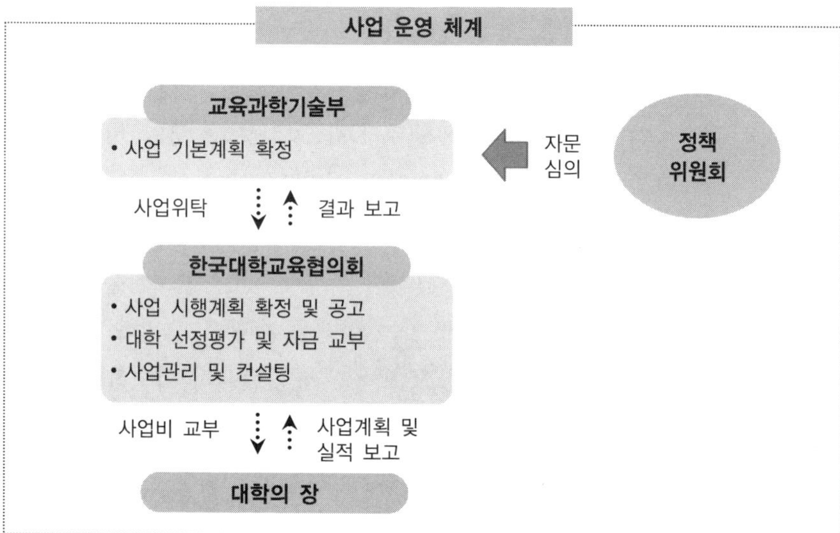


**그림 4-2** 입학사정관제 지원사업의 운영 체계

자료: 교육과학기술부(2010.4).

지원사업 시행계획 수립, 대학 선정 평가, 지원 대학 자금 교부, 대학별 현장 점검 및 컨설팅, 사업관리비 집행·관리 등을 수행하는 보조사업자로서 위탁 시행을 담당하고 있으며, 사업계획의 변경 승인 등 관리 업무를 체계적으로 수행하기 위하여 '사업관리위원회'의 구성·운영이 가능하고, 입학사정관제의 정착 방안 및 사업 운영 관련 중요 사항에 대한 자문·심의를 위하여 정책위원회를 두고 있다

## 3 입학사정관제 지원사업의 내용 및 선정 대학 현황

### 1) 입학사정관제 지원사업의 내용

교육과학기술부와 한국대학교육협의회는 2010년 입학사정관제 지원사업에서는 입학사정관제의 확산 및 정착을 위하여, 2010년에는 지난해보다 114억이 증가된 350억 원으로 55개 내외의 대학을 지원할 예정이라고 밝혔는데(교과부 · 대교협 보도자료, 2010. 4. 15), 이는 입학사정관제 지원사업이 시범 도입된 2007년에는 선정 대학이 10개교, 지원금이 20억 원이었으나, 매년 선정 대학 수 증가와 지원금의 대폭 증액이 이루어져 2008년에는 40개교 157억 원, 2009년에는 47개교 236억 원이었다.

2010년 입학사정관제 지원사업의 내용은 크게 ① 입학사정관제 운영 지원사업, ② 입학사정관 전문 양성·훈련 프로그램 지원사업으로 나뉘는데, 입학사정관제 운영 지원사업은 입학사정관제를 운영하는 대학에 대하여 입학사정관 채용을 위한 인건비, 운영비 등을 지원하는 사업으로, 선도 대학, 우수 대학, 특성화 모집 단위 운영 대학의 3개 유형으로 나누어 예산을 지원하게 된다.

<표 4-7>에서 2010년 선도 대학의 선정 대상 및 자격은 입학사정관제 운영 성과가 우수하며, 사업계획이 충실하여 입학사정관제 확산 및 정착에 크게 기여할 수 있는 대학으로 2009년 입학사정관제 지원사업의 선정 대학인 47개교이고, 선정 절차에서 기존 선도 대학에 대한 연차 평가 후 탈락

**표 4-7** 2010년 입학사정관제 운영 지원사업 유형

| | 대학 단위 운영 | | 특성화 모집 단위 운영 대학 | 계 |
|---|---|---|---|---|
| | 선도 대학 | 우수 대학 | | |
| 대학 수 | 20개교 | 25개교 | 10개교 | 55개교 |
| 지원 총액 | 240억 원 | 75억 원 | 10억 원 | 325억 원 |
| 교당 신청 금액 | 6억 원~25억 원 | 2억 원~5억 원 | 1억 원~1.5억 원 | – |

주: 선정대학 수와 지원 규모는 평가 결과를 종합 고려하여 확정함.
자료: 한국대학교육협의회(2010.4a: 3).

대학 선정[6] → 신규 선도 대학 수 발표 및 신청 접수 → 최종 선정하게 되고, 우수 대학의 선정 대상 및 자격은 입학사정관제 운영을 위한 준비 여건이 충실하며, 운영계획이 우수하고 운영 의지가 높은 대학으로 2011학년도에 입학사정관 전형을 운영할 예정인 대학이면 되고, 특성화 모집 단위 운영 대학의 선정 대상 및 자격은 대학의 경쟁력 있는 대표 모집 단위(학과 · 학부)에 대하여 입학사정관제를 실시하기 위한 준비 여건 및 운영계획이 우수한 대학으로 2011학년도에 입학사정관 전형을 운영할 예정인 대학이면 된다.

입학사정관제 지원사업에서 신청 대학의 지원 조건은 모두 2010학년도 정 원내 모집 인원 대비 신입생 충원율 95% 이상(선도 · 우수 대학: 대학 전체, 특성화 모집 단위: 해당 모집 단위)이고, 국고보조금 대비 대응자금 70

**표 4-8** 2010년 입학사정관 전문 양성·훈련 프로그램 지원사업

| | 전문 양성·훈련 프로그램 지원 |
|---|---|
| 지원 대학 수 | 5~7개교 |
| 지원금 | 15억 원 내외 |
| 지원 내용 | 양성 · 훈련 프로그램 운영비 등 |
| 지원 방식 | 사업신청서 심사 후 선정 |

주: 선정대학 수와 지원 규모는 평가 결과를 종합 고려하여 확정함.
자료: 한국대학교육협의회(2010.4a: 1).

6) 선도 대학 연차 평가 결과 선도 대학으로서의 역할이 미흡하여 탈락한 대학은 입학사정관제 정책위원회의 심의를 거쳐 우수 대학으로 계속 지원할 것인지 여부를 결정함.

:30(선도 대학 85:15) 이상이 되어야 한다.

<표 4-8>과 같이 입학사정관 전문 양성·훈련 프로그램 지원사업은 우수한 입학사정관을 양성하기 위한 양성교육, 예비 또는 현직 입학사정관의 전문성 제고를 위한 훈련, 교사 대상 연수 프로그램 등을 운영하도록 지원하는 사업으로, 5~7개교 내외의 대학을 지원한다.

### 2) 입학사정관제 지원사업의 선정대학 현황

교육과학기술부와 한국대학교육협의회는 2010년 입학사정관제 지원사업 선정 결과를 확정·발표하였다(교과부 · 대교협 보도 자료, 2010. 6. 17). 선정된 대학은 '입학사정관제 운영 지원사업' 60개교(325억 원), '입학사정관 전문 양성·훈련 프로그램 지원사업' 7개교(15억 원)로, 총 350억 원(대교협 사업관리비 10억 원 포함)의 예산을 지원받게 되었다.[7)]

교과부·대교협은 2010년 4월 15일 사업 공고 후 대학의 신청을 받아, 현직 교수, 입학사정관, 교사 등 전문가로 평가위원회를 구성하여, 2009년 사업 추진 실적(또는 도입 여건), 2010년 사업 운영계획과 향후 3년간 발전계획을 중심으로 평가하였다. 그 결과 <표 4-9>와 같이 입학사정관제 운영 지원 사업의 경우, 선도 대학은 총 29개교를 선정하였는데, 2009년에 선도

**표 4-9** 2010년 입학사정관제 운영 지원사업 선도 대학 선정 명단

| 구분 | 대학명 |
|---|---|
| 기존 (15개교) | 가톨릭대, 건국대, 고려대, 동국대, 서울대, 성균관대, 숙명여대, 연세대, 울산과기대, 이화여대, 중앙대, 카이스트, 포스텍, 한국외대, 한동대 |
| 신규 (14개교) | 경북대, 경희대, 광주교대, 단국대, 부산대, 서울여대, 성신여대, 숭실대, 인하대, 전남대, 전북대, 진주교대, 한림대, 한양대 |

주: 2011년 신규 선도 대학은 동아대와 서강대가 포함되고, 광주교대는 우수 대학으로 변경됨.
자료: 교육과학기술부 · 한국대학교육협의회 보도자료(2010. 6. 17; 2011. 5. 23).

7) 2011년도 입학사정관제 운영 지원사업 시행계획(한국대학교육협의회, 2011.4a)을 살펴보면 총 351억 원(대교협 관리비 11억 원 포함)으로 2010년도와 거의 동일하게 입학사정관제 운영 지원사업 325억 원, 입학사정관 전문양성 · 훈련 프로그램 지원사업 15억 원이며, 선정 대학 수 역시 선도 대학이 29개교에서 30개교로 1개교가 늘고, 우수 대학이 21개교에서 1개교가 줄어 20 개이며, 특성화 모집 단위 운영 대학은 10개교로 같다.

**표 4-10** 2010년 입학사정관제 운영 지원사업 우수 대학 선정 명단

| 구분 | 대학명 |
|---|---|
| 기존<br>(17개교) | 강남대, 강원대, 건국대(충주), 건양대, 경원대, 공주대, 광주과기원, 목포대, 부경대, 서강대, 서울시립대, 아주대, 전주대, 조선대, 충남대, 충북대, 홍익대 |
| 신규<br>(4개교) | 경상대, 동아대, 순천향대, 충주대 |

주: 2011년 신규 우수대학은 경기대와 원광대가 포함되고, 건양대와 광주과기원은 제외됨.
자료: 교육과학기술부 · 한국대학교육협의회 보도자료(2010. 6. 17; 2011. 5. 23).

대학으로 지원을 받았던 15개교는 2010년에도 계속 지원하고, 기존에 지원을 받았던 계속 · 신규 대학 중 추진 역량 및 성과가 우수한 14개교를 추가로 선정하였다.

우수 대학은 <표 4-10>과 같이 총 21개교로, 2009년에 계속 · 신규 대학으로 지원을 받았던 대학 중 17개교를 2010년에도 계속 지원하고, 신규로 신청한 대학 중 평가 순위가 높은 4개교를 추가로 선정하였다.

2010년 신설된 유형인 '특성화 모집 단위 운영 대학'은 <표 4-11>과 같이 총 10개교가 선정되었으며, 이 대학들은 입학사정관제를 통하여 의학과, 간호학과, 사회복지학부 등 해당 대학 대표 모집 단위의 인재상에 맞는 학생을 선발하였다.

**표 4-11** 2010년 입학사정관제 운영 지원사업 특성화 모집 단위 운영 대학 선정 명단

| 대학 수 | 대학명(모집 단위) |
|---|---|
| 10개교 | 꽃동네현도사회복지대(사회복지학부), 경기대(장신구금속디자인학과), 경운대(간호학과), 관동대(의학과), 국민대(경영학부), 나사렛대(재활자립학과), 영남대(자율전공학부), 우석대(특수교육과), 우송대(인터내셔널 비즈니스학부), 한국교원대(초등교육과) |

주: 2011년 신규 대학은 명지대, 부산교대, 호서대가 포함되고, 경기대, 관동대, 나사렛대는 제외됨.
자료: 교육과학기술부 · 한국대학교육협의회 보도자료(2010. 6. 17; 2011. 5. 23).

입학사정관 양성·훈련 프로그램 지원사업은 <표 4-12>와 같이 총 7개교가 선정되어 2009년보다 2개교가 확대되었고, 교과부·대교협은 현직 사정관에 대한 훈련 수요가 증가하고 있으며, 입학사정관제 관련 교사 연수

**표 4-12** 2010년 입학사정관 전문 양성·훈련 프로그램 지원사업 선정 대학 명단

| 대학 수 | 대학명 |
|---|---|
| 7개교 | 고려대, 부산대, 서울대, 아주대, 이화여대, 전남대, 한국외대 |

주: 2011년 신규 대학은 경상대, 동국대, 성균관대, 충북대가 포함되고, 고려대, 아주대는 제외됨.
자료: 교육과학기술부 · 한국대학교육협의회 보도자료(2010. 6. 17; 2011. 5. 23).

에 대한 요구가 증가함에 따라 7개교를 선정하였다(2011년 역시 2개교가 확대, 9개교가 선정됨).

다음은 지금까지 입학사정관제 지원사업이 시범 도입된 2007년부터 2010년까지 선정된 정부 지원 대학과 독자 실시 대학을 정리해 보면 <표 4-13>과 같다.

**표 4-13** 입학사정관제 운영 지원사업 선정 대학 명단(2007~2010)

| 선정 연도 | 대학 수 | 대학명 | 비고 |
|---|---|---|---|
| 2007 | 10 | 가톨릭대, 건국대(서울), 경북대, 경희대, 서울대, 성균관대, 연세대, 인하대, 중앙대, 한양대 | 정부 지원 |
| 2008 | 40 | 가톨릭대, 건국대(서울), 건국대(충주), 건양대, 경북대, 경원대, 경희대, 고려대, 공주대, 동국대, 목포대, 배재대, 부산대, 서강대, 서울대, 서울시립대, 서울여대, 성균관대, 숙명여대, 순천향대, 아주대, 연세대, 울산과기대, 이화여대, 인하대, 전남대, 전북대, 전주대, 조선대, 중앙대, 충남대, 충북대, 충주대, 카이스트, 포항공대, 한국외대, 한동대, 한림대, 한양대, 홍익대 | 정부 지원 |
| | 1 | 강남대 | 독자 실시 |
| 2009 | 47 | 가톨릭대, 강남대, 강원대, 건국대(서울), 건국대(충주), 건양대, 경북대, 경원대, 경희대, 고려대, 공주대, 광주과기원, 광주교대, 단국대, 동국대, 목포대, 배재대, 부경대, 부산대, 서강대, 서울대, 서울시립대, 서울여대, 성균관대, 성신여대, 숙명여대, 숭실대, 아주대, 연세대, 울산과기대, 이화여대, 인하대, 전남대, 전북대, 전주대, 조선대, 중앙대, 진주교대, 충남대, 충북대, 카이스트, 포항공대, 한국외대, 한동대, 한림대, 한양대, 홍익대 | 정부 지원 |
| | 43 | 가천의대, 경기대, 경상대, 경성대, 경운대, 경주대, 계명대, 고신대, 관동대, 군산대, 꽃동네현도사회복지대, 대구가톨릭대, 대구대, 동서대, 동아대, 동의대, 명지대, 부산가톨릭대, 부산외국어대, 상명대, 서울기독대, 선문대, 성결대,순천향대, 신라대, 연세대(원주), 영남대, 영산대, 우석대, 울산대, 인제대, 인천대, 중 | 독자 실시 |

| | | | |
|---|---|---|---|
| | | 부대, 진주산업대, 청주대, 충주대, 한국교원대, 한국기술교육대, 한남대, 한밭대, 한서대, 한신대, 호서대<br>- 가톨릭대, 건국대, 고려대, 동국대, 서울대, 성균관대, 숙명여대, 연세대, 울산과기대, 이화여대, 중앙대, 카이스트, 포스텍, 한국외대, 한동대(이상 선도 대학, 기존 15개교) | |
| 2010 | 60 | - 경북대, 경희대, 광주교대, 단국대, 부산대, 서울여대, 성신여대, 숭실대, 인하대, 전남대, 전북대, 진주교대, 한림대, 한양대(이상 선도 대학, 신규 14개교)<br>- 강남대, 강원대, 건국대(충주), 건양대, 경원대, 공주대, 광주과기원, 목포대, 부경대, 서강대, 서울시립대, 아주대, 전주대, 조선대, 충남대, 충북대, 홍익대(이상 우수 대학, 기존 17개교)<br>- 경상대, 동아대, 순천향대, 충주대(이상 우수대학, 신규 4개교)<br>- 꽃동네현도사회복지대(사회복지학부), 경기대(장신구금속디자인학과), 경운대(간호학과), 관동대(의학과), 국민대(경영학부), 나사렛대(재활자립학과), 영남대(자율전공학부), 우석대(특수교육과), 우송대(인터내셔널 비즈니스학부), 한국교원대(초등교육과)(이상 특성화 모집 단위 운영 대학 10개교) | 정부 지원 |
| | 58 | 가천의과대, 경성대, 경인교대, 경일대, 경주대, 계명대, 고려대(조치원), 고신대, 공주교대, 군산대, 금오공대, 남서울대, 대구가톨릭대, 대구대, 대구한의대, 대전대, 대진대, 덕성여대, 동명대, 동서대, 동신대, 동양대, 동의대, 배재대, 백석대, 부산가톨릭대, 부산교대, 부산외국어대, 상명대, 서울교대, 서울기독대, 선문대, 세종대, 신라대, 안동대, 안양대, 연세대(원주), 영남대, 영산대, 울산대, 원광대, 을지대(성남), 인제대, 전주교대, 중부대, 진주산업대, 창원대, 청운대, 청주대, 춘천교대, 평택대, 한국기술교육대, 한국해양대, 한남대, 한밭대, 한서대, 한신대, 호서대 | 독자 실시 |

자료: 한국대학교육협의회(2010.8: 14) 및 입학사정관제 홈페이지(http:// uao.kcue.or.kr) 참조.

## 제 5 절 입학사정관제에 관한 선행 연구

입학사정관 제도에 관한 체계적인 연구는 국내와 외국에서 거의 수행되지 않고 있으며, 다만 입학 사정에 관한 연구에서 입학사정관에 대한 언급이 부분적으로 이루어지고 있는 정도이다(김현철, 2006: 11). 먼저 입학사정관에 대하여 부분적으로 언급하고 있거나 논의하고 있는 외국의 선행 연구들을 살펴보면 다음과 같다.

## 1 외국의 선행 연구

미국에서는 대학 자율적으로 입학 업무를 추진할 때 대학의 설립 목적에 부합하는 학생을 선발하고 대학 지원자 수의 증감에 따라 효율적으로 대처하기 위한 필요에 의거 입학 업무의 기능이 변화 발전되어 왔으며, 이에 의거 입학사정관 제도가 자연스럽게 자리잡게 되었기 때문에 별도의 체계적 연구 필요성을 느끼지 못했을 것이라고 사료된다. 미국에서 입학사정관의 도입 및 운영과 관련한 초기 사례를 파악하는 것이 제도 도입 및 운영의 방향 제시에 도움을 줄 것으로 판단되어 조사했지만 사례를 발견하기 어려웠다(박제남 외, 2008: 4-15). 1964년에 보고된 하우서(Jane Zech Hauser) 등의 연구보고서와 페리(Richard R. Perry)의 연구보고서를 요약하여 가능한 시사점을 제시하고자 한다.

하우서 등(Hauser et al., 1964)의 연구는 1962년 하버드 대학의 학생처에서 주관하는 3주간의 입학사정관 훈련코스에 참가한 입학 업무 관련자들에게 설문을 실시하여 그 결과에 대한 분석으로 진행되었다. 설문의 내용은 조사 대상자가 속한 대학 및 입학 관련 부서의 규모, 입학사정 관련 업무 등이었는데 그 당시에도 입학사정관의 조직 내 지위 및 기능의 변화에 대하여 관심이 높았음을 알 수 있다.

페리(Perry, 1964)는 입학사정관에 대한 주기적 연구가 필요하다고 보고, 입학사정관의 역할은 무엇이며 어떠해야 하는가 하는 관점에서 1962~63년도 미국 대학 등록처 및 입학사정관 협의회(American Association of Collegiate Registrars and Admissions Officers)와 대학입학 상담가 협의회(Association of College Admissions Counselors)에 기관 회원으로 가입하였던 고등교육기관의 418명의 담당자들을 대상으로 설문조사를 하였다.

페리는 위의 조사를 바탕으로 다음과 같이 제시하고 있다. 이제까지 입학사정관은 학문적으로 뛰어난 학생을 모집하는 것에 중점을 두었지만, 앞으로는 점차 증가하는 소외받는 학생들에게도 관심을 가질 수 있어야 하며, 입학사정관의 19.8%만이 주된 대학 정책 논의에 참여하고 있는데 업무의 중요성을 감안하여 정기적으로 참여하는 것이 바람직하다. 대다수의 입학사정관은 그의 참모나 입학사정위원회의 결정을 시정할 권한이 있지만, 37%는 입학 결정을 뒤집을 위치에 있지 않았는데 이는 시정되어야 한다는 것이다.

또한, 유능한 입학사정관이 되기 위해서는 우선 교육에 경험이 있는 학자가 되어야 하며, 다음으로 전문가 집단인 직원들을 잘 조정할 수 있는, 능력 있는 행정가가 되어야 한다고 한다. 즉, 입학사정관은 교육적 정치력(educational statesmanship)을 발휘할 수 있어야 한다는 것이다.

카라벨(Karabel, 2005)은 독특한 형태의 현행 미국 대학의 학생 선발 제도가 어떻게 생겨났으며 지금까지 지속되고 있는지 밝히기 위하여 1900년부터 2005년까지 하버드, 예일, 프린스턴대학의 학생 선발과 관련한 정책의 주요 이슈 및 변천 과정을 분석하고 있다. 이는 입학사정관 도입을 앞둔 우리나라 주요 사립대학들이 지금까지 운영해 온 학생 선발 제도를 반추하고 방향을 설정하는 데 도움이 될 것으로 보인다.

골든(Golden, 2006)은 미국 주요 사립대학들의 학생 선발 행태의 부정적 측면을 고발하고 있다. 더글라스(Douglass, 2007)의 연구는 캘리포니아대학교의 요청에 의하여 '입학 허가의 조건 설정(setting the conditions of admission)'에 초점을 둔 입학정책 개발에 관한 정책 설명 자료집의 일환으로 쓰인 것이다.

카라벨(Jerome Karabel)이나 골든(Daniel Golden)이 주로 사립대학을 대상으로 이슈를 정리한 데 비하여, 더글라스(John Aubrey Douglass)는 공립대학에서 입학허가는 어떻게 이루어져야 하고 그 발전 방향은 무엇인지에 관하여 논의하고 있다.

스완 등(Swann et al., 1998)의 연구는 대학교수 및 학생뿐만 아니라 신임 입학 사정관 및 등록 관리자, 신임 대학총장 등을 위하여 쓰인 저서이며, 나아가 대학 입학, 등록관리 분야의 전문가들에게도 도움을 줄 수 있기를 기대하고 있다. 분야별 전문가들이 쓴 글이 실렸는데, 입학 업무 변천 과정,

입학 사정관, 등록 관리 이해하기, 입학 업무 도구, 입학 업무 프로그램, 21세기 전망 등 총 6개 장으로 구성되어 있다.

호킨스 등(Hawkins et al., 2006)의 연구는 대학 입학 및 카운슬링협의회(National Association for College Admission Counseling)의 2006년 대학 입학 현황 보고서로 고등학교 졸업 및 대학 등록, 대학 지원, 입학 허가 전략-조기 입학(Early Decision/Early Action) 및 대기자 리스트, 입학 허가 결정 요인, 고교 및 대학 카운슬링, 입학처 예산 및 직원, 대학 학비 및 재정 지원 등으로 구성되어 있는데, 미국 고등교육 진학 및 입학사정관 운영 현황에 대한 주요 정보와 시사점을 제공할 수 있을 것으로 기대된다.

라우렌(Barbara Lauren)의 저서(2008)는 성공적 입학사정관이 되기 위한 업무 안내서로서 미국 대학등록처 및 입학사정관 협의회(American Association of Collegiate Registrars and Admissions Officers)에서 발행하였다. 대학의 입학 및 등록처장, 학장, 입학사정관 등 44명이 쓴 글이 실렸는데, 주요 주제는 입학과 관련한 기본적 이슈, 종합적 평가(holistic assessment) 사례/소규모 대학 및 전문대학의 학생 모집(recruiting), 마케팅 도구, 소득계층/성별/인종별/성인/군인 등에 대한 모집(recruiting) 및 재학 유지(retention), 해외 학생 마케팅 및 모집, 입학 업무 절차, 평가와 배치(measurement and placement), 대학원 및 전문대학원의 입학, 데이터 관리 및 자체 연구 방법, 직무 개발(professional development) 등으로 입학과 관련한 광범위한 분야를 다루고 있어 입학사정관의 필독서라고 할 수 있다.

한편, 또 다른 관점에서 선행 연구를 정리해 보면 다음과 같다(김현철, 2006: 17-24). 스완슨과 위즈(Swanson & Weese, 1997)는 입학사정관이 갖추어야 할 입학에 관련된 전반적인 사항, 즉 행정, 전문가 교육, 입학관리, 입학정책 및 윤리 일반에 대하여 자세하게 제시하였다. 콘리(Conley, 2005)는 대학 입학생이 알아야 할 일반적인 지식을 성공적인 대학교육을 받기 위한 지식, 신입생의 성공적 적응을 위한 지식, 대학에서 필요한 지식과 기술 등으로 구분하였다. 특히 주목할 만한 것은 성공적인 대학교육을 위한 기준에 입학 기준을 포함하고 있으며, 그러한 기준이 어떻게 변화되었는가에 대하여 기술하고 있다. 학생의 GPA(Grade Point Average)는 입학사정을 하는 데 지속적으로 그리고 점점 더 중요한 위치를 차지하고, SAT(Scholastic Aptitude Test)와 ACT(American College Test) 점수는 초기에는 반영률이 미미하였으나 최근에 들어 약간 반영률이 높아지는 경향이 있다고 보고하였다.

스미스(Smith, 2003)는 입학사정관이 학생을 선발할 때 입학사정의 근간인 핵심 요소(the significant six)와 그와 관련된 전략을 제시하였으며, 맥코믹(McCormick, 1999)은 시카고(Chicago)대학이 어떻게 우수한 학생을 선발하는가를 입학사정 과정의 실례를 들어서 기술하고 난 뒤, 논쟁의 여지가 있거나 합격과 불합격의 경계선상에 있는 학생의 경우, 전체 입학위원회에서 회의를 열어 입학 대상자를 결정하는데, 복잡하고 긴 회의 결과에 따라 합격이 결정되기도 하고, 대기자 명단에 오르기도 하고, 불합격으로 처리되기도 한다고 하였으며, 미국의대협회(AAMC, 2004: 9-50)가 발간한 『입학사정관 핸드북(*Handbook for Admissions Officers*)』은 미국 의대의 학생 선발에 대하여 주로 다루고 있지만, 일반적인 입학사정관의 역할에 대해서도 비교적 상세히 기술하고 있다. 이 핸드북에 의하면 입학사정관은 입학사무처, 학생 선발, 입학에 관한 위원회 등을 운영하는 행정적인 책임을 맡고 있다. 그러므로 입학사정관은 대학의 사명, 목적, 문화 등에 대한 이해가 선행되어야 한다. 그럴 때 학교가 요구하는 지식, 기술, 태도, 행동 등을 갖춘 학생을 선발할 수 있기 때문이다. 여기에 나타난 입학사무처의 운영, 학생 선발의 과정, 입학에 관한 위원회의 운영 등에 대하여 자세히 설명하였다.

최근 외국 대학의 입학사정관제에 관한 선행 연구로 드루카(De Lucca, 2008)는 미국 대규모 대학의 학생평가 방법 및 사례를, 존스턴(Johnston, 2008a)은 미국 소규모 대학의 학생 평가 방법 및 사례를 연구 발표하였으며, 맥로비(McRobbie, 2009)는 미국 대학의 인재 선발과 육성 사례를, 톰슨(Thompson, 2009)은 미국의 대입 전형에서 전문가의 역할 중 입학사정관의 전문성과 인재 선발을, 하야시 아쓰히로(Hayashi Atsuhiro, 2009)는 일본의 AO 입시와 입학사정관 전형의 발전 방향에 관한 일본 대학의 운영 사례를 연구 발표하였고, 쇼(Shaw, 2010a; 2010b)는 미국 대학의 입학전형 과정 및 입학 전형 과정에서 IT 활용을, 쉬밀(Schmill, 2010)은 미국 대학에서 총체적 입학사정관제의 목적과 영향을, 난도르프(Nondorf, 2010)는 미국 대학의 입학 전형을 위한 조직 구성 및 관리를, 스테트슨(Stetson, 2010)은 미국 대학의 입학사정관에 관한 전문성 신장을, 카릴(Careel, 2010)은 미국 대학의 입학사정관 전형에 관한 모의평가 연구를 발표하였다.

## 2 국내의 선행 연구

우리나라에서의 대학 학생 선발은 정부의 가이드라인에 의거 객관적 사정 자료에 근거해서 주로 합격선 이하를 탈락시키는 형태로 이루어졌기 때문에 입학사정관은 그 여지가 없었다고 할 것이다. 실상 김현철(2006)의 연구가 2008 대학입학제도 개선안에 의거 도입 예정된 입학사정관 제도를 준비하기 위하여 추진된 우리나라 최초의 체계적 연구라고 할 것이다(박제남 외, 2008: 4, 15-20).

먼저 『미국 대학 입학사정관들의 고민』(한석수 · 이종욱 · 정훈 옮김, 2007)은 원저 *College Unranked*(Lloyd Tacker 편저, 하버드대학교출판부, 2005)를 번역한 것으로 대학의 학생 선발과 관련하여 창궐하는 상업주의의 폐단을 강조하고 있다.

몇 년 전부터 미국에서는 대학의 학생 선발에서 상업주의를 비판하고 대학 입학에서 교육적 가치의 중요성을 강조하는 목소리가 높아지고 있다. 전직 입학사정관 출신이었던 태커(Lloyd Thacker)는 대학의 장이나 입학 관계자들을 대상으로 이러한 문제점을 호소하고 해결책 마련에 지혜를 모으자고 호소한다. 이러한 노력이 결실을 맺어 취지에 공감하는 사람들의 에세이를 모아 그는 2004년 『등급 없는 대학(*College Unranked*)』이란 저서를 출간하였다. 이 저서는 세간의 관심을 끌게 되었고 2005년 하버드대학교출판부에서 다시 출간되었다.

저서에 담긴 글의 많은 부분이 미국 대학의 입학사정관들의 관점에서 학생 선발을 둘러싼 고민을 다루고 있기 때문에 우리 대학들의 입학사정관 도입 및 운영과 관련하여 시사하는 바가 적지 않다. 태커는 교육적 목적과 입학 허가 실상 간 괴리가 벌어지고 있다면서 교육적 양심을 압박할 정도로 대단한 상업주의 압력으로부터 고등교육의 미래를 지켜내기 위하여 '학생다움(studenthood)'이란 용어를 제안하고 있다. 이는 학생들의 배움에 대한 준비 및 배움의 과정에 대한 참여를 강조하려는 것으로 호기심, 자기 훈련, 노력, 상상, 지적 활력, 경이감, 새로운 것에 대한 자발적 도전, 공감, 열린 마음, 정중함(civility), 참을성 등을 특성으로 한다. 이러한 것들은 대학들이 입학 허가 과정에서 추구하는 특성들과 동일한 것이지만, 측정이 불가능하고 대학 등급 또는 교육 정량화의 척도가 될 수 없기 때문에 입학 허가의 상업주의화와 관련하여 무시되어 왔다고 지적한다. 그렇지만 이러한 입장이 견지될 때 제반 교육적 가치에 집중하고 상업주의에도 대응할 수 있다는 것이다.

비교육적이라 여겨지는 전략들까지 동원하여 대학들은 학생 확보를 위하여 안간힘을 쓰고 있는데, 대학 총장들까지 나서 대학 서열 평가기관들에 의하여 결정된 기준에 맞추어 대학 이미지를 개선하고 대학의 교육적 비전도 창출하는 방안은 없을까 고민하는 현상을 대학 입학의 상업주의라고 비판하고 있다. *U.S. News & World Reports*의 대학 서열 발표, 대학위원회(the College Board)의 독주(SAT 및 AP시험, 사교육 상담 등), 소수 언론기관, 수십억 달러 규모에 달하는 대입 마케팅 및 상담산업 등은 대학을 단순한 브랜드로 전락시켜 왔으며, 이에 따라 학생과 학부모들은 구매자로 취급되어 대학 진학이 높은 위험이 따르는 게임으로 변질되었다는 것이다. 이와같이 대학입학사정관 제도가 정착되어 있는 미국 대학들도 학생 선발과 관련하여 고민에 빠져 있고 어려움을 겪기는 우리와 마찬가지이다. 일부에서는 입학사정관제가 도입되면 우리가 겪고 있는 대학의 입학전형과 관련한 문제점들이 쉽게 해결될 것이라고 기대하고 있지만 그 한계를 분명히 인식하고 효과적으로 운영될 수 있는 우리 여건에 맞는 제도의 마련이 필요하다는 것을 시사하고 있다.

한편, 『입학사정관제 도입 및 지원 방안 연구』(김현철 외, 2006)는 입학사정관제에 대한 문헌연구를 실시하고 국내외 대학의 입학사정관제 운영 사례를 조사함은 물론 설문조사를 통하여 입학사정관의 역할과 업무 내용, 입학사정관의 교육, 입학사정관의 책무, 학교 규모와 특징에 따른 입학사정관의 적정 숫자, 입학사정관의 신분과 임용 기간, 입학사정관의 자격, 입학사정관제의 조직과 운용 등을 조사하고 요구를 분석하고 있다. 김현철 외(2006)의 정책 제안을 요약하면 다음과 같다.

입학사정관제 도입과 관련하여 향후 2~3년 동안 시범 운영하여 사회적 공정성과 대학의 학생 선발권 간 갈등을 절충하여 효과적 시행 방안을 탐색하는 것이 필요하다. 시범 운영에 참여하는 대학들에 대한 행·재정적 지원을 실시하여 이의 도입에 따른 부담을 완화해 주는 것이 필요하다면서, 시범 실시하는 경우 일부 입학 전형에 한하여 이를 제한적으로 운영하도록 하고 이의 실시에 따른 성과와 문제점을 분석할 수 있도록 개별 대학별 혹은 시범 실시 대학 외부에 입학사정관제 연구팀을 구성하여 향후 입학사정관제 전면적 도입 과정에 그 연구 결과를 참고토록 해야 할 것이라고 한다. 그러므로 재정적 지원은 입학사정관에 대한 인건비 지원과 시범 실시와 함께 진행되는 연구의 연구비 항목으로 구성되는 것이 바람직하다고 한다.

입학사정관의 기능을 학생 선발로 국한할 것이 아니라 여러 선발 기준에 의하여 선택된 학생들의 입학 이후 학업성취도나 학교생활 만족도, 졸업률, 졸업 시기 등의 연구에 참여토록 하여 관련 정보가 입학사정 업무에 환류되어야 하며, 각 대학의 여건을 고려한 다양하고 특성있는 입학사정관 모델이 개발·적용되어야 입학사정관이 효과적으로 운영될 것이라고 제안한다.

또한 김현철(2006: 17-24)의 국내 선행 연구를 살펴보면 양승실(2003)은 한국의 대학입학 전형의 운영 현상을 분석하고 대입 제도 개선을 위한 운영 과제를 미국 아이비리그 대학의 교육 방식에 비추어 제시하였으며, 특목고 교사들은 대학 입학의 결정적 전형 요소로 내신 성적이 중요하다고 보았다. 황규호(2004: 46-67)는 대학이 전형 자료를 통하여 확인하고 싶어 하는 것은 지원자의 대학에서 성공적으로 수학할 수 있는 능력과 장차 사회에서의 성공에 필요한 능력이라고 전제하고 이에 따라 국내 대학은 높은 학업성취도, 논리적 글쓰기 능력, 특기, 다양한 교과 외 활동, 잠재적 발전

가능성 등의 능력을 토대로 학생을 선발하고 있다고 요약하였다. 정진곤(2004: 3-26; 2005: 149-171)은 미국 대학에서 학생 선발이 어떤 기준으로 어떻게 이루어지는가를 살펴본 뒤, 대학의 학생 선발 기준은 크게 두 가지로 나누어지는데 하나는 고등학교의 교과 성적과 지적 능력이며, 다른 하나는 지도력, 품성과 봉사활동 등이라고 하였다. 정광희(2004: 27-64)는 일본의 새로운 대입제도인 AO(Admission Officers) 입시와 일본 대학의 입학 전형 방식에 대한 검토 결과, 종합적이고 다면적으로 평가하여 종합적으로 판정하는 선발 방식을 설명하였다. 홍후조(2004)는 입학사정관과 직접 관련은 없지만 대학입학사정의 중요한 요소인 내신 위주의 전형에 대하여 연구하여 장기적으로는 교육과정 개선을 통하여 교육적으로 의미 있는 내신을 구성하는 방안을 모색해야 한다고 주장하였다.

한석수(2005)는 현행 대학입학 전형제도를 분석하고 발전 방향을 전망하면서 내신의 신뢰도 제고 및 반영 비율 제고, 수능의 영향력 약화, 대학입학 사정관제 도입 등을 특징으로 하는 2008 대입제도 개선안 마련과 관련하여 이 정책의 도입 취지 및 경과, 주요 내용 등을 당시 실무과장의 시각으로 정리하였으며, 또 한석수(2006)는 미국 아이오와 주립대학을 중심으로 입학 허가 결정에 영향을 미치는 변수를 분석하여 우리나라에서는 입학허가에 어떤 요소를 얼마나 고려하여 하는지를 판단하여 하는 입학사정관에게 중요한 단서를 제공해 줄 것이라고 주장하였다.

정영수 외(2007)의 해외 대학입학 제도 실태조사 연구에서는 외국의 대학입학 제도에 관한 선행 연구 및 관련 자료를 분석하여 제안 내용으로는 대학 수학의 기초가 되는 고등학교 교육과정의 충실한 이수 정도를 파악할 수 있도록 대학교육 과정과 연계할 수 있는 다양한 수준의 교육과정이 고등학교 단계에서도 개설되어야 한다는 것과 사회 통합 차원에서 소외계층은 다양한 방식으로 고려되어야 할 필요가 있다고 주장하였다.

따라서 지금까지 진행된 입학사정관제와 관련된 연구 문헌들은 주로 미국과 일본의 사례를 중심으로 입학사정관제의 개념, 전형의 결정 방법, 특징, 운영 실태, 개선 방안 등을 분석한 연구가 주를 이루고 있다(양성관, 2009; 정일환 외, 2009; 김경범, 2009; 권승아, 2009; 양성관 · 김택형, 2008;

정일환 외, 2008; 박남기 외, 2008; 박선형 · 박남기, 2008; 박제남 외, 2008; 정일환 · 김병주, 2008; 양성관 · 정일환, 2007). 특히 현재 우리나라에서 이루어지고 있는 입학사정관 제도에 대한 연구는 대부분 한국대학교육협의회를 중심으로 이루어지고 있다. 제도의 초기 단계에서 법적 · 제도적 요건을 다루고 있는데 정일환 외(2008)는 입학사정관 제도의 활성화를 위한 법적 · 제도적 방안 탐색을 통하여 입학사정관 제도가 잘 정착할 수 있도록 하기 위한 기초적인 연구를 수행하였다. 이는 단기간의 국가적 프로젝트로서 보여지는 정책이 아니라 우리나라 교육 발전에 이바지하는 제도로 성장시키기 위하여 법률적이고 제도적인 장치의 구축을 위한 기초연구라고 할 수 있다. 같은 맥락에서 정일환(2008)의 연구는 입학사정관 제도 운영의 내실화를 다지기 위한 방안을 연구하였는데 이는 장기적인 안목을 가지고 입학사정관 제도를 운영하기 위한 토대가 될 것이다. 양성관 · 정일환(2007)의 연구는 미국 대학입학 제도의 전형자료를 분석함으로써 입학사정관 제도 및 기여입학 제도를 분석하였다. 이는 앞으로 우리나라에서 자리잡게 될 입학사정관 제도에서 학생 선발을 위한 기본 정보를 제공하며 개별적인 검토에 대한 논의가 필요함을 시사한다.

입학사정관 제도를 처음으로 실시한 국내 10개의 대학을 중심으로 1년간의 입학사정관 제도의 실시 현황에 대한 보고와 관련된 연구들이 있다. 홍후조 · 김정희(2008)의 연구가 대표적인데 입학사정관 제도의 현황과 시범운영의 성과를 분석함으로써 입학사정관 제도의 정착을 위한 방안을 고찰하고 있다. 그 밖에 남보우(2007), 손종현(2007), 김경범(2007), 조미정(2007), 김수현(2007), 장기영(2007), 김승정(2007), 박정선(2007) 등의 연구에서는 각 대학 차원에서의 입학사정관 제도의 운영 현황과 과제에 대하여 보고하고 있다. 특히 남보우(2007)의 연구에서는 대학입학사정관제 현장점검 및 컨설팅에 관련된 종합적인 연구를 통하여 입학사정관 제도의 운영에 시사점을 주고 있다. 그 밖에 김병주(2008)의 연구에서는 입학사정관 제도 운영에 대한 관련 집단의 요구를 분석함으로써 입학사정관 제도의 실제적인 운영자와 참여자가 입학사정관 제도를 어떠한 방향으로 이끌어 갈 것인지에 대한 예측과 현재의 상황을 진단하고 있다. 김현철(2008)은 입학사정관제의 정착을 위한 모델을 제시하고, 어떠한 모델이 우리나라의 입학사정관 제도에 긍정적인 효과를 끼칠 것인지에 대한 논의를 하였다(권승아, 2009: 43-44).

최근에는 입학사정관제의 평가에 대한 연구(김수연 · 김시라, 2009; 반재천 · 김선, 2009; 남보우, 2008)나 입학사정관의 교육 프로그램에 관한 연구(김택형 · 양성관 · 문성빈, 2009; 유현주, 2009) 등이 발표되고 있다. 입학사정관제에 대하여 비판적 고찰을 시도한 손희권과 주휘정(2009)은 신문에 나타난 입학사정관제 관련 보도를 분석하여 입학사정관제와 관련된 주요 문제점을 전형의 공정성과 전형 자료의 신뢰성, 입학사정관의 전문성으로 분류하고 그에 대한 개선 방안을 제시하고 있다. 이윤미(2009)는 입학사정관제가 잠재력 있는 인재를 선발할 수 있다는 장점과 함께 대학이 학생 선발자율권을 책임 있게 운영하지 않을 것이라는 염려 측면에서 입학사정관제의 양면성을 지적하였고, 새로운 전형이 추가됨으로 인해 생겨나는 정보력의 격차로 인한 불평등성의 문제, 공교육 정상화와 선발자율권 사이의 모순, 높은 비용에 따른 투자 효과에 대한 의구심, 공정성에 대한 성찰 부족 등을 주요 문제로 지적하였다(양성관, 2009: 126-127).

지금까지 살펴본 국내 입학사정관제에 관한 정일환 외(2008; 2009)와 권승아(2009)의 연구가 입학사정관을 대상으로 한 실증적 선행 연구이며, 그 외 입학담당 행정 직원들을 대상으로 한 김현철(2006)과 박제남 외(2008)의 실증적 연구도 있다

다음 <표 4-14>는 입학사정관제에 관한 실증적 선행 연구를 비교 정리한 것이다.[8]

8) 최근 2010년 입학사정관제의 직무 역량과 미래 비전에 관하여 113명의 입학사정관을 대상으로 설문조사한 결과를 보면, 입학사정관 역량의 우선순위는 ① 평가 기준의 설정 능력, ② 평가자료 를 선별하고 구성하는 능력, ③ 전형 자료의 신뢰성을 검증하여 평가하는 능력 순이며, 입학사정관제의 미래 비전을 위하여 앞으로 추구해야 할 우선순위는 ① 신뢰를 바탕으로 한 입학사정관제의 사회적인 공감대 형성, ② 입학사정관의 전문성 신장을 통한 권한 강화, ③ 공교육 정상화를 통한 입학사정관제의 정착 순으로 나타났다(김용범 외, 2010).

**표 4-14** 입학사정관제에 관한 실증적 선행 연구 비교

| 순번 | 연도 | 연구책임자 (주관기관) | 연구 주제 | 연구 내용 |
|---|---|---|---|---|
| 1 | 2006.12 | 김현철 외 2명 (교육부 정책연구) | 입학사정관제 도입 및 지원 방안 연구 | 1) 2006.9 우편조사로 4년제 대학 230개 대학 중 119개 대학의 입학담당 행정직원 119명 대상<br>2) 설문 구성은 응답자 및 대학의 일반적 특성(8문항), 현재 입학 업무 조직 구성 및 운영(7문항), 입학사정관 조직구성 및 운영에 대한 요구(12문항), 입학사정관제도 도입의 조건과 영향(3문항)으로 총 30문항<br>3) 입학사정관제에 관한 최초 연구이나 제도 도입 전 연구로 대상 자체도 제도의 경험이 거의 없는 입학담당 행정직원이므로 입학사정관제의 실증 연구로는 한계가 있다고 사료됨. |
| 2 | 2008 .8 | 정일환 외 5명 (대교협 연구보고) | 입학사정관제도의 활성화를 위한 법적 · 제도적 방안 탐색 | 1) 2008.5~7.16 대교협 홈페이지 활용, 총 응답자 101명(입학사정관 19명, 대학직원 47명, 교수 27명, 고교 교사 8명) 대상<br>2) 설문 구성은 응답자의 소속(6문항)과 지역(1문항), 입학사정관 도입 운영 평가(4문항), 입학사정관의 자격과 역할(14문항), 입학사정관제도의 도입을 위한 법적 · 제도적 측면(13문항)으로 총 38문항<br>3) 입학사정관제 도입 후 실질적 최초 연구였으나 입학사정관 표본이 19명에 불과하고 설문 문항 구성도 법적 · 제도적 측면에 집중되어서 종합적인 입학사정관제에 관한 연구로는 부족하다고 사료됨. |
| 3 | 2008.9 | 박제남 외 4명 (교육부 정책연구) | 대학입학사정관 정착 모형 개발 연구 | 1) 2008.7.10~7.30 이메일 배포, 회수, 216개 대학 중 62개 대학의 64명(입학담당 행정직원 55명, 그 외 일반직원 9명) 대상<br>2) 설문 구성은 대학의 일반적 특성(5문항), 현재 입학업무 조직구성 및 운영(8문항), 입학사정관 업무 체제(7문항)로 총 27문항<br>3) 한국형 대학입학사정관 정착 모형 개발을 시도하였으나 입학사정관제 경험이 거의 없는 입학담당 행정직원을 대상으로 연구한 결과로서 그 한계가 있다고 사료됨. |

| 4 | 2009.1 | 권승아<br>(이대<br>석사학위<br>논문) | 입학사정관제도<br>운영 실태와<br>입학사정관의 인식 | 1) 2008.10.23 우편 발송 후 10.29~11.20 우편, 팩스, 이메일 회수, 40개 대학 155명의 입학사정관 중 28개 대학 72명 대상<br>2) 설문 구성은 대학교 특성(4문항), 입학사정관 특성(12문항), 입학사정관제도의 운영 현황(7문항), 업무·자질·태도에 대한 인식(7문항), 입학사정관제에 대한 인식(10문항), 업무 만족도(10문항)로 총 50문항<br>3) 당시 입학사정관제를 실시하고 있는 40개 대학 155명의 입학사정관 모두를 대상으로 한 학위논문 설문 조사이면서 최초 전수조사 시도였으나 28개 대학의 72명의 입학사정관(설문회수율:46.5%)만을 대상으로 연구한 결과로서 전수조사에서 분석하고자 한 목표 달성을 하지 못하였음. |
|---|---|---|---|---|
| 5 | 2009.7 | 정일환 외 5명<br>(대교협<br>연구보고) | 입학사정관제<br>정착을 위한 운영 체제<br>개선 및 사교육 경감<br>방안 | 1) 2009.6 대교협 협조, 우편조사로 총 1,109명(입학사정관 46명, 교육청전문직 127명, 진학 담당교사 110명, 학부모 826명) 대상<br>2) 설문 구성은 응답자의 배경(11문항), 입학사정관 도입 운영 인식 평가(8문항), 입학사정관의 조직 및 임용체제(20문항), 입학사정관의 역할과 범위(10문항), 공정성 및 사회적 신뢰성 확보 방안(7문항), 관련 기관 및 집단 간 연계 및 역할 분담 방안(10문항), 고교 및 사교육시장의 준비 및 대응(9문항)으로 총 75문항<br>3) 기존 설문 조사 연구의 문제점 및 문항 구성을 업그레이드한 체계적·종합적인 입학사정관제 연구라고 볼수 있으나 단지 조사 대상 1,109명 중 입학사정관은 고작 46명에 불과하여 연구의 의미가 일반화하기는 부족하다고 사료됨. |

# 제 5 장 한국 입학사정관제 분석의 연구설계

## 제 1 절 연구의 목적

2010년 9월에 실시한 여론조사에 따르면 국민의 73%는 한국 사회를 불공정한 사회라고 보고 있으며, 후반기 이명박 정부의 정책기조로 공정한 사회를 잡은 것에 대해서는 응답자의 53%는 공감한다고 밝혔다(중앙일보, 2010. 9. 20). 여기서 공공 부문에서 교육이 차지하는 비중과 국민적 관심이 매우 높은 우리 사회의 현실을 고려할 때, '후반기 이명박 정부의 공정사회를 위한 교육과제는?'[1]에 대한 공동 설문조사 결과를 분석해 보면, 후반기 이명박 정부의 정책 기조인 '공정한 사회'에 대해서는 교수·학자 그룹(87.7%)과 현장 교원 그룹(80.7%) 모두 '적절하다'고 응답해, 상당수가 긍정적으로 인식하고 있는 것으로 나타났다. 그러나 전반기 이명박 정부의 교육정책이 공정한 사회와 부합되었는지에 대해서는 교수·학자(71.5%)와 교원(62.6%)의 대다수는 부정적 평가를 내렸다.

이러한 이명박 정부의 교육정책에 대한 부정적 평가는 두 가지로 압축할

---

1) 한국교원단체총연합회, 한국교육학회, 한국교육행정학회, 한국정책학회, 한국행정학회 등은 2010년 10월 4일~10월 13일까지 5개 단체 소속 교수·학자 그룹 203명, 현장 교원 그룹 773명을 대상으로 이메일을 통한 온라인 설문조사를 실시하였다(한국교원단체총연합회 외, 2010).

수 있다고 판단된다.

첫째는 교육정책의 기조와 관련된 것들이다. 대표적으로 박도순(2008: 11)은 이명박 정부 교육정책의 이념과 철학을 실용주의, 자유주의 경쟁을 통한 효율성 증대, 자율성과 다양성을 통한 수월성 추구로 요약하면서, 실용주의는 비전이 부족하고, 자유주의는 공동체주의를 약화시키며, 경쟁을 통한 효율성은 과정의 중요성을 소홀히 할 우려가 있고, 교육의 기능적 시각은 교육의 본질을 심각하게 훼손시킬 수 있다는 점을 강조한다.

둘째는 교육정책 추진 과정 및 방법에 관한 비판들이 있다. 한국교원단체총연합회(2010: 9-10)는 '2010 당면 교육정책 개선 방안'에서 정부의 정책 추진 과정은 교육 관련 주체들의 다양한 의견 수렴 노력을 소홀히 한 채, 일방적인 하향식 접근 방법을 취하고 있어 그 효과가 제대로 검증되지 않거나 학교 현장에 오히려 부담으로 다가오고 있다고 지적한다. 교육정책의 목표를 달성하고, 정책이 현장에 착근되기 위해서는 정부의 일방적 추진이 아닌 학교 현장에의 적합성 및 실현가능성을 감안한 단계적이고 점진적인 접근 방식이 우선되어야 한다고 주장한다(임연기, 2010).

또한 공동 설문조사 결과(한국교원단체총연합회 외, 2010)에서 공정한 사회를 위한 교육 부문의 기여 여부에 대해서는 대다수의 교수·학자(86.2%)와 교원(71.0%)은 공정한 사회를 위하여 교육의 역할이 매우 중요한 것으로 판단하고 있었으며, 교수·학자(64.0%) 및 교원(55.4%)은 교육을 통하여 개인적 성공을 이룰 가능성이 높은 사회로 인식하고 있었다.

교육정책은 전통적으로 국가의 중요한 역할 가운데 하나이다. 민주적 사고가 확산되면서 정책으로 인하여 영향을 받는 모든 당사자가 직접 또는 간접으로 정책 수립 과정에 참여할 수 있도록 문호가 개방되었다. 이 과정에서 정책에 대한 책임을 부담하여야 하는 쪽은 공식적 권위를 상실하고 말았다. 물론 정책 당국의 비전문성에도 원인이 있겠지만 교육 당사자들의 과도한 집단이익의 주장도 한몫 하고 있다. 어느 쪽의 주장이 옳고 그름은 따로 평가해 봐야 할 일이지만, 참여자들이 정책 당국의 권위를 대신할 수는 없는 일이다. 교육정책의 책임자와 수혜자가 누구인지 모를 정도로 각자의 목소리가 지나친 게 아닌가 하는 생각이 든다. 피교육자의 요구를 지나치게 감안한 나머지 교육을 제공하는 쪽은 주체적인 판단과 결정을 내리기도 어렵게 되었다(박우순, 2010).

이명박 정부는 나름대로 선택한 정책의 이념과 철학을 기반으로 공정한 사회를 지향하는 교육정책을 펴 왔다고 볼 수 있다. 그럼에도 다른 입장을 가진 사람들과의 소통 노력이 부족하였기 때문에 '밀어붙이기식' 정책 추진이라는 비판을 줄기차게 받아왔으며(임연기, 2010), 대표적인 초중등교육정책으로는 국가 수준의 학업성취도 평가, 교원평가제(교원능력 개발평가), 자율형 사립고 등이 있을 것이고, 고등교육정책은 대학입학사정관제가 그 대표적인 정책이다. 특히 우리나라에서 대학입학 전형제도는 공정한 사회를 담보하는 근간이라고 생각한다. 따라서 이명박 정부의 대표적 고등교육정책으로 꼽을 수 있는 대학입학사정관제는 공정한 규칙 속에서 운영되고 있는지 살펴볼 필요가 있다.

대학입학사정관제는 대학이 입학 지원자의 성적을 포함한 다양한 전형자료를 분석하고 개인의 능력과 소질, 잠재력, 발전가능성 등을 종합적으로 평가하여 신입생을 선발하는 제도이다. 입학사정관제는 수능시험, 내신성적 등의 전형 요소를 기계적으로 합산하여 선발하는 관행에서 탈피하고, 성적 이외의 다양한 전형 자료를 활용함으로써 수험생들의 성적 올리기 중심의 과중한 입시 부담과 사교육 문제를 완화시키며, 대학의 설립 이념, 모집 단위 특성 등을 고려할 수 있어서 대학의 학생 선발 권한을 확대시키는 효과를 거둘 것으로 기대된다.

2007년 10개교의 시범대학에서 적용하기 시작하여 2008년 40개 대학, 2009년 47개 대학, 2010년에는 60개 대학으로 확대 시행되고 있다. 선도 대학은 2009년 15개교에서 2010년에는 29개교로 확대 선정되고 있으며, 사업 지원액도 2007년 20억 원, 2008년 157억 원, 2009년 236억 원, 2010년 350억 원으로 늘어나고 있다. 모집 인원 역시 2008년 40개 대학 4,401명, 2009년 90개 대학(정부 재정 지원 없는 독자 실시 대학 43개교 포함)에서 24,622명(6.5%), 2010년 118개 대학(정부 재정 지원 없는 독자 실시 대학 58개교 포함)에서 36,896명(9.6%)으로 늘어났으며, 2011년에는 122개 대학(정부 재정 지원 없는 독자 실시 대학 62개교 포함)에서 41,250명(10.8%)을 입학사정관 전형으로 선발할 예정이다(한국교원단체총연합회, 2009: 2; 교육과학기술부·한국대학교육협의회 보도자료, 2010. 6. 18; 교육과학기술부·한국대학교육협의회 보도자료, 2010. 12. 6).

또 한국대학교육협의회는 보도 자료를 통하여 입학사정관제의 전형절차를 사전 공지, 서류심사, 심층면접, 최종 선발의 과정으로 예시하였고(한국대학교육협의회 보도 자료, 2009. 5. 4), 교육과학기술부는 2012년까지 입학사정관제의 정착을 목표로 3단계 추진 방안을 제시하였다(교육과학기술부 보도 자료, 2009. 3. 25). 1단계는 입학사정관제 내실화(2009년), 2단계는 입학사정관제 확대(2010년~2011년), 3단계는 입학사정관제 정착(2012년)으로 설명하고 있다. 2012년 입학사정관제가 안정적으로 정착되면 본고사 부활이 없는 대입자율화가 실현될 수 있을 것으로 기대된다.

입학사정관제가 불과 4년 사이에 10% 수준의 비중을 차지한 대학입학전형제도로 확대되었지만 여전히 엇갈린 평가가 나오고 있는데(한국교원단체총연합회외, 2010), 이명박 정부가 의욕적으로 추진하고 있는 입학사정관제 확대가 공정사회에 기여하는지에 대한 질문에 대하여 교수·학자(36.5%)와 교원(44.3%) 모두 '기여하지 않는다'는 반응을 보여, 긍정적 반응(각각 29.5%, 27.6%)보다 높게 나왔다. 구체적으로는 교수·학자(61.6%)와 교원(70.4%)이 입학사정관제에 대하여 '특혜 시비 등의 우려가 있어 오히려 공정한 사회와 배치될 수 있다'는 부정적 입장이 '잠재력 있는 학생 선발 등 공정한 사회 구현을 위한 중요한 정책이다'라는 답변(각각 38.4%, 29.6%)보다 상대적으로 높게 나온 데서 알 수 있듯이, 입학사정관제의 공정성 확보 문제에 대하여 크게 우려하고 있는 것으로 나타났다.

이러한 대학입학사정관제와 관련한 부정적 평가를 쟁점으로 살펴보면(임연기, 2010), 첫째, 입학사정관 전형에서 제도의 취지를 살릴 수 있는 입학사정관들의 전문성 확보 문제, 둘째, 입학사정관제가 기대와는 달리 사교육을 유발할 가능성에 대한 문제, 셋째, 학부모와 국민들의 제도에 대한 인식과 신뢰 정도가 현재의 제도 운영에서도 공정한 경쟁 원칙에 따른 일반전형 이외에 차등적 보상에 따른 특별전형으로 전형 유형을 다양화하고 있는데, 여러 가지 자료와 다양한 조건과 성취에 대한 종합적 평가를 지향하고 있는 입학사정관제를 충분한 검토 없이 확대해 나가는데 동의와 신뢰를 가지고 수용할 수 있겠느냐의 문제, 넷째, 대학들이 학교가 선호하는 학생 선발 수단으로 입학사정관제를 왜곡되게 활용하는 문제, 다섯째, 학교 현장의 준비 정도가 아직은 미진하다는 문제 등이다.

양성관(2009)은 이와 같은 연구에서 지적된 문제점에 대체로 동의하지만 실제로 입학사정관제의 확대가 결정되는 과정이나 이를 수용하는 대학의 자세, 그리고 운영하는 양상 등은 너무 다양하기 때문에 그 개선 방안에 대한 요청 등도 수준을 달리하여 이루어질 필요가 있다는 점을 강조하면서 입학사정관제에 대한 정치학적 분석 내지는 정책학적 분석이 필요하다고 보았다.[2] 정치학 연구에서 중요한 질문 중 하나가 '누가 결정을 하고 그 결정으로 누가 이득을 보는가?'이다. 일반적으로 사회에서 이해와 가치는 상이하고 자원은 한정적이며 정치적 결정은 어떤 집단의 가치와 이해를 대변하기 때문에 그 결정으로 인하여 이로운 집단과 불리한 집단이 생겨나게 된다(양성관, 2009: 127).

오늘날 우리나라 대학들이 학생 선발과 관련하여 고등교육기관으로서 교육적 본질과 가치에 대해 과연 얼마나 진지하게 고민하는 모습을 보여 왔을까 하는 생각을 하지 않을 수 없다. 대학 입학 허가 과정은 교육적 과정이어야 하며 여기에서 가장 존중되어야 하는 것은 교육적 가치들이다. 그렇지만 상위권 대학들은 기존의 서열을 지키기 위하여, 그렇지 못한 대학들은 순위 상승을 위한 안간힘으로 성적에 의한 한 줄 세우기식 선발에 치중하여 결과적으로 상업주의화를 부추겨 왔다고 볼 수 있다(Thacker, 한석수 · 이종욱 · 정훈 옮김, 2007: 252-253).

따라서 입학사정관제는 인재의 다양성과 사회적 다양성을 확보할 수 있는 대입 전형 방식이라는 장점과 함께, 입학 결정 방식에 대한 자유재량권

2) 스크리브너(Scribner)와 엥글러트(Englert)는 교육정치학의 연구 동향을 설명하면서 교육정치의 조작적 개념을 통치, 권력, 갈등, 정책 등의 네 범주로 설명하고 있다. 이 연구에서는 그 범주 가운데 네 번째 범주인 정책에 초점을 맞추어 정치적 과정과 결과가 포함된 정책 개념을 중심으로 입학사정관제를 분석하고자 한다(한국교육정치학회 편, 1994: 26-29).

을 대학에 줌으로써 대학의 책무성을 어느 정도는 요구하여야 할 필요성이 있는 제도라 할 수 있다. 대학 역시 사회적 책무의 중요성을 인지하면서도 경쟁구도의 대입 전형 속에서 사회적 책무보다는 대학의 이익에 부합하는 대입 전형을 실시하고자 하는 성향을 보여 왔으며, 이로 인하여 역사적으로 대입 전형과 관련된 국민적 신뢰를 받지 못했다고 평가될 수 있다. 특히 입학사정관제가 갖는 특징 가운데 평가자의 주관적, 종합적 판단이 중시되는 요소에 대한 신뢰성의 문제가 입학사정관의 전문성의 문제와 항상 맞물려 제기되고 있으며 사교육비 증가문제도 입학사정관제의 확대와 함께 지속적으로 제기되고 있는 상황이다.

이와같이 입학사정관제와 관련된 가치, 이해당사자, 관련 제도와 문화, 운영의 기술적 문제 등을 종합적으로 고려한 정착 방안을 탐색하기 위하여 이 연구에서는 쿠퍼, 푸사렐리, 랜달(Cooper, Fusarelli, & Randall, 2004)이 고안한 교육정책 분석을 위한 다차원 모형을 적용하기로 한다. 이 모형의 장점은 정책분석을 위하여 사용되는 규범적 차원, 구조적 차원, 구성적 차원, 기술적 차원이 다양한 이론적 배경을 포함하고 있다는 점이다. 예를 들어, 규범적 차원은 교육정책에서 항상 논란이 되고 있는 수월성과 형평성의 문제, 효율성과 효과성의 문제, 그리고 입학사정관제에서도 논란이 되고 있는 자율성과 책임의 문제 등과 같은 다양한 가치에 대한 분석에 초점을 맞추는 차원으로 볼 수 있다. 이 차원을 구성하고 있는 이론적 토대는 포스트모더니즘을 비롯한 이데올로기적 관점을 중심으로 한 정책분석 기법에 있다. 정책의 역사적 배경이나 문화 및 제도에 관심을 두는 구조적 차원은 신제도주의이론을 기초로 구성되었으며, 구성적 차원은 이익집단이론 및 정책옹호연합 이론의 특징을 기반으로 구성되었다. 기술적 차원은 전통적인 체제이론의 관점에서 정책으로 투입, 과정, 결과에 해당하는 일련의 과정에 초점을 두고 있다(양성관, 2009: 132-134).

따라서 이 연구에서 쿠퍼 등의 다차원 정책분석 모형을 적용한 우리나라 입학사정관제의 정착에 미치는 영향 요인 분석의 목적은 다음과 같다.

첫째, 규범적 차원에서는 입학사정관제가 추구하는 가치는 과연 무엇이고, 국내에서 진행되고 있는 입학사정관제의 추진 목적은 무엇인지에 대하여 분석한다.

둘째, 구조적 차원에서는 국내 대입 전형의 역사와 제도 속에서 입학사정관제가 사교육시장 구조와의 관계에서 어떤 의미를 지니고 있는지를 분석한다.

셋째, 구성적 차원에서는 입학사정관제와 관련된 이해당사자들 입장에서의 역할을 분석한다.

넷째, 기술적 차원에서는 입학사정관제의 주요 투입 요소인 입학사정관의 전문성과 입학사정관 전형 과정의 공정성 그리고 합리적인 이의 제기 대응책을 분석한다.

다섯째, 입학사정관제에 미치는 다차원 영향 요인 분석을 토대로 우리나라 입학사정관제의 정착 방안을 위한 정책적 시사점을 모색하고자 한다.

## 제 2 절 연구의 범위 및 연구의 방법

이 연구는 입학사정관제에 관한 이론적 논의와 현황 파악 및 쿠퍼 등(Cooper et al., 2004)이 제시한 교육정책 분석이론과 모형에 관한 국내외 관련 문헌 연구와 병행하여, 실증 연구에서는 2010년 정부 입학사정관제 운영 지원사업에서 선정된 60개 대학을 선도 대학(29개교), 우수 대학(21개교), 특성화 단위 운영 대학(10개교)별로 구분하여, 선정 대학들에서 활동하고 있는 전체 526명(2010년 입학사정관 지원사업 선정 대학 운영계획 기준)의 입학사정관들을 대상으로 한 국내 최초 전수조사로 입학사정관제의 정착에 미치는 영향 요인을 분석하고자 한다.

즉, 쿠퍼 등의 다차원 교육정책 분석모형을 적용하여 입학사정관제 정착에 미치는 영향 요인은 규범적 차원, 구조적 차원, 구성적 차원 그리고 기술적 차원으로 구분하여 설문조사하였으며, 규범적 차원으로는 입학사정관제의 추진 목적에 명시된 대입 전형의 선진화, 공교육 활성화, 사회문제 해결에 관한 내용을, 구조적 차원으로는 사교육시장 구조와의 관계에서 입학사정관제의 전형 특징, 전형 요소, 전형 과정, 전형 방식 등이 사교육시장에 미치는 영향과 이유에 관한 내용을, 구성적 차원으로는 입학사정관제에 관련된 집단 간의 상호 연계 체제 구축에서 교육과학기술부, 한국대학교육협의회, 대학, 고교, 교육지원청의 각각 역할에 관한 내용을, 기술적 차원으로는 입학사정관제의 신뢰성 확보를 위하여 입학사정관의 전문성, 전형 과정의 공정성, 합리적인 이의제기 대응책에 관한 내용 등을 포함한다.

이 연구의 실증적 분석을 위하여 수집된 자료의 통계 처리는 SPSS Win 18.0과 AMOS 18.0을 이용하였으며, 자료의 구체적인 분석 내용 및 방법은 자료 분석 방법에서 설명하고자 한다.

## 제 3 절 분석모형

이 연구는 쿠퍼, 푸사렐리, 랜달(Cooper, Fusarelli, & Randall, 2004)이 교육정책을 분석하는 모형으로 사용하였던 정책분석 틀을 적용하여 대학입학사정관제를 분석하였으며, 이 분석틀을 적용한 이유는 광범위한 이론적 배경을 종합하였다는 특성 때문이다. 쿠퍼 등은 교육정책 분석 틀을 마련하기 위하여 먼저, 가장 일반적으로 사용되는 체제분석이론, 이익집단이론, 신제도주의 이론 등을 비롯하여 인종, 성, 계층/계급을 중심으로 한 비판이론, 페미니즘, 포스트모더니즘, 그리고 이데올로기적 관점이 지닌 장점과 단점을 기술하였다. 그 다음 단계에서는 이 일곱 가지 이론들을 종합하여 다음 네 가지 차원 즉 규범적 차원, 구조적 차원, 구성적 차원, 기술적 차원으로 나누어 학교에서 시행되고 있는 각종 교육 프로그램에 대한 분석에서부터 국가적 수준에서 이루어지고 있는 다양한 교육정책을 분석하는 도구로 활용하였기 때문이다(양성관, 2009: 127-128).

따라서 이 연구는 쿠퍼 등의 다차원 교육정책분석 모형을 토대로 입학사정관제의 정착에 미치는 영향 요인을 규범적 차원, 구조적 차원, 구성적 차원, 그리고 기술적 차원으로 구분하였다.

**그림 5-1** 입학사정관제 분석모형

자료: 쿠퍼 등(Cooper et al., 2004: 44)에 나타난 정책분석 틀(모형)을 활용하여 우리나라의 입학사정관제 분석에 맞게 수정함.

이상에서 설명한 내용을 토대로 본 연구의 입학사정관제 분석모형은 [그림 5-1]과 같다.

이 그림에서 볼 수 있듯이 입학사정관제의 정착에 미치는 영향 요인은 첫째, 규범적 차원은 입학사정관제의 추진 목적에서 추출하여 대입 전형의 선진화, 공교육 활성화, 사회적 문제 해결로 선정하였다. 둘째, 구조적 차원은 사교육시장 구조와의 관계에서 추출하여 사교육기관 활용의 수요 증가 이유 및 사교육비 증가 방지 방안에서 입학사정관제의 전형 특징, 전형 요소, 전형 과정, 전형 방식으로 선정하였다.

셋째, 구성적 차원은 입학사정관제와 관련하여 주요 구성 집단인 교육과학기술부, 한국대학교육협의회, 대학, 고교, 교육지원청과의 상호 연계 체제 구축의 중요성 및 필요성에서 추출하여 각 집단의 역할로 선정하였다.

넷째, 기술적 차원은 입학사정관제의 신뢰성 제고에서 추출하여 입학사정관의 전문성과 입학 전형 과정의 공정성 확보 및 전형 결과에 대한 합리적인 이의 제기 대응책으로 선정하였다.

## 제 4 절 가설 설정

이 연구는 입학사정관제 분석모형을 토대로 입학사정관제의 정착에 미치는 규범적 차원, 구성적 차원, 기술적 차원에 대한 각각의 하위 영향 요인들이 입학사정관제의 정착에 정(正)의 영향을 미칠 것이라고 보았고, 구조적 차원의 하위 영향 요인 중 사교육기관 활용의 수요 증가 이유가 될 수 있는 입학사정관제의 전형 특징, 전형 요소, 전형 자료는 부(否)의 영향을 미칠 것이라고 보았으며, 사교육비 증가 방지 방안이 될 수 있는 입학사정관제의 전형 방식은 정(+)의 영향을 미칠 것이라고 보았다.

다음은 입학사정관제의 정착에 미치는 규범적, 구조적, 구성적, 그리고 기술적 차원에 대한 가설 설정의 구체적인 내용들이다.

### 1 규범적 차원에 대한 가설

① 연구 가설(H1): 입학사정관제의 정착에 미치는 규범적 차원의 하위 영향 요인인 대입 전형의 선진화는 입학사정관제의 정착에 정(+)의 영향을 미칠 것이다.

② 연구 가설(H2): 입학사정관제의 정착에 미치는 규범적 차원의 하위

영향 요인인 공교육의 활성화는 입학사정관제의 정착에 정(+)의 영향을 미칠 것이다.

③ 연구 가설(H3): 입학사정관제의 정착에 미치는 규범적 차원의 하위 영향 요인인 사회적 문제 해결은 입학사정관제의 정착에 정(+)의 영향을 미칠 것이다.

## 2 구조적 차원에 대한 가설

④ 연구 가설(H4): 입학사정관제의 정착에 미치는 구조적 차원의 하위 영향 요인인 사교육시장 구조에서의 입학사정관 전형 특징은 입학사정관제의 정착에 부(-)의 영향을 미칠 것이다.

⑤ 연구 가설(H5): 입학사정관제의 정착에 미치는 구조적 차원의 하위 영향 요인인 사교육시장 구조에서 입학사정관 전형 요소는 입학사정관제의 정착에 부(-)의 영향을 미칠 것이다.

⑥ 연구 가설(H6): 입학사정관제의 정착에 미치는 구조적 차원의 하위 영향 요인인 사교육시장 구조에서 입학사정관 전형 과정은 입학사정관제의 정착에 부(-)의 영향을 미칠 것이다.

⑦ 연구 가설(H7): 입학사정관제의 정착에 미치는 구조적 차원의 하위 영향 요인인 사교육시장 구조에서 입학사정관 전형 방식은 입학사정관제의 정착에 정(+)의 영향을 미칠 것이다.

## 3 구성적 차원에 대한 가설

⑧ 연구 가설(H8): 입학사정관제의 정착에 미치는 구성적 차원의 하위 영향 요인인 교육과학기술부의 역할은 입학사정관제의 정착에 정(+)의 영향을 미칠 것이다.

⑨ 연구 가설(H9): 입학사정관제의 정착에 미치는 구성적 차원의 하위

영향 요인인 한국대학교육협의회의 역할은 입학사정관제의 정착에 정(+)의 영향을 미칠 것이다.

⑩ 연구 가설(H10): 입학사정관제의 정착에 미치는 구성적 차원의 하위 영향 요인인 대학의 역할은 입학사정관제의 정착에 정(+)의 영향을 미칠 것이다.

⑪ 연구 가설(H11): 입학사정관제의 정착에 미치는 구성적 차원의 하위 영향 요인인 고교의 역할은 입학사정관제의 정착에 정(+)의 영향을 미칠 것이다.

⑫ 연구 가설(H12): 입학사정관제의 정착에 미치는 구성적 차원의 하위 영향 요인인 교육지원청의 역할은 입학사정관제의 정착에 정(+)의 영향을 미칠 것이다.

## 4 기술적 차원에 대한 가설

⑬ 연구 가설(H13): 입학사정관제의 정착에 미치는 기술적 차원의 하위 영향 요인인 입학사정관의 전문성은 입학사정관제의 정착에 정(+)의 영향을 미칠 것이다.

⑭ 연구 가설(H14): 입학사정관제의 정착에 미치는 기술적 차원의 하위 영향 요인인 입학 전형 과정의 공정성은 입학사정관제의 정착에 정(+)의 영향을 미칠 것이다.

⑮ 연구 가설(H15): 입학사정관제의 정착에 미치는 규범적 차원의 하위 영향 요인인 전형 결과에 대한 합리적인 이의 제기 대응책은 입학사정관제의 정착에 정(+)의 영향을 미칠 것이다.

## 제 5 절 변수의 조작적 정의 및 설문 구성[3)]

### 1 통제 변수

입학사정관의 인구통계학적 요인은 성별, 연령, 학력, 소득, 입학사정관으로 근무하기 이전 직업, 입학사정관제도와 관련 업무에 근무한 경력, 정규직/비정규직 여부라는 7개 변수를 선정하였다. 이 중 성별은 ① 남자, ② 여자, 연령은 ① 20대, ② 30대, ③ 40대, ④ 50대, ⑤ 60대 이상, 학력은 ① 학사, ② 석사(재학, 수료 포함) ③ 박사(재학, 수료 포함), 소득은 ① 3,000만 원 미만 ② 3,000만 원 이상~4,000만 원 미만, ③ 4,000만 원 이상~5,000만 원 미만, ④ 5,000만 원 이상, 입학사정관으로 근무하기 이전 직업은 ① 초·중·고 교사, ② 초·중·고 교장(교감), ③ 학원 진학(상담) 교사(강사), ④ 대학(원)생, ⑤ 대학강사, ⑥ 대학교수, ⑦ 대학 직원, ⑧ 대학, 연구소 등 연구원, ⑨ 기타, 입학사정관제도와 관련 업무에 근무한 경력은 ① 6개월 미만, ② 6개월 이상~1년 미만, ③ 1년 이상~2년 미만, ④ 2년 이상~3년 미만, ⑤ 3년 이상~4년 미만, ⑥ 4년 이상, 정규직/비정규직 여부는 ① 정규직, ② 비정규직으로 구분하여 설문을 작성하였다(설문 문항 Ⅵ-1~Ⅵ-7 참조).

입학사정관이 소속된 입학사정관제 선정 대학의 통계학적 요인은 지역(소재지), 대학 규모(입학 정원), 설립 형태, 선정 대학 유형, 총 선정(지원) 기간, 총 입학사정관 수, 입학사정관 조직 형태라는 7개 변수를 선정하였다. 지역(소재지)은 ① 수도권, ② 비수도권으로 구분하였으며, 대학 규모(입학

3) 국내에서 입학사정관제에 관한 실증적 선행 연구로는 김현철(2006), 정일환 외(2008), 박제남 외(2008), 권승아(2009), 정일환 외(2009)의 연구가 있으며, 이 중 정일환 외(2009)와 권승아(2009)의 연구만이 입학사정관을 대상으로 설문 조사하였다. 따라서 이 연구는 선행 연구에서 사용된 설문 문항을 활용하여, 예비조사를 통한 설문 문항의 일부를 수정·보완하여 사용하였다.

정원)는 ① 1,000명 미만, ② 1,000명 이상~2,000명 미만, ③ 2,000명 이상~3,000명 미만, ④ 3,000명 이상~4,000명 미만, ⑤ 4,000명 이상, 설립 형태는 ① 국·공립, ② 사립, 선정 대학 유형은 ① 선도 대학, ② 우수 대학, ③ 특성화 모집 단위 운영 대학, 총 선정(지원) 기간은 ① 1년, ② 2년, ③ 3년, ④ 4년, 총 입학사정관 수는 ① 1~5명, ② 6~10명, ③ 11~15명, ④ 16명~20명, ⑤ 21명 이상, 입학사정관 조직 형태는 ① 입학사정관팀 등 별도 조직 없이 입학처 내 소속, ② 입학처 내 별도의 팀(실) 소속, ③ 입학처와 완전 별도 독립된 조직(팀) 소속, ④ 기타로 구분하여 설문을 작성하였다(설문 문항 Ⅶ-1~Ⅶ-7 참조).

## 2 독립변수

이 연구의 분석모형에서 설명했듯이 입학사정관제의 정착에 미치는 영향 요인은 규범적 차원, 구조적 차원, 구성적 차원, 그리고 기술적 차원으로 구분하였고, 입학사정관제에 관한 선행 연구에서 사용된 설문 문항 중 일부를 수정·보완하여 조작적 정의가 이루어졌으며, 구체적인 내용은 다음과 같다.

### 1) 규범적 차원의 영향 요인

입학사정관제 정착에 미치는 규범적 차원의 영향 요인에 관한 하위 변수는 대입 전형의 선진화, 공교육 활성화, 사회적 문제 해결이다(설문 문항 Ⅰ-1~Ⅰ-10 참조).

먼저, 대입 전형의 선진화에 관한 설문은 4개 문항으로 다음과 같다.

Ⅰ-1) 대학의 건학 이념, 인재상 및 모집 단위 특성에 부합하는 잠재력 있는 학생 선발이 가능할 것이다.

Ⅰ-2) 대학의 학생 선발 강화에 부응하는 대입 전형의 선진화가 촉진될 것이다.

Ⅰ-3) 대학의 학생 선발에 관한 자율성 부여에 대한 책무성도 강화될 것

이다.

Ⅰ-4) 학생부, 수능 성적, 각종 서류 등 다양한 전형 요소를 해석・활용할 수 있는 대입 전형 전문가(입학사정관)의 활용이 강화될 것이다.

그 다음으로 공교육 활성화에 관한 설문은 3개 문항으로 다음과 같다.

Ⅰ-5) 입학사정관제로 인하여 고등학교에서는 학생의 전인적 교육이 강화될 것이다.

Ⅰ-6) 입학사정관제로 인하여 고등학교 특성에 맞는 다양한 활동이 활성화될 것이다.

Ⅰ-7) 입학사정관제로 인하여 성적 위주의 획일적 선발에서 학생의 소질, 적성, 인성, 창의성 등 다양한 요소를 고려한 선발로 개편하여 공교육 활성화가 유도될 것이다.

마지막으로 사회적 문제 해결에 관한 설문은 3개 문항으로 다음과 같다.

Ⅰ-8) 입학사정관제로 인하여 적성 위주의 학과 선택이 가능할 것이다.

Ⅰ-9) 입학사정관제로 인하여 소외계층의 진학 기회가 확대될 것이다.

Ⅰ-10) 입학사정관제로 인하여 명문대 진학을 위한 과열 경쟁이 완화될 것이다.

### 2) 구조적 차원의 영향 요인

입학사정관제 정착에 미치는 구조적 차원의 영향 요인에 관한 하위 변수는 입학사정관제의 전형 특징, 전형 요소, 전형 과정, 전형 방식이다(설문 문항 Ⅱ-1～Ⅱ-10 참조).

먼저, 입학사정관의 전형 특징에 관한 설문은 3개 문항으로 다음과 같다.

Ⅱ-1) 입학사정관제의 전형 특징 중 입학사정의 개별화(개인별 자료에 대한 심층적인 전형)가 사교육시장에 영향을 미칠 것이다.

Ⅱ-2) 입학사정관제의 전형 특징 중 입학사정의 장기화(고교 전 학년 활동에 대한 검토)가 사교육시장에 영향을 미칠 것이다.

Ⅱ-3) 입학사정관제의 전형 특징 중 입학사정의 종합화(종합적인 전형 자료에 대한 검토)가 사교육시장에 영향을 미칠 것이다

그 다음으로 입학사정관의 전형 요소에 관한 설문은 2개 문항으로 다음

과 같다.

Ⅱ-4) 입학사정관제의 전형 자료 중 논술 관련 전형 요소가 사교육 수요에 영향을 미칠 것이다.

Ⅱ-5) 입학사정관제의 전형 자료 중 면접 관련 전형 요소가 사교육 수요에 영향을 미칠 것이다.

또 입학사정관의 전형 과정에 관한 설문은 3개 문항으로 다음과 같다.

Ⅱ-6) 입학사정관제의 전형 과정에서 사교육기관을 활용할 필요성을 느낀다면 입학사정관 전형에 필요한 자료(자기소개서, 포트폴리오, 학업계획서 등) 작성에 대한 지도를 받기 위해서일 것이다.

Ⅱ-7) 입학사정관제의 전형 과정에서 사교육기관을 활용할 필요성을 느낀다면 학교를 통한 입학사정관제 대비가 현실적으로 어려울 것으로 판단되기 때문일 것이다.

Ⅱ-8) 입학사정관제의 전형 과정에서 사교육기관을 활용할 필요성을 느낀다면 입학사정관 면접 방법에 대한 지도를 받기 위해서일 것이다.

마지막으로 입학사정관의 전형 방식에 관한 설문은 2개 문항으로 다음과 같다.

Ⅱ-9) 입학사정관제로 인한 사교육비 증가를 방지하기 위한 방안 중 전형 방식에서 전형 기준 및 방법을 공개하면 정보 제공 관련 사교육시장은 축소될 것이다.

Ⅱ-10) 입학사정관제로 인한 사교육비 증가를 방지하기 위한 방안 중 전형 방식에서 전형 자료의 종류를 제한하면 사교육시장은 축소될 것이다.

### 3) 구성적 차원의 영향 요인

입학사정관제 정착에 미치는 구성적 차원의 영향 요인에 관한 하위 변수는 입학사정관제와 관련한 교육과학기술부, 한국대학교육협의회, 대학, 고교, 교육청과의 상호 연계 체제 구축에서의 각 집단별 역할이다.

상호 연계 체제 구축에서의 역할에 관한 설문은 각 집단별로 2개 문항씩 전체 10개 문항으로 작성한다(설문 문항 Ⅲ-1～Ⅲ-10 참조).

Ⅲ-1) 교육과학기술부의 역할 중 입학사정관제의 사교육화 방지

Ⅲ-2) 교육과학기술부의 역할 중 입학사정관제 시행 대학의 감독

Ⅲ-3) 한국대학교육협의회의 역할 중 고교-대학 연계 프로그램 개발, 운영

Ⅲ-4) 한국대학교육협의회의 역할 중 고교-교육지원청- 대학 간 정보 교류를 위한 상설 협의체 구성·운영

Ⅲ-5) 대학의 역할 중 대학별 입학사정관제 정보 창구 개설

Ⅲ-6) 대학의 역할 중 고교-대학 간 연계 프로그램 개설·운영

Ⅲ-7) 고교의 역할 중 고교의 학생 및 학부모를 대상으로 한 주기적 설명회 개최

Ⅲ-8) 고교의 역할 중 정보(특성, 교육과정, 교육활동, 교사 현황 등) 제공을 위한 창구 개설

Ⅲ-9) 교육지원청의 역할 중 고교-대학 간 연계 프로그램의 중재

Ⅲ-10) 교육지원청의 역할 중 관내 학부모와 고교 진학 교사를 대상으로 한 프로그램 운영 및 주기적 연수 실시

#### 4) 기술적 차원의 영향 요인

입학사정관제 정착에 미치는 기술적 차원의 영향 요인에 관한 하위 변수는 입학사정관의 전문성, 입학 전형 과정의 공정성, 전형 결과에 대한 합리적인 이의 제기 대응책이다(설문 문항Ⅳ-1～Ⅳ-10 참조).

먼저, 입학사정관의 전문성에 관한 설문은 4개 문항으로 다음과 같다.

Ⅳ-1) 공정하고 윤리적이며 우수한 입학사정관 선발

Ⅳ-2) 입학사정관의 신분 보장을 통한 직업안정성 확보

Ⅳ-3) 평가 일관성 확보를 위한 입학사정관 훈련·관리

Ⅳ-4) 입학사정관제 전담 조직의 독립적 구성

그 다음으로 입학 전형 과정의 공정성에 관한 설문은 4개 문항으로 다음과 같다.

Ⅳ-5) 타당하고 공정한 전형 자료 및 평가 기준 설정

Ⅳ-6) 전형 자료와 평가 기준에 대한 사전 공지 및 홍보

Ⅳ-7) 다수의 평가자에 의한 다단계 평정 실시

Ⅳ-8) 특수 관계 지원자에 대한 입학사정관 기피제 운영

마지막으로 전형 결과에 대한 합리적인 이의 제기 대응책에 관한 설문은 2개 문항으로 다음과 같다.

Ⅳ-9) 입학사정 관련 법규 및 규정·기준, 세부 지침의 명확화 및 절차 준수

Ⅳ-10) 입학사정관 윤리규정 제정 및 이의 제기 시 합리적인 문제 해결 방법 마련을 위한 위원회 구성 운영

## 3 종속변수

교육과학기술부는 입학사정관제를 2007년도에 시범 운영하여 2008년도에 도입하였다. 그후 교육과학기술부가 발표한 입학사정관제 3단계 정착 방안에서 2009년도는 입학사정관제의 내실화를 기하고 2010~2011년도는 입학사정관제를 확대하여 2012년도에는 입학사정관제를 정착시킬 계획이라고 하였다.

따라서 이 연구에서는 우리나라 입학사정관제의 추진 목적 달성, 사교육시장 구조 축소, 관련 집단 간의 상호 연계 체제 구축, 그리고 입학사정관제의 신뢰성 확보 등을 입학사정관제의 정착이라고 정의하여 그 측정지표로서 입학사정관들에게 다음과 같이 단일 문항으로 설문을 작성하였다(설문 문항 Ⅴ-1 참조).[4)]

Ⅴ-1) 우리나라에서 입학사정관제의 추진 목적 달성, 사교육시장 구조 축소, 관련 집단 간의 상호 연계 체제 구축, 그리고 입학사정관제의 신뢰성

4) 이명박 정부의 대표적인 고등교육정책은 입학사정관제이다. 따라서 입학사정관제의 정착에 관한 질문은 정부의 교육정책 신뢰에 관한 내용으로 볼 수가 있다. 이는 입학사정관제의 신뢰성 확보가 되어야 입학사정관제가 정착될 수 있기 때문이다. 정부 신뢰의 연구에서 신뢰는 신뢰의 영향 요인을 측정 요소로 하거나 신뢰의 결과를 측정 요소로 사용하기도 한다. 그러나 이러한 경우에도 단순 포괄적 일반 질문을 병행하고 있다. 미국 정부 신뢰 연구인 「Trust in Government Survey」에서 보면 단순 포괄형 단답형 질문을 기본적으로 사용하고 있다. 그 질문 문항을 소개하면 다음과 같다. 'Would you say basically trust the federal government in Washington or not?'

**표 5-1** 설문 문항의 구성

| 변수명 | 내용 | | 문항 수 | 문항 번호 | 문항 유형 |
|---|---|---|---|---|---|
| 종속 변수 | 입학사정관제 정착 | | 1 | Ⅴ-1 | Likert 척도 |
| 독립 변수 | 규범적 차원의 영향 요인 | 대입 전형의 선진화 | 4 | Ⅰ-1, Ⅰ-2, Ⅰ-3, Ⅰ-4 | Likert 척도 |
| | | 공교육 활성화 | 3 | Ⅰ-5, Ⅰ-6, Ⅰ-7 | |
| | | 사회적 문제 해결 | 3 | Ⅰ-8, Ⅰ-9, Ⅰ-10 | |
| | 구조적 차원의 영향 요인 | 입학사정관 전형 특징 | 3 | Ⅱ-1, Ⅱ-2, Ⅱ-3 | |
| | | 입학사정관 전형 요소 | 2 | Ⅱ-4, Ⅱ-5 | |
| | | 입학사정관 전형 과정 | 3 | Ⅱ-6, Ⅱ-7, Ⅱ-8 | |
| | | 입학사정관 전형 방식 | 2 | Ⅱ-9, Ⅱ-10 | |
| | 구성적 차원의 영향 요인 | 교육과학기술부의 역할 | 2 | Ⅲ-1, Ⅲ-2 | |
| | | 한국대학교육협의회의 역할 | 2 | Ⅲ-3, Ⅲ-4 | |
| | | 대학의 역할 | 2 | Ⅲ-5, Ⅲ-6 | |
| | | 고교의 역할 | 2 | Ⅲ-7, Ⅲ-8 | |
| | | 교육지원청의 역할 | 2 | Ⅲ-9, Ⅲ-10 | |
| | 기술적 차원의 영향 요인 | 입학사정관의 전문성 | 4 | Ⅳ-1, Ⅳ-2, Ⅳ-3, Ⅳ-4 | |
| | | 입학 전형 과정의 공정성 | 4 | Ⅳ-5, Ⅳ-6, Ⅳ-7, Ⅳ-8 | |
| | | 합리적 이의 제기 대응책 | 2 | Ⅳ-9, Ⅳ-10 | |
| 통제 변수 | 입학사정관의 인구·통계학적 요인 | 성별, 연령, 학력, 소득, 입학사정관으로 근무하기 이전 직업, 입학사정관제도와 관련 업무에 근무한 경력, 정규직/비정규직 여부 | 7 | Ⅵ-1, Ⅵ-2, Ⅵ-3, Ⅵ-4, Ⅵ-5, Ⅵ-6, Ⅵ-7 | 선택형 및 서술형 |
| | 입학사정관 소속 대학의 인구통계학적 요인 | 지역(소재지), 대학 규모(입학 정원), 설립 형태, 선정 대학 유형, 총 선정(지원) 기간, 총 입학사정관 수, 입학사정관 조직 형태 | 7 | Ⅶ-1, Ⅶ-2, Ⅶ-3, Ⅶ-4, Ⅶ-5, Ⅶ-6, Ⅶ-7 | |
| 총 문항 수 | | | | 55 문항 | |

확보 등을 통하여 향후 입학사정관제가 정착되리라 생각하십니까?

<표 5-1>은 변수별로 전체 55개의 설문 문항을 정리한 것이다(부록 1 참조).

지금까지 설명한 변수들을 중심으로 설문 문항에 사용할 척도를 구성하면 다음과 같다. 통제변수인 입학사정관 및 입학사정관 소속 대학에 관한 인구통계학적 요인들은 선택형과 서술형으로 구성하였고, 독립변수인 입학사정관제에 미치는 규범적 차원, 구조적 차원, 구성적 차원, 그리고 기술적 차원별 각각의 영향 요인 및 종속 변수인 입학사정관제의 정착에 대해서는 리커트(Likert)의 5점 척도로 구성하였으며, 이 연구에서 각 설문은 긍정적인 표현으로 통일하여 작성하였고, 절대적으로 부정적인 응답(전혀 그렇지 않다)에 1점, 부정적인 응답(그렇지 않다)에 2점, 긍정도 부정도 아닌 응답(보통이다)에 3점, 긍정적인 응답(그렇다)에 4점, 절대적으로 긍정적인 대답(매우 그렇다)에 5점을 부여하였다.

## 제 6 절 자료 수집 및 자료 분석 방법

### 1 설문 대상의 선정 및 자료 수집

이 연구는 2010년 교육과학기술부의 입학사정관제 운영 지원사업에서 선정된 60개 대학(선도 대학 29개교, 우수 대학 21개교, 특성화 모집 단위 운영 대학 10개교)에서 입학사정관으로 재직 중인 526명(교수 입학사정관, 내부 및 외부 위촉 입학사정관 제외)의 전임 입학사정관을 대상으로 한 최초 전수조사라는 데 그 의의가 크다고 할 수 있다.[5]

5) 입학사정관을 대상으로 설문 조사한 선행 연구가 4건으로, 정일환 외(2008, 2009)의 연구는 각각 19명, 46명, 권승아(2009)의 연구는 72명, 김용범 외(2010)의 연구는 103명이었다.

전체 526명의 전임 입학사정관의 숫자는 2010년도 입학사정관제 지원사업 선정 대학별 입학사정관 운영계획(교육과학기술부 · 한국대학교육협의회 · 한국대학입학사정관협의회, 2010 내부 자료)에 의거한 것으로 29개 선도 대학의 전임 입학사정관은 361명, 21개 우수 대학의 전임 입학사정관은 145명, 10개 특성화 모집 단위 운영 대학의 전임 입학사정관은 20명 등이다. 이를 토대로 자료 수집은 교육과학기술부와 한국대학교육협의회의 협조로 전국대학입학사정관협의회를 통하여 2010년 12월 20일부터 2011년 2월 21일까지 2개월간 설문조사지가 3차에 걸쳐 우편 및 이메일로 배포 및 회수되었으며, 일부 입학사정관들에게는 심층 면접도 병행하였다. 그 결과, 전체 526명의 전임 입학사정관들에게 회수된 설문지는 408부로 회수율은 77.6%였고, 반송된 설문지는 46부였으며, 반송 이유를 직접 대학에 확인한 결과 퇴직과 전직이 대부분이었다. 그런데 2011년 대학입학사정관제 사례발표 워크숍(2011. 3.9~3.11)에서 실제로 전임 입학사정관으로 60개 선정 대학에서 활동하는 숫자는 480명으로 확인되어 반송된 46부를 제외한 480명의 전임 입학사정관을 표집 대상으로 하는 것이 타당하다고 보았다(실제 회수율: 85%). 회수된 408부의 설문지는 모두 성실하게 답변되어 이 연구의 분석 자료로 활용되었으며, 408부의 전임 입학사정관의 분포는 모든 60개 선정 대학에서 응답하여 선도 대학 29개교 251부, 우수 대학 21개교 138부, 특성화 모집 단위 운영 대학 10개교 19부 등이었다.

## 2 자료 분석 방법

이 연구에서 수집된 자료의 통계 처리는 SPSS Win 18.0과 AMOS 18.0을 이용하였으며, 자료의 구체적인 분석 내용 및 방법은 다음과 같다.

첫째, 각 영향 요인의 하위 변수들을 하나의 통합된 개념으로 추출하기 위한 탐색적 요인분석(exploratory factor analysis) 및 크론바하 알파(Cronbach's α) 값을 이용한 신뢰도 분석을 하였다.

둘째, 각 변수의 특성을 설명하기 위하여 빈도분석을 하였고, 인구통계학적 요인과 입학사정관제의 정착에 미치는 하위 영향 요인에 대한 인식의 차이를 알아보기 위한 통계적 유의성은 t-검정과 일원배치분산분석(ANOVA)을 하였다(부록 2 참조).

셋째, 독립변수인 규범적 차원, 구조적 차원, 구성적 차원, 기술적 차원별 각각의 하위 영향 요인 간 관련성 정도 및 방향성을 파악하기 위하여 상관관계 분석을 실시하였다.

넷째, 이 연구에서 사용되는 주요 독립변수들의 타당도를 분석하기 위하여 AMOS 18.0을 이용하여 확인적 요인분석(confirmatory factor analysis)을 실시하였고, 각 독립변수의 하위 영향 요인들이 종속변수인 입학사정관제의 정착에 유의미한 영향을 미치는지 여부와 영향력의 크기를 알기 위하여 다중회귀분석(multiple regression analysis)을 실시하였다.

제 6 장

# 한국 입학사정관제 분석의 연구 결과

## 제 1 절 자료의 특성

### 1 표본의 일반적 특성

#### 1) 입학사정관의 인구통계학적 특성

2010년도 입학사정관제 지원 사업 선정 대학별 입학사정관 운영계획(교육과학기술부 · 한국대학교육협의회 · 한국대학입학사정관협의회, 2010 내부 자료)에 의거하여 설문 대상 표본인 전임 입학사정관(교수 입학사정관, 내부 및 외부위촉 입학사정관 제외) 408명의 인구통계학적 특성은 <표 6-1>과 같다.

먼저 성별에서는 남자가 47.8%, 여자가 52.2%로 나타났으며, 연령은 20대가 4.9%, 30대가 42.4%, 40대가 32.4%, 50대가 32.4%, 60대가 13.5%, 60대 이상이 6.9%로 나타났다. 또한 학력은 학사가 4.2%, 석사(재학 · 수료 포함)가 47.5%, 박사(재학 · 수료 포함)가 48.3%이었으며, 소득은 3천만 원 미만이 6.6%, 4천만 원 미만이 47.5%, 5천만 원 미만이 29.9%, 5천만 원 이상이 15.9%였다.

그 다음으로 입학사정관으로 근무하기 직전 직업은 초·중·고 교사가 11.5%, 초·중·고 교장·교감이 6.9%, 학원 진학(상담)교사(강사)가 3.7%, 대학원생이 7.8%, 대학 강사가 22.1%, 대학 교수가 5.6%, 대학 직원이 13.2%, 대학, 연구소 등 연구원이 20.8%, 기타가 8.3%였는데 대부분 교육 관련 사기업체에 근무한 경험이 있는 것으로 나타났다.

마지막으로 입학사정관제도와 관련 업무에 근무한 경력은 6개월 미만이 6.4%, 6개월~1년 미만이 19.4%, 1년~2년 미만이 32.4%, 2년~3년 미만이 24.8%, 3년~4년 미만이 13.5%, 4년 이상이 3.7%로 나타났으며, 정규직 여부는 정규직인 경우가 21.3%, 비정규직인 경우가 78.7%로 나타났다.

**표 6-1** 입학사정관의 인구통계학적 특성

| 구 분 | | 빈도 | 퍼센트(%) |
|---|---|---|---|
| 성별 | 남 | 195 | 47.8 |
| | 여 | 213 | 52.2 |
| 연령 | 20대 | 20 | 4.9 |
| | 30대 | 173 | 42.4 |
| | 40대 | 132 | 32.4 |
| | 50대 | 55 | 13.5 |
| | 60대 | 28 | 6.9 |
| 학력 | 학사 | 17 | 4.2 |
| | 석사 | 194 | 47.5 |
| | 박사 | 197 | 48.3 |
| 소득 | 3천만 원 미만 | 27 | 6.6 |
| | 4천만 원 미만 | 194 | 47.5 |
| | 5천만 원 미만 | 122 | 29.9 |
| | 5천만 원 이상 | 65 | 15.9 |
| 직전 직업 | 초중고 교사 | 47 | 11.5 |
| | 초중고 교장·교감 | 28 | 6.9 |
| | 학원 진학(상담) 교사(강사) | 15 | 3.7 |

| | 대학원생 | 32 | 7.8 |
|---|---|---|---|
| | 대학 강사 | 90 | 22.1 |
| | 대학 교수 | 23 | 5.6 |
| | 대학 직원 | 54 | 13.2 |
| | 대학, 연구소 연구원 | 85 | 20.8 |
| | 기타 (사기업체 등) | 34 | 8.3 |
| 근무 경력 | 6개월 미만 | 26 | 6.4 |
| | 6개월~1년 미만 | 79 | 19.4 |
| | 1년~2년 미만 | 132 | 32.4 |
| | 2년~3년 미만 | 101 | 24.8 |
| | 3년~4년 미만 | 55 | 13.5 |
| | 4년 이상 | 15 | 3.7 |
| 정규직 여부 | 정규직 | 87 | 21.3 |
| | 비정규직 | 321 | 78.7 |
| 계 | | 408 | 100.0 |

요약하면, 입학사정관의 인구통계학적 특성은 성별에서는 거의 비슷하게 나타났으며, 여자가 남자보다 4.4%가 많았다. 이는 실제로 입학사정관으로 근무하는 여성이 약간 많은 것으로 조사된 2010년도 입학사정관 운영계획에 나타난 결과와 일치하는 것이다. 학력에서는 박사가 48.3%로 가장 많았으며, 석·박사 이상이 95.8%로 대부분 고학력자로서 입학사정관의 업무 성격상 학력의 전문성은 어느 정도 가진 것으로 파악된다. 소득에서는 3천만 원 이상~4천만 원 미만이 47.5%로 가장 많았으며, 77.4%가 3, 4천만 원대의 연봉을 받는 것으로 나타났고, 3천만 원 미만도 6.6%나 있어 입학사정관의 업무 수준에 비해 다소 적다고 보여지며, 5천만 원 이상을 받는 15.9%는 대부분 정규직 입학사정관으로 파악되었다. 또한 입학사정관의 직전 직업에서는 대학 강사가 22.1%로 가장 많았으며, 대학, 연구소 등 연구원이 20.8%, 대학 직원이 13.2%로 전체 절반이 넘는 56.1%가 과거 대학 관련 조직에 어느 정도 관여하였거나 관계되는 업무를 수행하였던 것으로 나타났으며, 이들에게는 입학사정관이 대학에서의 새로운 전문 직업으로

인식된 것으로 보여 진다. 근무 경력에서는 1년~2년 미만이 32.4%로 가장 많았으며, 절반이 넘는 57.2%가 1년~3년 미만이었는데, 이는 우리나라 입학사정관제 지원사업이 도입·운영된 것이 아직 4년이 끝나지 않아 실제로 입학사정관으로의 직접 경험이 부족한 것으로 보일 수 있다. 2010년도 우리나라 대학입학사정관의 정규직과 비정규직 분포는 21.7%: 78.3%인데, 이 설문조사에서 응답자의 분포 역시 정규직 21.3%: 비정규직 78.7%로 나타나서 거의 일치하였으며, 입학사정관에게는 신분 보장이 매우 중요한 문제로서 향후 입학사정관의 정규직화는 순차적으로 적극 고려하는 것이 입학사정관제의 정착을 위한 신뢰성 제고에 중요 요소가 될 수 있을 것이다.

#### 2) 입학사정관제 선정 대학의 통계학적 특성

2010년도 입학사정관제 지원사업 선정 결과 발표(교육과학기술부·한국대학교육협의회 보도 자료, 2010. 6. 17)를 토대로 설문 대상 표본인 408명의 입학사정관이 소속한 입학사정관제 지원사업에 선정된 60개 대학의 통계학적 특성은 <표 6-2>와 같다.

먼저 선정 대학의 소재지는 수도권이 55.9%, 비수도권이 44.1%였으며, 대학 규모(입학정원)는 1,000명 미만이 14.2%, 1,000~2,000명 미만이 17.2%, 2,000~3,000명 미만이 13.2%, 3,000~4,000명 미만이 32.8%, 4,000명 이상이 22.5%이었고, 설립 형태는 국·공립이 30.4%, 사립이 69.6%였다.

그 다음으로 선정 대학의 유형에서 선도 대학이 61.5%, 우수 대학이 33.8%, 특성화 모집 단위 운영 대학이 4.7%였고, 총 선정(지원) 대학 기간은 1년이 6.1%, 2년이 16.7%, 3년이 51.0%, 4년이 26.2%이었으며, 총 입학사정관 수는 1~5명이 10.0%, 6~10명이 38.0%, 11~15명이 27.5%, 16~20명이 13.5%, 21명 이상이 11.0%였다.

마지막으로 입학사정관제의 조직 형태 운영은 입학사정관 팀 등 별도 조직없이 입학처 내 소속이 1.5%, 입학처 내 별도의 팀(실) 소속이 92.2%, 입학처와 완전 별도 독립된 조직(팀) 소속이 4.9%, 기타는 1.5%로 대부분 교무처 소속 등이었다.

**표 6-2** 입학사정관제 선정 대학의 통계학적 특성

| 구분 | | 빈도 | 퍼센트(%) |
|---|---|---|---|
| 소재지 | 수도권 | 228 | 55.9 |
| | 비수도권 | 180 | 44.1 |
| 대학 규모 (입학 정원) | 1,000명 미만 | 58 | 14.2 |
| | 1,000~2,000명 미만 | 70 | 17.2 |
| | 2,000~3,000명 미만 | 54 | 13.2 |
| | 3,000~4,000명 미만 | 134 | 32.8 |
| | 4,000명 이상 | 92 | 22.5 |
| 설립 형태 | 국·공립 | 124 | 30.4 |
| | 사립 | 284 | 69.6 |
| 선정 대학 유형 | 선도 대학 | 251 | 61.5 |
| | 우수 대학 | 138 | 33.8 |
| | 특성화 모집 단위 운영 대학 | 19 | 4.7 |
| 총 선정(지원) 기간 | 1년 | 25 | 6.1 |
| | 2년 | 68 | 16.7 |
| | 3년 | 208 | 51.0 |
| | 4년 | 107 | 26.2 |
| 총 입학사정관 수 | 1~5명 | 41 | 10.0 |
| | 6~10명 | 155 | 38.0 |
| | 11~15명 | 112 | 27.5 |
| | 16~20명 | 55 | 13.5 |
| | 21명 이상 | 45 | 11.0 |
| 입학사정관 조직 형태 | 입학처 내 소속 | 6 | 1.5 |
| | 입학처 별도팀(실) | 376 | 92.2 |
| | 완전 독립조직(팀) | 20 | 4.9 |
| | 기타(교무처 소속 등) | 6 | 1.5 |
| | 계 | 408 | 100.0 |

요약하면, 입학사정관제 지원 사업의 60개 선정 대학 중 소재지가 수도권인 대학이 26개, 비수도권인 대학이 34개로 비수도권인 대학이 8개가 많이 선정되었으나, 수도권 대학이 입학 정원이 많은 대규모 대학이 많은 관

계로 총입학사정관의 수도 많아서 수도권의 입학사정관이 응답한 비율이 55.9%로 비수도권의 입학사정관의 응답 비율보다 15.8%가 많았다. 대학 규모(입학 정원)는 3,000~4,000명 미만이 32.8%로 가장 많았으며, 그 다음이 4,000명 이상으로 22.5%인데 전체 55.3%가 3,000명 이상 대학으로 대규모 대학이 절반이 넘었다. 그러나 1,000명 미만이 14.2%인 것은 교육대학 및 특수목적 대학이 일부 선정된 결과로 보인다. 입학사정관이 소속된 설립 형태에서는 사립대학 입학사정관의 응답 비율이 69.6%로 국·공립대학보다 39.2%나 높게 나타난 것은 60개 선정 대학 중 사립대학이 40개, 국·공립대학이 20개 때문인 것으로 보인다.

또한 60개 선정 대학의 유형에서 선도 대학이 61.5%로 가장 높게 나타났고, 특성화 모집단위 운영 대학이 4.7%로 가장 낮게 응답 비율이 나타난 것은 선도 대학이 29개이고, 우수 대학이 21개인 반면에 특성화 모집단위 운영 대학은 10개로 2010년 처음 1년 선정된 소규모 모집 단위이기 때문이다. 총 선정(지원)대학 기간이 3년이 51.0%로 가장 많았으며, 그 다음이 4년이 26.2%로 응답 비율이 높게 나타난 것은 선정 대학 60개 중 3년이 27개 대학으로 가장 많았고, 4년이 10개 대학이지만 대규모 대학 역시 많아서 3, 4년간 총 선정(지원) 대학이 전체의 절반이 넘는 37개 대학이며, 2년은 11개 대학, 1년은 언급한 대로 10개 대학이다. 총 입학사정관 수는 1~5명이 10.0%, 6~10명이 38.0%로 가장 많았으며, 그 다음이 11~15명이 27.5%이었는데, 6~15명이 전체 절반이 넘는 65.5%였으며, 21명 이상이 11.0%인 것은 3, 4년간 선정된 대규모 대학이며, 입학사정관 수가 5명 이하는 교육대학 및 특성화 모집 단위 운영 대학들이다. 입학사정관제의 조직 형태 운영에서 아직까지는 입학처 내 별도의 팀(실) 소속이 92.2%로 절대적이었고, 그 외 입학처와 완전 별도 독립된 조직(팀) 소속이 4.9%로 나타났는데, 이는 입학사정관제가 도입·운영의 초기 단계이기 때문에 별도 독립 조직 구성의 어려움을 겪는 것으로 보여 지며, 입학사정관 팀 등 별도 조직 없이 입학처 내 소속 내지는 교무처 소속 등은 소규모 특수 목적 대학들이라고 보인다.

## 2 측정 도구의 요인분석 및 신뢰도 검사

측정 도구인 설문 문항의 신뢰도를 검증하기 위한 방법은 여러 가지가 있으나 일반적으로 가장 많이 이용되는 내적 일관성을 분석한 크론바하 알파(Cronbach's α) 값을 측정하였다. 타당도는 개발된 측정 도구가 해당 속성을 정확하게 반영하였는가를 의미하는 것으로 이 연구에서는 구성타당도를 평가하는 방법으로 탐색적 요인분석(exploratory factor analysis)을 실시하였다. 요인 추출 방법은 주축 요인 분석을 실시하였으며, 요인 회전은 직각 회전인 베리맥스(varimax)법으로, 그리고 고유값(eigenvalue)은 1, 요인 적재치는 .40 이상을 기준으로 적용하였다. 전체적인 측정 도구의 타당성과 신뢰도를 확보하기 위한 요인분석 및 신뢰도 검사의 결과는 <표 6-7>과 같다.

먼저 규범적 차원에 대한 세 가지 하위 영향 요인에 대한 타당도를 확인하기 위하여 탐색적 요인분석을 한 결과 요인 적재치가 모두 .638~.848로 모든 요인이 .50 이상의 요인적 재치를 보여 각 변수와 요인 간에 높은 상관관계가 있는 것으로 나타났다. 규범적 차원에서 대입 전형의 선진화에 대한 요인 적재치는 .721~.848로 높게 나타났으며, 분산 설명력은 23.039로 나타났다. 공교육 활성화에 대한 요인 적재치 역시 .709~.832로 높게 나타났으며, 분산 설명력은 22.472를 보였다. 사회적 문제 해결에 대한 요인분석에서도 요인 적재치는 .638~.738로 높게 나타나 높은 상관관계를 보였으며, 분산 설명력은 16.019였다. KMO(Kaiser-Meyer-Olkin)와 바틀렛(Bartlett)의 구형성 검정은 <표 6-3>과 같이 유의하게($p<.001$) 나타나 하위 영향 요인들은 예상된 구성 개념에 대하여 일관적으로 나타났다.

규범적 차원에 대한 신뢰도 계수인 크론바하 알파 값은 .833으로 나타나 타당도와 신뢰성 모두 높아 자료의 적합성은 높았다.

구조적 차원에 대한 네 가지 하위 영향 요인에 대한 요인분석 결과 요인 적재치는 모두 .634~.944로 높아 이들 구성 요인 역시 상관관계가 높은 것

**표 6-3** 규범적 차원에 대한 KMO와 Bartlett의 검정

| 표준형성 적절성의 Kaiser-Meyer-Olkin 측도 | | .846 |
|---|---|---|
| Bartlett의 구형성 검정 | 근사 카이제곱 | 1565.714 |
| | 자유도 | 45 |
| | 유의확률 | .000 |

으로 나타났다. 구조적 차원의 하위 요인 중 전형 특징에 대한 요인 적재치는 .814로 높게 나타났으며 분산 설명력은 29.198이었다. 전형 요소에 대한 요인 적재치 역시 .634 이상으로 분산 설명력은 19.823이었다. 전형 과정과 전형 방식 모두 요인 적재치는 .717 이상으로 높았으며, 분산 설명력은 각각 14.122와 13.554로 나타났다. 구조적 차원에 대한 크론바하 알파 값은 .754로 나타났으며, KMO와 바틀렛의 구형성 검정은 <표 6-4>와 같이 유의하게($p<.001$) 나타나 하위 영향 요인들은 예상된 구성 개념에 대하여 일관적으로 나타났다.

**표 6-4** 구조적 차원에 대한 KMO와 Bartlett의 검정

| 표준형성 적절성의 Kaiser-Meyer-Olkin 측도 | | .754 |
|---|---|---|
| Bartlett의 구형성 검정 | 근사 카이제곱 | 1672.786 |
| | 자유도 | 45 |
| | 유의확률 | .000 |

구성적 차원에 대한 다섯 가지 하위 영향 요인에 대한 요인분석 결과 요인 적재치는 모두 .611~.969로 높아 이들 영향 요인 역시 상관관계가 높은 것으로 나타났다. 구성적 차원의 하위 영향 요인 중 교육과학기술부에 대한 요인 적재치는 .956 이상으로 높게 나타났으며, 분산 설명력은 28.959였다. 대학의 역할에 대한 요인 적재치 역시 .669~.823으로 높았으며, 분산 설명력은 14.553였다. 고교의 역할과 교육지원청의 역할 모두 요인 적재치

**표 6-5** 구성적 차원에 대한 KMO와 Bartlett의 검정

| 표준형성 적절성의 Kaiser-Meyer-Olkin 측도 | | .813 |
|---|---|---|
| Bartlett의 구형성 검정 | 근사 카이제곱 | 1521.700 |
| | 자유도 | 45 |
| | 유의확률 | .000 |

는 .616 이상으로 높았으며, 분산 설명력은 각각 11.089와 10.857로 나타났다. 구성적 차원에 대한 크론바하 알파 값은 .834로 나타났으며, KMO와 B 바틀렛의 구형성 검정은 <표 6-5>와 같이 유의하게(p<.001) 나타나 구성적 차원의 하위 영향 요인 역시 예상된 구성 개념에 대하여 일관적으로 나타났다.

기술적 차원에 대한 세 가지 하위 영향 요인에 대한 타당도를 확인하기 위하여 탐색적 요인분석을 한 결과, 요인 적재치가 모두 .638~.797로 모든 영향 요인이 .50 이상의 요인 적재치를 보여 각 변수와 요인 간에 높은 상관관계가 있는 것으로 나타났다. 기술적 차원의 하위 영향 요인인 입학사정관의 전문성에 대한 요인 적재치는 .662~978로 높게 나타났으며, 분산 설명력은 30.415로 나타났다. 입학 전형 과정의 공정성에 대한 요인 적재치 역시 .638~.766으로 높게 나타났으며, 분산 설명력은 24.331로 나타났다. 전형 결과의 합리적 이의 제기 대응책에 대한 요인분석에서도 요인 적재치는 .762~.797로 높게 나타나 높은 상관관계를 보였으며, 분산 설명력은 14.443이었다. 기술적 차원에 대한 요인분석 결과, KMO와 바틀렛의 구형성 검정은 <표 6-6>과 같이 유의하게(p<.001) 나타나 하위 영향 요인들은 예상된 구성 개념에 대하여 일관적으로 나타났다. 기술적 차원에 대한 신뢰

**표 6-6** 기술적 차원에 대한 KMO와 Bartlett의 검정

| 표준형성 적절성의 Kaiser-Meyer-Olkin 측도 | | .861 |
|---|---|---|
| Bartlett의 구형성 검정 | 근사 카이제곱 | 1490.838 |
| | 자유도 | 45 |
| | 유의확률 | .000 |

**표 6-7** 주요 독립 변수의 요인분석 및 신뢰도 검증

| 구분 | | 변수명 | 요인 적재치 | 공통성 | 고유값 | 분산 설명력 | 신뢰도 |
|---|---|---|---|---|---|---|---|
| 규범적 차원 | 대입 전형 선진화 | A2 | .848 | .778 | 2.904 | 29.039 | .833 (***) |
| | | A3 | .794 | .701 | | | |
| | | A1 | .765 | .604 | | | |
| | | A4 | .721 | .644 | | | |
| | 공교육 활성화 | A6 | .832 | .746 | 2.247 | 22.472 | |
| | | A5 | .781 | .740 | | | |
| | | A7 | .709 | .671 | | | |
| | 사회적 문제 해결 | A8 | .734 | .614 | 1.602 | 16.019 | |
| | | A9 | .717 | .611 | | | |
| | | A10 | .638 | .635 | | | |
| 구조적 차원 | 전형 특징 | B2 | .908 | .849 | 2.917 | 29.198 | .754 (***) |
| | | B3 | .891 | .857 | | | |
| | | B1 | .814 | .712 | | | |
| | 전형 요소 | B4 | .944 | .907 | 1.982 | 19.823 | |
| | | B5 | .634 | .603 | | | |
| | 전형 과정 | B7 | .823 | .694 | 1.412 | 14.122 | |
| | | B8 | .774 | .769 | | | |
| | | B6 | .717 | .616 | | | |
| | 전형 방식 | B10 | .836 | .732 | 1.355 | 13.554 | |
| | | B9 | .833 | .728 | | | |
| 구성적 차원 | 교과부 역할 | C2 | .969 | .969 | 2.896 | 28.959 | .834 (***) |
| | | C1 | .956 | .963 | | | |
| | 대교협 역할 | C4 | .900 | .915 | 1.546 | 15.401 | |
| | | C3 | .787 | .859 | | | |
| | 대학 역할 | C5 | .823 | .845 | 1.455 | 14.553 | |
| | | C6 | .669 | .584 | | | |
| | 고교 역할 | C7 | .779 | .715 | 1.109 | 11.089 | |
| | | C8 | .611 | .730 | | | |
| | 교육지원청 역할 | C9 | .803 | .805 | 1.086 | 10.857 | |
| | | C10 | .796 | .701 | | | |

| | | | | | | | |
|---|---|---|---|---|---|---|---|
| 기술적 차원 | 전문성 | D1 | .978 | .995 | 3.042 | 30.415 | .716 (***) |
| | | D2 | .833 | .715 | | | |
| | | D4 | .774 | .647 | | | |
| | | D3 | .662 | .547 | | | |
| | 공정성 | D6 | .766 | .648 | 2.433 | 24.331 | |
| | | D7 | .726 | .552 | | | |
| | | D5 | .649 | .548 | | | |
| | | D8 | .638 | .477 | | | |
| | 합리적 대응책 | D9 | .797 | .688 | 1.544 | 15.443 | |
| | | D10 | .762 | .662 | | | |

***: $p<0.001$

도 계수인 크론바하 알파 값은 .716으로 나타나 타당도와 신뢰성 모두 높아 자료의 적합성은 높았다.

따라서 <표 6-7>과 같이 입학사정관제의 정착에 미치는 주요 독립변수인 하위 영향 요인들에 대한 타당성과 신뢰도를 검증한 결과, 모두 높은 일치도와 일관성을 보여 측정 도구의 적합성은 확보되었다.

## 3 상관관계 분석

입학사정관제의 정착에 미치는 주요 영향 요인 간의 관련성 정도 및 방향성을 파악하기 위하여 상관관계 분석을 하였다. <표 6-8>에서 보는 바와 같이 전반적으로 주요 영향 요인들에서 각 영향 요인 간 관련성이 있는 것으로 유의미하게 나타났으며, 따라서 이 연구의 가설과 어느 정도 방향성이 일치한다고 볼 수 있다(부록 2 참조).

**표 6-8** 입학사정관제의 정착에 미치는 주요 영향 요인 간의 상관관계

| | 전형선진화 | 공교육활성화 | 사회문제해결 | 전형특징 | 전형요소 | 전형과정 | 전형방식 | 교과부역할 | 대교협역할 | 대학역할 | 고교역할 | 교육청역할 | 전문성 | 공정성 |
|---|---|---|---|---|---|---|---|---|---|---|---|---|---|---|
| 공교육활성화 | .545 (***) | | | | | | | | | | | | | |
| 사회문제해결 | .288 (***) | .427 (***) | | | | | | | | | | | | |
| 전형특징 | .024 | –.174 (***) | –.171 (**) | | | | | | | | | | | |
| 전형요소 | –.243 (***) | –.225 (***) | –.163 (**) | .441 (***) | | | | | | | | | | |
| 전형과정 | .007 | –.193 (***) | –.245 (***) | .497 (***) | .341 (***) | | | | | | | | | |
| 전형방식 | .101 (*) | .248 (***) | .292 (***) | –.002 .971 | .061 .222 | –.143 (**) | | | | | | | | |
| 교과부역할 | .164 (**) | .015 | .096 | .326 (***) | .103 (*) | .169 (**) | .216 (***) | | | | | | | |
| 대교협역할 | .054 | .077 | .209 (***) | .010 | .117 (*) | .056 | .155 (**) | .245 (***) | | | | | | |
| 대학역할 | .509 (***) | .152 (**) | .090 | .138 (**) | –.086 | .211 (***) | .010 | .322 (***) | .260 (***) | | | | | |
| 고교역할 | .474 (***) | .239 (***) | .201 (***) | .089 | .004 | .118 (*) | .111 (*) | .366 (***) | .325 (***) | .693 (***) | | | | |
| 교육청역할 | .473 (***) | .202 (***) | .122 (*) | .096 | .011 | .167 (**) | .114 (*) | .346 (***) | .384 (***) | .601 (***) | .673 (***) | | | |
| 전문성 | .373 (***) | .090 | .084 | .110 (*) | –.059 | .096 | .039 | .223 (***) | .140 (**) | .306 (***) | .348 (***) | .313 (***) | | |
| 공정성 | .550 (***) | .213 (***) | .178 (***) | .164 (**) | –.041 | .175 (***) | .212 (***) | .377 (***) | .254 (***) | .500 (***) | .548 (***) | .584 (***) | .437 (***) | |
| 합리적대응책 | .486 (***) | .190 (***) | .220 (***) | .078 | –.068 | .088 | .150 (**) | .269 (***) | .187 (***) | .342 (***) | .448 (***) | .395 (***) | .369 (***) | .678 (***) |

*:$p<0.05$, **:$p<0.01$, ***:$p<0.001$

## 제 2 절 확인적 요인분석을 통한 독립변수의 개념적 타당화

이 연구에서 사용된 주요 독립변수의 타당도를 분석하기 위하여 AMOS 18.0을 이용하여 확인적 요인분석(confirmatory factor analysis)을 실시하였으며, 이는 분석모형에 이용되는 다항목 측정에 대한 단일 차원성(unidimensionality)을 조사하기 위해서이다. 기본적으로 단일 차원성은 각 개념의 측정 변수들이 단일 모형에 의하여 수용 가능한 적합도를 보이는가를 확인하는 것이며, 단일 차원성을 저해하는 항목을 제거하여 연구 목적에 가장 적합한 모형을 구축하는 작업이다. 그러나 이 연구는 이미 쿠퍼 등(Cooper et al., 2004)의 다차원 교육정책분석 모형으로 많은 연구자가 이 모형을 분석 입증하였기 때문에, 이 연구에서는 모형의 적합도를 검증하기 위한 목적이 아니라 그 영향 요인을 밝히기 위한 목적이므로 모형의 적합성에 초점을 두기보다 영향 요인을 분석하기 위한 전 단계로 활용하고자 한다. 또한 확인적 요인분석은 잠재 변수와 그것을 측정하는 측정 변수들 사이의 관계에 초점을 두고 있으며, 이 연구의 주요 목적인 입학사정관제의 정착에 미치는 영향 요인을 밝히는 기초 자료를 확인할 수 있는 과정이라고 할 수 있다. 이 연구의 주요 독립 변수인 규범적 차원과 구조적 차원 및 구성적 차원과 기술적 차원에 대한 인과계수 및 SMC를 분석한 결과는 [그림 6-1] 및 <표 6-9>와 같다.

규범적 차원에서 세 가지 하위 영향 요인에 대한 표준화 인과계수는 대입전형의 선진화가 .909로 가장 높게 나타났고, 그 다음으로 공교육의 활성화가 .595, 사회문제 해결이 .368로 나타났으며, 유의미한($p<0.001$) 결과로 나타났다. 그러나 이를 설명하는 설명력인 SMC(squared multiple correlations)는 공교육의 활성화가 .825로 가장 설명력이 높았으며, 그 다음으로 대입 전형의 선진화가 .547의 설명력을 보였으나, 사회 문제 해결은 .248로 설명력이 상대적으로 낮았다.

구조적 차원에서는 네 가지 하위 영향 요인 중 전형 특징과 전형 요소 및 전형 과정의 표준화 인과계수가 각각 .747과 .569, 및 .659로 나타나 이들 모두 통계적으로 유의미한($p<.001$) 결과를 보였으며, SMC는 전형 요소가 .727로 가장 높았고, 전형 특징과 전형 과정이 각각 .639와 .608의 설명력을 보였다. 또한 전형 방식 역시 SMC는 .351로 나타나 통계적으로 유의미한($p<0.001$) 결과를 보였다.

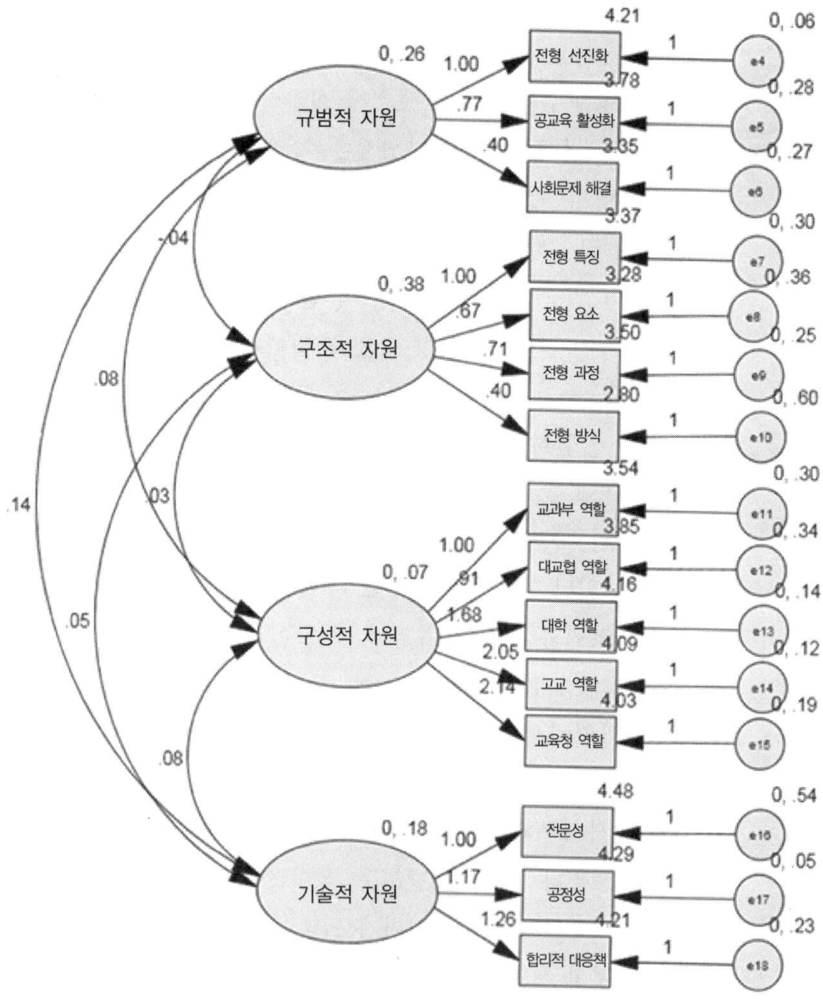


**그림 6-1** 주요 독립변수의 경로계수

**표 6-9** 주요 독립변수의 인과계수 및 SMC(squared multiple correlations)

| 구분 | | | 인과계수 | 표준화 인과계수 | S.E. | C.R. | P | SMC |
|---|---|---|---|---|---|---|---|---|
| 전형 선진화 | <--- | 규범적 차원 | 1.000 | .909 | | | *** | .547 |
| 공교육 활성화 | <--- | 규범적 차원 | .767 | .595 | .074 | 10.382 | *** | .825 |
| 사회문제 해결 | <--- | 규범적 차원 | .404 | .368 | .060 | 6.753 | *** | .248 |
| 전형 특징 | <--- | 구조적 차원 | 1.000 | .747 | | | *** | .639 |
| 전형 요소 | <--- | 구조적 차원 | .673 | .569 | .081 | 8.272 | *** | .727 |
| 전형 과정 | <--- | 구조적 차원 | .713 | .659 | .083 | 8.623 | *** | .608 |
| 전형 방식 | <--- | 구조적 차원 | .400 | .337 | .073 | 4.575 | *** | .351 |
| 교과부 역할 | <--- | 구성적 차원 | 1.000 | .445 | | | *** | .198 |
| 대교협 역할 | <--- | 구성적 차원 | .905 | .389 | .149 | 6.075 | *** | .101 |
| 대학 역할 | <--- | 구성적 차원 | 1.683 | .780 | .194 | 8.662 | *** | .434 |
| 고교 역할 | <--- | 구성적 차원 | 2.046 | .853 | .230 | 8.886 | *** | .324 |
| 교육지원청 역할 | <--- | 구성적 차원 | 2.142 | .799 | .245 | 8.730 | *** | .559 |
| 전문성 | <--- | 기술적 차원 | 1.000 | .498 | | | *** | .135 |
| 공정성 | <--- | 기술적 차원 | 1.169 | .908 | .117 | 10.029 | *** | .354 |
| 합리적 대응책 | <--- | 기술적 차원 | 1.258 | .739 | .132 | 9.552 | *** | .826 |

***: P<0.001

구성적 차원에서 다섯 가지 하위 영향 요인 중 고교의 역할과 교육지원청의 역할이 표준화 인과계수가 각각 .853과 .799 그리고 설명력이 .324와 .559로 가장 높았으며, 그 다음으로 대학의 역할이 표준화 인과계수와 설명력이 각각 .780과 .434로 인과관계가 높았다. 한국대학교육협의회의 역할과 교육과학기술부의 역할은 설명력이 매우 낮아 그 역할은 미미한 것으로 보인다. 그러나 이들 다섯 가지 하위 영향 요인 모두 유의미한(p<0.001) 결과를 보였다.

기술적 차원에서는 세 가지 하위 영향 요인 중 법적·제도적으로 전형 결과에 대한 합리적인 이의 제기 대응책이 가장 중요한 요인으로 나타나 설명력을 나타내는 SMC가 .826으로 가장 높았으며, 그 다음으로 입학 전형 과정의 공정성이 .354로 나타났고, 입학사정관의 전문성은 .103으로 이들 세 가지 하위 영향 요인 모두 유의미한(p<0.001) 결과를 보였다.

## 제 3 절 입학사정관제의 정착에 미치는 영향 요인 분석 및 가설 검증

### 1 입학사정관제의 정착에 미치는 영향 요인 분석

이 연구의 최종 결과를 도출하고 주요 변수들이 입학사정관제의 정착에 미치는 영향을 파악하기 위하여 입학사정관 및 대학의 통계학적 특성을 고려한 다중회귀분석(multiple regression anlysis)의 결과는 <표 6-10>과 같다. 따라서 이 연구의 분석모형을 토대로 다중회귀분석의 과정은 독립변수를 선정하여 입학사정관제의 정착에 미치는 영향 요인을 파악하기 위하여 모든 변수를 고려한 진입(ENTER) 방식으로 진행하였다. 우선 입학사정관의 인구통계학적 특성과 입학사정관제 선정 대학의 통계학적 특성 및 주요 독립변수인 규범적 차원과 구조적 차원 및 구성적 차원과 기술적 차원 등 모든 변수를 고려하여 다중회귀분석을 실시하였으며, 종속변수인 입학사정관제의 정착에 대한 모든 독립변수들의 확률론적인 모형은 다음과 같이 하여 분석하였다.

▣ E = f(A, U, N, S ,C, T)

E = 입학사정관제의 정착(Establishment of Admission Officer System)

A = 입학사정관(Admission Officer)의 인구통계학적 특성 ⊃ 성별, 연령, 학력, 소득, 직전 직업, 근무 경력, 정규직 여부

U = 대학(University)의 통계학적 특성 ⊃ 소재지, 대학 규모, 설립 형태, 선정 유형, 총 선정 기간, 총 입학사정관 수, 조직 형태

N = 규범적 차원(Normative dimension) ⊃ 대입 전형 선진화, 공교육 활성화, 사회문제 해결

S = 구조적 차원(Structural dimension) ⊃ 전형 특징, 전형 요소, 전형 과정, 전형 방식

C = 구성적 차원(Constituentive dimension) ⊃ 교육과학기술부 역할, 한국대학교육협의회 역할, 대학 역할, 고교 역할, 교육지원청 역할

T = 기술적 차원(Technical dimension) ⊃ 전문성, 공정성, 합리적 대응책

따라서 변수들의 자기상관관계를 검증하여 다중공선상의 문제점을 파악하기 위하여 공차와 VIF를 검증한 결과 3.3 이하로 모두 기준치보다 낮게 나와 연구 분석모형의 해석상 문제점은 없는 것으로 나타났다. 이 연구 분석모형에 의한 독립변수들이 입학사정관제의 정착에 미치는 전체적인 영향은 F값이 12.750으로 통계적으로 유의미한($p<0.001$) 결과를 보였다.

또한 다중회귀분석 결과 인구통계학적 특성이 입학사정관제의 정착에 대하여 통계학적으로 유의미한 영향을 미치는 변수는 없었으며($p>0.05$), 대학의 통계학적 특성 역시 입학사정관제 정착에 유의미한 영향을 미치는 변수는 없었다 ($p>0.05$). 이러한 결과는 입학사정관제 정착에 영향을 미치는 주요 변수들은 인구통계학적 변수나 대학의 통계학적 변수보다는 쿠퍼 등(Cooper et al., 2004)이 제시한 다차원 교육정책분석 모형에서 많은 영향을 받은 것으로 생각된다.

먼저, 규범적 차원에서 공교육의 활성화는 표준화 베타값이 .239로 가장 영향을 많이 미치는 변수였으며 통계학적으로 유의미한($p<0.001$) 결과로 나타났다. 이는 입학사정관제 본래의 취지에 맞게 획일적 학생 선발에서 소질, 적성, 인성, 창의성 등 다양한 요소를 고려한 선발로 공교육 활성화를 유도할 수 있을 것이란 기존 입학사정관들의 견해가 크게 작용한 것으로 보인다. 두 번째 영향을 미치는 변수는 대입 전형의 선진화로 표준화 베타값이 .120으로 유의미한($p<0.05$) 결과로 나타나 대학 특성에 부합하는 학생의 선발과 대학의 학생 선발에 대한 자율성 부여에 대한 책무성 강화 등 대입 전형의 선진화에 대한 기존 입학사정관들은 입학사정관제의 정착에 중요한 요인으로 인식하고 있다고 할 수 있을 것이다. 사회문제 해결에 대한 견해는 표준화 베타값이 .091, $p=0.058$로 유의미한 결과는 아니므로 ($p>0.05$) 상대적으로 영향력이 약한 것으로 해석된다.

구조적 차원에서는 전형 과정의 표준화 베타값이 -.175로 부(-)의 유의미한($p<0.001$) 영향력을 미치는 것으로 나타났는데, 이는 입학사정관제의 전형 과정에서 사교육기관의 활용의 필요성에 대하여 입학사정관들이 부정적 견해를 강하게 가지고 있는 것으로 사교육의 필요성이 입학사정관제의 정착에 부정적인 영향을 미치는 것으로 해석할 수 있을 것이다. 그러나 구

조적 차원 중 전형 방식에서는 표준화 베타값이 .084, $p=0.048$로 정(+)의 유의미한($p<0.05$) 영향을 미치고 있었다. 이는 입학사정관제 하에서 전형 기준이나 방법을 공개하고 사교육비 증가를 방지하기 위하여 전형 자료를 제한하면 사교육시장이 축소할 것이라는 데에는 기존 입학사정관들이 동의하고 있는 것으로 볼 수 있다. 전형 특징 요인은 유의미한 결과는 아니지만($p>0.05$) 부(-)의 영향을 미치는 것으로 나타나 이 요인은 입학사정의 개별화나 장기화 및 종합화가 사교육시장에 영향을 미칠 것이라는 데에는 기존 입학사정관들이 부정하는 견해로 보인다. 전형 요소는 유의미한 결과가 아니므로($p>0.05$), 거의 영향을 미치는 못하는 것으로 나타났다.

구성적 차원에서 입학사정관제의 정착에 가장 강한 영향력을 미치는 변수는 교육과학기술부의 역할로 표준화 베타값이 -.166으로 강한 부(-)의 유의미한($p<0.001$) 영향을 미치고 있는 것으로 조사되었다. 이러한 결과는 기존의 입학사정관들은 교육과학기술부가 입학사정관제의 사교육화를 방지할 것이란 역할과 시행 대학을 감독하여야 한다는 역할에 대하여 강하게 부정하는 것으로 해석할 수 있어 입학사정관에 대하여 대학의 자율적 선발을 강조한 견해로 보인다. 그러나 반대로 교육지원청의 역할에 대해서는 표준화 베타값이 .123으로 정(+)의 유의미한($p<0.05$) 결과로 나타났다. 이는 교육지원청이 고교-대학 간 프로그램 연계에 대하여 중재하는 역할을 담당하고 학부모와 고교 진학 교사를 대상으로 주기적 연수를 실시하는 역할을 해주는 것이 도움이 될 것이란 인식을 가지고 있는 것으로 볼 수 있다. 그 외 고교의 역할이나 한국대학교육협의회의 역할 및 대학의 역할에 대해서는 통계적으로 유의미한 영향력을 미치지는 못하는 것으로($p>0.05$) 나타났다.

마지막으로, 기술적 차원에 대한 분석 결과, 입학사정관제에서 전형 결과에 대한 합리적인 이의 제기 대응책의 표준화 베타값이 .319로 정(+)의 강한 유의미한($p<0.001$) 영향을 미치는 것으로 나타나 입학사정관제의 전형 결과에 대한 공정성과 윤리규정 제정 및 이의 제기의 합리화 등이 중요하다는 견해가 강하게 작용하는 것으로 볼 수 있다. 그 다음으로는 공정성의 베타값이 .176으로 정(+)의 유의미한($p<0.01$) 영향을 미치는 것으로 나타나 타당하고 공정한 전형자료 및 평가 기준 설정 및 다단계 평정 실시 등에

대하여 기존 입학사정관들이 제도의 정착에 중요성을 가지는 것으로 보인다. 입학사정관의 전문성 역시 베타값이 .094로 정(+)의 유의미한($p<0.05$) 결과로 나타나 공정하고 우수한 입학사정관 선발과 직업안정성의 확보, 전담조직의 독립적 구성 등에 대하여 긍정적인 견해를 가진 것으로 나타났다.

따라서 이러한 독립변수들이 종속 변수인 입학사정관제의 정착에 대하여 R제곱값이 0.476으로 약 48%를 설명하는 것으로 조사되었으며, 다차원 교육정책 분석모형이 입학사정관의 정착에 대하여 많은 부분을 포함하는 것으로 전체 통계량 F=12.750으로 이 연구의 분석모형은 유의미한($p<0.001$) 결과를 보였다.

**표 6-10** 입학사정관 및 대학의 통계학적 특성에 따른 입학사정관제의 정착에 미치는 영향 요인

| 모형 | | 비표준화 계수 | 표준화 계수 | t | 유의확률 | 부분상관 | 공선성 통계량 | |
|---|---|---|---|---|---|---|---|---|
| | | B | 베타 | | | | 공차 | VIF |
| 입학사정관의 인구통계학적 특성 | (상수) | 1.271 | | 2.090 | .037 | | | |
| | 성별 | -.033 | -.021 | -.487 | .626 | -.018 | .750 | 1.334 |
| | 연령 | .048 | .061 | 1.345 | .179 | .050 | .670 | 1.493 |
| | 학력 | -.091 | -.067 | -1.630 | .104 | -.061 | .807 | 1.239 |
| | 근무 경력 | .016 | .025 | .536 | .592 | .020 | .630 | 1.586 |
| | 정규직 여부 | .031 | .017 | .401 | .689 | .015 | .808 | 1.237 |
| 대학의 통계학적 특성 | 소재지 | -.069 | -.044 | -.863 | .389 | -.032 | .524 | 1.908 |
| | 대학 규모 | .021 | .037 | .842 | .400 | .031 | .711 | 1.407 |
| | 설립 형태 | .103 | .061 | 1.318 | .188 | .049 | .651 | 1.536 |
| | 선정 유형 | -.008 | -.006 | -.113 | .910 | -.004 | .441 | 2.267 |
| | 총선정 기간 | -.029 | -.031 | -.616 | .539 | -.023 | .550 | 1.819 |
| | 총입학사정관 수 | .016 | .023 | .450 | .653 | .017 | .526 | 1.901 |
| | 조직 형태 | .065 | .029 | .724 | .469 | .027 | .884 | 1.131 |
| 규범적 차원 | 대입 전형 선진화 | .125 | .120 | 1.996 | .047 | .074 | .666 | 1.501 |
| | 공교육 활성화 | .281 | .239 | 4.656 | .000 | .173 | .526 | 1.902 |
| | 사회문제 해결 | .165 | .091 | 1.900 | .058 | .071 | .347 | 2.881 |
| | 전형 과정 | -.204 | -.175 | -3.623 | .000 | -.135 | .591 | 1.692 |

| | | | | | | | | |
|---|---|---|---|---|---|---|---|---|
| | 전형 방식 | .084 | .084 | 1.975 | .048 | .071 | .712 | 1.404 |
| 구성적 차원 | 교과부 역할 | -.210 | -.166 | -3.612 | .000 | -.134 | .658 | 1.519 |
| | 대교협 역할 | .005 | .004 | .100 | .921 | .004 | .697 | 1.434 |
| | 대학 역할 | -.020 | -.015 | -.247 | .805 | -.009 | .389 | 2.570 |
| | 고교 역할 | .104 | .087 | 1.357 | .175 | .050 | .333 | 2.999 |
| | 교육지원청 역할 | .131 | .123 | 2.050 | .041 | .076 | .384 | 2.604 |
| 기술적 차원 | 전문성 | .079 | .086 | 1.989 | .045 | .072 | .714 | 1.401 |
| | 공정성 | .252 | .176 | 2.686 | .008 | .100 | .322 | 3.104 |
| | 합리적 대응책 | .346 | .319 | 5.649 | .000 | .210 | .434 | 2.303 |
| 모형 | R | R 제곱 | 수정된 R 제곱 | 표준 오차 | 통계량 | | | |
| | | | | | R 제곱 | | F | 유의확률 F |
| | .690 | .476 | .439 | .583 | .476 | | 12.750 | .000 |
| 구조적 차원 | 전형 특징 | -.082 | -.087 | -1.735 | .084 | -.064 | .550 | 1.818 |
| | 전형 요소 | .011 | .010 | .220 | .826 | .008 | .609 | 1.642 |

## 2 가설 검증

입학사정관의 인구통계학적 특성과 대학의 통계학적 특성을 고려하여 입학사정관제의 정착에 미치는 영향 요인을 분석한 결과, 두 가지 특성이 입학사정관제의 정착에 미치는 영향은 아주 미미하거나 거의 영향을 미치지 못하는 것으로 나타나 이들을 제외한 주요 독립 변수들로만 다음과 같이 회귀모형을 구성하여 최종적으로 분석한 결과는 <표 6-11>과 같다.

▣ E = f(N, S, C, T)

E = 입학사정관제의 정착(Establishment of Admission Officer System)

N = 규범적 차원(Normative dimension) ⊃ 대입 전형 선진화, 공교육 활성화, 사회문제 해결

S = 구조적 차원(Structural dimension) ⊃ 전형 특징, 전형 요소, 전형 과정, 전형 방식

C = 구성적 차원(Constituentive dimension) ⊃ 교육과학기술부 역할, 한국대학교육협의회 역할, 대학 역할, 고교 역할, 교육지원청 역할

T = 기술적 차원(Technical dimension) ⊃ 전문성, 공정성, 합리적 대응책

### 1) 규범적 차원에 대한 가설 검증

연구 가설(H1): 입학사정관제의 정착에 미치는 규범적 차원의 하위 영향 요인인 대입 전형의 선진화는 입학사정관제의 정착에 정(+)의 영향을 미칠 것이라는 가설에 대한 검증 결과, 표준화 베타값은 .124, p=.042로 나타나 정(+)의 유의미한(p<0.05) 결과를 보여 <연구 가설 H1>은 채택되었다.

연구 가설(H2): 입학사정관제의 정착에 미치는 규범적 차원의 하위 영향 요인인 공교육의 활성화는 입학사정관제의 정착에 정(+)의 영향을 미칠 것이라는 가설에 대한 검증 결과, 표준화 베타값은 .260, p=.000으로 강한 정(+)의 유의미한(p<0.001) 영향력을 미치는 것으로 나타나 <연구 가설 H2> 역시 채택되었다.

연구 가설(H3): 입학사정관제의 정착에 미치는 규범적 차원의 하위 영향 요인인 사회문제 해결은 입학사정관제의 정착에 정(+)의 영향을 미칠 것이라는 가설에 대한 검증 결과, 표준화 베타값은 .076으로 낮았고 p=.87로 정(+)의 영향을 미치기는 하나 유의미한 결과는 아니었다(p>0.05). 따라서 <연구 가설 H3>은 기각되었다.

### 2) 구조적 차원에 대한 가설 검증

연구 가설(H4): 입학사정관제의 정착에 미치는 구조적 차원의 하위 영향 요인인 사교육시장 구조에서 입학사정관 전형 특징은 입학사정관제의 정착에 부(-)의 영향을 미칠 것이라는 가설에 대한 검증 결과, 표준화 베타값은 -.069였으며, p=.159로 부(-)의 관련성이 있었으나 유의미한 영향을 미치지는 않아(p>0.05) <연구 가설 H4>는 기각되었다.

연구 가설(H5): 입학사정관제의 정착에 미치는 구조적 차원의 하위 영향 요인인 사교육시장 구조에서 입학사정관 전형 요소는 입학사정관제의 정착에 부(-)의 영향을 미칠 것이라는 가설에 대한 검증 결과, 표준화 베타값은 -.009였으며, p=.838로 부(-)의 영향을 미치나 유의미한 영향을 미치지는 않아(p>0.05) <연구 가설 H5>는 기각되었다.

연구 가설(H6): 입학사정관제의 정착에 미치는 구조적 차원의 하위 영향 요인인 사교육시장 구조에서의 입학사정관 전형 과정은 입학사정관제의 정착에 부(-)의 영향을 미칠 것이라는 가설에 대한 검증 결과, 표준화 베타값은 -.161이었으며, p=.001로 전형 과정은 부(-)의 유의미한($p<0.01$) 영향을 미치는 것으로 나타나 <연구 가설 H6>은 채택되었다.

연구 가설(H7): 입학사정 관제 정착에 미치는 구조적 차원의 하위 영향 요인인 사교육시장 구조에서의 입학사정관 전형 방식은 입학사정관제의 정착에 정(+)의 영향을 미칠 것이라는 가설에 대한 검증 결과, 표준화 베타값은 .081이었으며, p=.045로 정(+)의 유의미한($p<0.05$) 영향을 미치는 것으로 나타나 <연구 가설 H7>은 채택되었다.

### 3) 구성적 차원에 대한 가설 검증

연구 가설(H8): 입학사정관제의 정착에 미치는 구성적 차원의 하위 영향 요인인 교육과학기술부의 역할이 입학사정관제의 정착에 정(+)의 영향을 미칠 것이라는 가설에 대한 검증 결과, 표준화 베타값은 -.190이었으며, p=.000으로 교육과학기술부의 역할이 입학사정관제의 정착에 부(-)의 영향을 미치는 것으로 나타나 <연구 가설 H8>은 기각되었다.

연구 가설(H9): 입학사정관제의 정착에 미치는 구성적 차원의 하위 영향 요인인 한국대학교육협의회의 역할은 입학사정관제의 정착에 정(+)의 영향을 미칠 것이라는 가설에 대한 검증 결과, 표준화 베타값은 .001, p=.987로 정(+)의 영향을 미치기는 하나 유의미한 결과를 보이지는 않아($p>0.05$) <연구 가설 H9>는 기각되었다.

연구 가설(H10): 입학사정관제의 정착에 미치는 구성적 차원의 하위 영향 요인인 대학의 역할은 입학사정관제의 정착에 정(+)의 영향을 미칠 것이라는 가설에 대한 검증 결과, 역시 표준화 베타값은 -.012였으며 p=.834로 유의미한 영향력을 미치지는 못하여($p>0.05$) <연구 가설 H10> 역시 기각되었다.

연구 가설(H11): 입학사정관제의 정착에 미치는 구성적 차원의 하위 영향요인인 고교의 역할은 입학사정관제의 정착에 정(+)의 영향을 미칠 것이라는 가설에 대한 검증 결과, 역시 표준화 베타값은 .094, $p=.125$로 정(+)의 영향력을 미치기는 하지만 유의미한 결과는 아니어서($p>0.05$) <연구 가설 H11> 역시 기각되었다.

연구 가설(H12): 입학사정관제의 정착에 미치는 구성적 차원의 하위 영향요인인 교육지원청의 역할은 입학사정관제의 정착에 정(+)의 영향을 미칠 것이라는 가설 검증 결과, 표준화 베타값이 .125였고, $p=.034$로 정(+)의 유의미한($p<0.05$) 영향을 미치고 있어 <연구 가설 H12>는 채택되었다.

### 4) 기술적 차원에 대한 가설 검증

연구 가설(H13): 입학사정관제의 정착에 미치는 기술적 차원의 하위 영향요인인 입학사정관의 전문성은 입학사정관제의 정착에 정(+)의 영향을 미칠 것이라는 가설에 대한 검증 결과, 표준화 베타값은 .94였으며, $p=.029$로 정(+)의 유의미한($p<0.05$) 영향을 미치고 있어 <연구 가설 H13>은 채택되었다.

연구 가설(H14): 입학사정관제의 정착에 미치는 기술적 차원의 하위 영향요인인 입학 전형 과정의 공정성은 입학사정관제의 정착에 정(+)의 영향을 미칠 것이라는 가설에 대한 검증 결과, 표준화 베타값은 .188이었으며, $p=.003$으로 정(+)의 유의미한($p<0.01$) 영향을 미치고 있어 <연구 가설 H14>는 채택되었다.

연구 가설(H15): 입학사정관제의 정착에 미치는 기술적 차원의 하위 영향 요인인 전형 결과에 대한 합리적인 이의제기 대응책은 입학사정관제의 정착에 정(+)의 영향을 미칠 것이라는 가설에 대한 검증 결과, 표준화 베타값은 .318이었으며, $p=.000$으로 합리적 이의 제기 대응책이 입학사정관제도의 정착에 정(+)의 유의미한($p<0.001$) 영향을 미치는 것으로 나타나 <연구 가설 H15>는 채택되었다.

지금까지 입학사정관제의 정착에 미치는 하위 영향 요인별로 가설을 검증한 결과, 규범적 차원에서는 대입 전형의 선진화와 공교육 활성화 그리고 구조적 차원에서는 전형 과정과 전형 방식이 중요한 영향 요인으로 나타나 가설로 채택되었다. 구성적 차원에서는 교육과학기술부의 역할은 부

(-)의 영향을 미치는 것으로 나타났으나, 교육지원청의 역할은 정(+)의 영향을 미치는 중요한 영향 요인으로 밝혀져 가설로 채택되었다. 또한 입학사정관제의 정착을 위해서는 기술적 차원의 중요성이 가장 강조되어 입학사정관의 전문성과 입학 전형 과정의 공정성 및 전형 결과에 대한 합리적인 이의 제기 대응책이 중요한 결과로 나타나서 모두 가설로 채택되었다.

**표 6-11** 주요 독립변수들이 입학사정관제의 정착에 미치는 영향 요인

| | 비표준화 계수 | 표준화 계수 | t | 유의확률 | 부분상관 | 공선성 통계량 | |
|---|---|---|---|---|---|---|---|
| | B | 베타 | | | | 공차 | VIF |
| (상수) | 1.506 | | 3.916 | .000 | | | |
| 규범적 차원 | | | | | | | |
| 전형 선진화 | .171 | .124 | 2.038 | .042 | .076 | .372 | 2.686 |
| 공교육 활성화 | .305 | .260 | 5.198 | .000 | .193 | .554 | 1.805 |
| 사회문제 해결 | .105 | .076 | 1.714 | .087 | .064 | .701 | 1.426 |
| 구조적 차원 | | | | | | | |
| 전형 특징 | -.065 | -.069 | -1.410 | .159 | -.052 | .585 | 1.708 |
| 전형 요소 | -.010 | -.009 | -.205 | .838 | -.008 | .672 | 1.487 |
| 전형 과정 | -.188 | -.161 | -3.499 | .001 | -.130 | .654 | 1.529 |
| 전형 방식 | .081 | .081 | 1.980 | .045 | .072 | .795 | 1.258 |
| 구성적 차원 | | | | | | | |
| 교과부 역할 | -.242 | -.190 | -4.268 | .000 | -.159 | .698 | 1.433 |
| 대교협 역할 | .001 | .001 | .017 | .987 | .001 | .743 | 1.345 |
| 대학 역할 | -.016 | -.012 | -.209 | .834 | -.008 | .412 | 2.427 |
| 고교 역할 | .112 | .094 | 1.536 | .125 | .057 | .371 | 2.697 |
| 교육지원청 역할 | .130 | .122 | 2.125 | .034 | .079 | .422 | 2.368 |
| 기술적 차원 | | | | | | | |
| 전문성 | .086 | .094 | 2.191 | .029 | .081 | .754 | 1.327 |
| 공정성 | .269 | .188 | 3.028 | .003 | .113 | .359 | 2.782 |
| 합리적 대응책 | .345 | .318 | 6.019 | .000 | .224 | .495 | 2.019 |

| R | R 제곱 | 수정된 R 제곱 | 추정값의 표준오차 | 통계량 | | |
|---|---|---|---|---|---|---|
| | | | | R 제곱 | F | 유의확률 F |
| .677 | .459 | .438 | .584 | .459 | 22.108 | .000 |

이 연구 분석모형의 F=22.108로 유의미한(p<0.001) 결과였으며, 이러한 네 가지 차원의 하위 영향 요인이 입학사정관제의 정착을 위한 설명력에서

45.9%였으며, 수정된 설명력은 43.8%로 나타나 많은 부분을 설명하고 있다.

## 3 가설 검증에 대한 종합적 논의

이 연구에서 제시한 분석모형과 가설을 검증하기 위하여 입학사정관제의 정착에 미치는 영향 요인을 규범적 차원, 구조적 차원, 구성적 차원, 그리고 기술적 차원으로 구분하여 분석한 결과에 대한 종합적 논의는 다음과 같다.

첫째, 입학사정관제의 정착에 미치는 규범적 차원의 하위 영향 요인 중 대입 전형의 선진화는 입학사정관제의 정착에 정(+)의 영향을 미칠 것이라는 가설 검증 결과, 유의미한($p<0.05$) 결과를 보여 채택되었다. 즉, 대학 특성에 부합하는 학생의 선발과 대학의 학생 선발에 대한 자율성 부여에 대한 책무성 강화 등 대입 전형의 선진화에 대하여 기존 입학사정관들은 입학사정관제의 정착에 중요한 요인으로 인식하고 있었다. 또 공교육의 활성화는 입학사정관제의 정착에 정(+)의 영향을 미칠 것이라는 가설 검증 결과, 유의미한($p<0.001$) 영향을 미치는 것으로 나타나 역시 채택되었다. 이는 기존 입학사정관들은 입학사정관제로 인하여 고등학교 특성에 맞는 다양한 활동을 통하여 전인적 교육이 강화될 것이며, 성적 위주의 획일적 선발에서 벗어나 소질, 적성, 인성, 창의적 교육 등으로 공교육의 활성화가 유도될 것으로 크게 기대하고 있다고 보았다. 그러나 사회문제 해결은 입학사정관제의 정착에 정(+)의 영향을 미칠 것이라는 가설에 대한 검증 결과, 정(+)의 영향을 미치기는 하나 유의미한 결과($p>0.05$)는 아니어서 기각되었다. 이러한 연구 결과는 기존 입학사정관들은 입학사정관제가 사회 문제 해결에 어느 정도 영향을 미치기는 하지만 입학사정관제가 소외계층의 진학 확대나 명문대 진학을 위한 과열 경쟁을 완전히 해소하기는 어렵다는 인식이 어느 정도 있는 것으로 해석할 수 있을 것이다.

둘째, 입학사정관제의 정착에 미치는 구조적 차원의 하위 영향 요인 중 사교육시장 구조에서 입학사정관 전형 과정은 입학사정관제의 정착에 부

(-)의 영향을 미칠 것이라는 가설 검증 결과, 유의미한($p<0.01$) 영향을 미치는 것으로 나타나 채택되었다. 이러한 결과는 기존 입학사정관들은 입학사정관제의 전형 과정에서 면접지도나 필요한 서류(자기소개서, 포트폴리오, 학업계획 등)를 작성하기 위하여 사교육기관의 필요성을 강하게 부정하는(-) 것으로 해석할 수 있어 공교육기관의 활성화 정책에 반하는 사교육기관의 필요성을 강하게 부인하는 당연한 결과라고 할 수 있다. 또 사교육시장구조에서의 입학사정관 전형 방식은 입학사정관제의 정착에 정(+)의 영향을 미칠 것이라는 가설에 대한 검증 결과, 유의미한($p<0.05$) 영향을 미치는 것으로 나타나 채택되었다. 즉, 구조적 차원의 하위 영향 요인 중 전형 방식으로 전형 기준 및 방법을 공개하고, 전형 자료를 제한하면 입학사정관제와 관련한 사교육시장은 축소할 것이라는 데 동의하는 것으로 보았다. 그러나 사교육시장 구조에서의 입학사정관 전형 특징은 입학사정관제의 정착에 부(-)의 영향을 미칠 것이라는 가설에 대한 검증 결과, 부(-)의 관련성이 있었으나 유의미한 영향을 미치지는 않아($p>0.05$) 기각되었다. 즉, 입학사정관들은 입학 사정의 개별화나 입학 사정의 장기화 및 입학사정의 종합화가 사교육시장에 영향을 미칠 것이라는 부정적(-) 인식을 가지고 있는 것으로 해석되나 이러한 인식 정도가 유의미한 영향력을 보이지는 않았다. 또한 사교육시장 구조에서의 입학사정관 전형 요소는 입학사정관제의 정착에 부(-)의 영향을 미칠 것이라는 가설에 대한 검증 결과, 부(-)의 영향을 미치나 유의미한 영향을 미치지는 않아($p>0.05$) 기각되었다. 이 역시 논술 관련 전형 요소나 면접 관련 전형 요소가 사교육시장에 영향을 미칠 것이라는 데 입학사정관들이 부정적(-) 인식을 하고 있는 것으로 나타나긴 했지만 유의미한 결과는 아니었다.

셋째, 입학사정관제의 정착에 미치는 구성적 차원의 하위 영향 요인 중 교육과학기술부의 역할이 입학사정관제의 정착에 정(+)의 영향을 미칠 것이라는 가설 검증 결과, 교육과학기술부의 역할이 유의미한($p<0.001$) 결과를 보였으나, 입학사정관제의 정착에 부(-)의 영향을 미치는 것으로 나타나 기각되었다. 이러한 결과는 기존 입학사정관들은 바람직한 입학사정관제의 정착을 위하여 교육과학기술부가 입학사정관제를 시행하는 대학에 대한 감

독이 오히려 입학사정관제의 정착에는 부정적인(-) 결과를 초래할 것이라는 인식이 강하게 작용한 결과라고 보았다. 그러나 교육지원청의 역할은 입학사정관제의 정착에 정(+)의 영향을 미칠 것이라는 가설 검증 결과, 유의미한($p<0.05$) 영향을 미치고 있어 채택되었다. 이는 기존의 입학사정관들은 고교나 대학의 역할보다는 교육지원청이 중심이 되어 고교-대학 간의 연계 프로그램을 중재하고, 학부모와 진학 교사를 대상으로 주기적 연수나 관련 프로그램을 운영하는 것이 더 중요하다고 인식하는 것으로 보았다. 한편, 한국대학교육협의회의 역할은 입학사정관제의 정착에 정(+)의 영향을 미칠 것이라는 가설을 검증한 결과, 정(+)의 영향을 미치기는 하나 유의미한 결과를 보이지는 않아($p>0.05$) 기각되었다. 현재 입학사정관들은 한국대학교육협의회의 다양한 프로그램 개발 및 정보교류를 위한 상설협의체의 구성, 운영에 대한 인식보다는 실제로 입학사정관제의 운영 공통 기준에 의거한 대학별 특성에 따른 입학사정관제를 운영하는 것으로 사료된다. 또한 대학의 역할은 입학사정관제의 정착에 정(+)의 영향을 미칠 것이라는 가설에 대한 검증 결과, 유의미한 영향력을 미치지는 못하여($p>0.05$) 역시 기각되었다. 기존 입학사정관들은 입학사정관제의 정착을 위하여 대학과 고교와 연계한 프로그램 운영 등에는 크게 인식을 하지 않는 것으로 보인다. 그리고 고교의 역할은 입학사정관제의 정착에 정(+)의 영향을 미칠 것이라는 가설에 대한 검증 결과, 정(+)의 영향력을 미치기는 하지만 유의미한 결과는 아니어서($p>0.05$) 역시 기각되었다. 입학사정관은 입학사정관제의 정착을 위하여 고교의 역할에 대하여 일부 인식은 하고 있으나 유의미한 영향을 미칠 정도는 아니었다.

넷째, 입학사정관제의 정착에 미치는 기술적 차원의 하위 영향 요인 중 입학사정관의 전문성은 입학사정관제의 정착에 정(+)의 영향을 미칠 것이라는 가설 검증 결과, 유의미한($p<0.05$) 영향을 미치고 있어 채택되었다. 이러한 결과는 기존 입학사정관들이 공정하고 우수한 입학사정관의 선발과 신분 보장을 통한 직업안정성의 확보 및 훈련과 관리뿐만 아니라 전담조직의 독립적 구성 등이 입학사정관제의 정착에 중요한 요인이라는 데 동의하는 것으로 보인다. 또한 입학 전형 과정의 공정성은 입학사정관제의 정착

에 정(+)의 영향을 미칠 것이라는 가설 검증 결과, 유의미한($p<0.01$) 영향을 미치고 있어 채택되었다. 즉, 타당하고 공정한 전형 자료 및 평가 기준을 설정하고, 사전에 공지하여 홍보하고, 다단계평정이나 특수 관계 지원자에 대한 입학사정관 기피제 운영 등이 입학사정관제의 정착에 중요한 요인이라는 것에 강하게 동의한 결과라고 할 수 있었다. 그리고 전형 결과에 대한 합리적인 이의 제기 대응책은 입학사정관제의 정착에 정(+)의 영향을 미칠 것이라는 가설 검증 결과, 유의미한($p<0.001$) 영향을 미치는 것으로 나타나 채택되었다. 즉, 입학사정관제의 정착을 위해서는 입학사정관제에 대한 관련 법규 및 규정, 세부지침 등을 명확히 하고, 절차를 준수하며, 이의 제기 시 문제 해결을 위한 위원회의 구성 운영 등의 합리적인 대응책이 중요하다는 것에 강하게 동의하는 것으로 보았다.

지금까지 쿠퍼 등의 다차원 교육정책 분석모형을 토대로 가설 검증한 결과를 종합해 보면, 입학사정관제의 추진 목적 달성(대입 전형의 선진화, 공교육 활성화 등) 및 사교육시장 구조 축소(입학사정관 전형 방식, 전형 과정 등)와 제도 관련 집단 간의 상호 연계 체제 구축(교육지원청의 역할 등) 그리고 입학사정관제의 신뢰성 확보(입학사정관의 전문성 등)가 되었다는 사회적 공감대가 형성될 때 비로소 입학사정관제는 정착될 수 있다고 볼 수 있다.

제 7 장

# 한국 입학사정관제 분석의 정책적 시사점

이 연구의 목적은 우리나라 입학사정관제의 정착에 미치는 다차원 영향 요인 분석을 토대로 입학사정관제의 정착 방안을 위한 정책적 시사점을 모색하는 데 있다. 이를 위하여 입학사정관제와 쿠퍼 등(Cooper et al., 2004)의 다차원 교육정책분석 모형에 관한 이론적 배경 및 선행 연구에 관한 문헌 연구를 통하여 입학사정관제의 정착에 미치는 영향 요인들에 관한 연구 설계를 하였다.

우리나라 입학사정관제의 정착에 미치는 하위 영향 요인 중에서 첫째, 규범적 차원(normative dimension)은 입학사정관제의 추진 목적에서 추출하여 대입 전형의 선진화, 공교육의 활성화, 사회문제 해결로 선정하였으며, 둘째, 구조적 차원(structual dimension)은 사교육시장 구조와의 관계에서 추출하여 사교육기관 활용의 수요 증가 이유 및 사교육비 증가 방지 방안에서의 입학사정관제의 전형 특징, 전형 요소, 전형 과정, 그리고 전형 방식으로 선정하였다. 셋째, 구성적 차원(constituentive dimension)은 입학사정관제와 관련한 주요 구성 집단인 교육과학기술부, 한국대학교육협의회, 대학, 고교, 교육지원청과의 상호 연계 체제 구축의 중요성 및 필요성에서 추출하여 각 집단의 역할로 선정하였으며, 넷째, 기술적 차원(technical dimension)은 입학사정관제의 신뢰성 제고에서 추출하여 입학사정관의 전문성과 입학 전형 과정의 공정성 확보 및 전형 결과에 대한 합리적인 이의제기 대응책으로 선정하였다.

이러한 입학사정관제의 정착에 미치는 규범적, 구조적, 구성적, 그리고 기술적 차원의 15개 하위 영향 요인들을 토대로 이 연구의 목적에 따라 분석모형 및 가설을 설정하였으며, 변수의 조작적 정의와 설문지 구성은 선행 연구에서 사용된 설문 문항을 활용하여 일부 수정 · 보완하였다.

이 연구는 2010년 교육과학기술부의 입학사정관제 운영 지원사업에서 선정된 60개 대학에서 입학사정관으로 재직 중인 전체 526명의 전임 입학사정관을 대상으로 2010년 12월 20일부터 2011년 2월 21일까지 2개월간 설문조사지가 3차에 걸쳐 우편 및 이메일로 배포되어, 회수된 설문지는 408부로 회수율은 77.6%였다. 회수된 408부의 설문지는 모두 성실하게 답변되어 이 연구의 분석 자료로 활용되었다. 설문은 서열 척도의 표준화된 기법인 Likert 5점 척도를 사용하였으며, 자료 분석은 SPSS Win 18.0과 AMOS 18.0을 이용하였다.

자료 분석과 가설의 검증에서 타당도를 확보하기 위한 요인분석의 결과, 전체 40개의 문항들은 0.6 이상의 높은 요인 적재치를 가졌고, 고유값이 1이 넘는 요인들로 모두 묶어졌으며, 신뢰도 분석에서 신뢰성 계수는 크론바하 알파(Cronbach's α) 값이 모두 0.7 이상으로 나타나 측정 문항의 신뢰성은 높은 수준이었다. 또한 입학사정관제의 정착에 미치는 주요 영향 요인 간의 관련성 정도 및 방향성을 파악하기 위하여 상관관계 분석을 하였는데 전반적으로 주요 영향 요인들에서 각 영향 요인 간 관련성이 있는 것으로 유의미하게 나타났으며, 이의 가설과 어느 정도 방향성이 일치한다고 볼 수 있었다.

또한 다중회귀분석을 통한 가설을 검증한 결과, 이 연구 분석모형의 F=22.108로 유의미한($p<0.001$) 결과였으며, 입학사정관제의 정착에 미치는 규범적 차원, 구조적 차원, 구성적 차원, 그리고 기술적 차원의 각각 하위 영향 요인들이 입학사정관제의 정착을 위한 설명력에서 45.9%였으며, 수정된 설명력은 43.8%로 나타나 많은 부분을 설명할 수가 있다고 보였다.

다중회귀분석을 통한 가설 검증 결과, 입학사정관의 인구통계학적 특성이 입학사정관제의 정착에 대하여 통계학적으로 유의미한 영향을 미치는 변수는 없었으며($p>0.05$), 입학사정관제 선정 대학의 통계학적 특성 역시 입학사정관제의 정착에 유의미한 영향을 미치는 변수는 없었다($p>0.05$). 이러한 결과는 입학사정관제의 정착에 영향을 미치는 규범적, 구조적, 구성적, 기술적 차원의 주요 독립변수들이 입학사정관의 인구통계학적 변수나 입학사정관제 선정 대학의 통계학적 변수보다는 쿠퍼 등이 제시한 다차원 교육정책분석 모형에서 많은 영향을 받은 것으로 판명되었다

다음은 이 연구 결과의 요약 및 정책적 시사점이다.

첫째, 입학사정관제의 정착에 미치는 영향 요인 중 규범적 차원에서는 대입 전형의 선진화와 공교육 활성화가 유의미한 정(+)의 영향을 미치는 것을 확인할 수 있었다. 따라서 대학은 입학사정관제로 인한 자율성 확보와 더불어 책무성 강화에도 더욱더 노력해야겠으며, 인재상의 다양성과 사회적 다양성 확보를 위하여 신입생 선발 시 소외된 사회계층 배려와 출신지역 안배 및 고교 유형 차별 완화 정책 방안을 강구하여야 할 것이다.[1)]

둘째, 구조적 차원에서는 사교육시장 구조에서의 입학사정관 전형 과정이 유의미한 부(-)의 영향을 미치는 것으로 나타났으나, 입학사정관 전형 방식은 유의미한 정(+)의 영향 요인으로 나타났다. 이는 사교육기관 활용의 수요 증가 이유가 입학사정관 전형의 과정에서 발생할 수 있으므로 대학은 입학사정관 전형에 필요한 자료와 면접 방법 등의 준비 및 지도가 고교 교육을 통한 입학사정관제 대비가 현실적으로 가능하도록 해주어야 한다. 또한 사교육비 증가 방지 방안의 하나로 입학사정관 전형 방식에서의 전형 기준 및 전형 방법 공개와 전형 자료의 종류를 제한하는 전형 방식의 통합

---

1) 김윤상(2011)은 서울·지방 격차 해소를 위한 중요한 정책 수단으로 지역균형임용제를 주장하였는데, 이 제도는 지방에 사는 사람이 겪는 차별을 해소하고 어느 지역에 살건 국가적 인재로 진출할 수 있는 기회를 실질적으로 평등하게 보장하자는 것이다. 지역균형임용제의 취지는 바로 입학사정관제의 추진 목적의 하나인 소외계층의 대학 진학 기회 확대와 명문대 진학을 위한 과열 경쟁 완화 및 쿠퍼 등(Cooper et al., 2004)의 다차원 교육정책분석 모형의 핵심 가치인 윤리와 사회정의 실현에도 부합된다고 볼 수 있다. 따라서 입학사정관제 선정 대학의 평가 기준에서도 지역균형임용제와 같은 요소를 적극 반영할 필요가 있을 것이다.

이 필요하므로 이에 대한 방안이 모색되어야 할 것이다.[2]

셋째, 구성적 차원에서는 교육과학기술부의 역할은 유의미한 부(-)의 영향을 미치는 것으로 나타났으나, 교육지원청의 역할은 정(+)의 영향을 미치는 중요한 요인으로 밝혀졌다. 따라서 입학사정관제가 2011년이 제도 시행 5년째가 되는 해이므로 제도의 정착을 위해서는 교육과학기술부의 관리, 감독 위주의 규제보다는 대학의 자율적 제도 운영에 주력토록 해주어야 하는 것이 궁극적으로 바람직한 입학사정관제의 정착에 필요하다고 판단된다. 다만 정부 재정 지원이라는 측면에서 불법적인 예산 운영 및 입학사정관제 운영 공통 기준 위반 등을 제재하는 것은 불가피하다고 판단된다.[3] 또한 입학사정관제의 도입에서 지금까지 한국대학교육협의회의 역할이 매우 중요하였으며, 실제로 제도의 정착을 위하여 일정 부분 기여한 바도 컸으나, 결국에는 제도의 주요 수요 공급자인 고교와 대학의 역할이 제대로 수행되어야 한다고 본다. 따라서 지금까지 대학과 고교의 연계 프로그램과 학부모와의 관계 정립에서 주도적인 역할을 수행하지 못한 교육지원청을 적극 활용하는 방안을 강구하여 입학사정관제 관련 구성 집단 간의 상호 연계 체제 구축 방안을 시급히 마련하여야 할 것이다.

넷째, 기술적 차원에서는 입학사정관의 전문성과 입학 전형 과정의 공정성 및 전형 결과에 대한 합리적인 이의 제기 대응책이 모두 유의미한 정(+)

---

2) 교육과학기술부는 2011년 대통령 업무계획 보고(2010.12. 17)에서 입학사정관제의 내실화 및 대입 전형의 선진화 방안에서 대입 전형의 간소화 여부와 사교육 유발 가능성 등을 평가하여 학생 선발의 책무성을 확보하겠다고 밝혔다.

3) 교육과학기술부와 한국대학교육협의회의 발표(2011. 3. 11)에 따르면 2011학년도 대학입시에서 입학사정관제 지침을 위반한 5개 대학에 대하여 2010년도 국고지원금 중 일부를 회수하는 조치를 내렸다고 밝혔다. 수도권의 K대의 경우 신입생의 65%인 2,500명을 입학사정관제로 뽑겠다고 해놓고 절반 수준인 1,100여 명만 선발하고 나머지 14,00명은 일반전형으로 뽑은 것으로 확인되어 국고지원금의 20%인 2억 50,00만 원을 반납하게 되었고, 호남 소재 K대와 대전충청권의 K대 역시 규정을 어긴 채 지원자들이 토익이나 토플 같은 공인 영어 성적을 낼 수 있도록 허용하여 각각 28,00만 원과 25,00만 원을 반납하게 되었다. 또한 수도권의 S대의 경우는 일부 특기자 전형에서 예체능 수상 실적으로 지원 자격을 제한해 공통 기준을 위반하였던 것으로 조사되었고, 수도권의 C대의 경우 역시 입학사정관제 운영 공통 기준을 위반하여 각각 국고지원금의 3%인 66,00만 원과 25,00만 원을 반납하게 되었다.

의 영향을 미치는 가장 중요한 요인으로 나타났다. 따라서 입학사정관의 전문성 확보를 위해 자격증 제도가 도입되어야겠으며,[4] 입학사정관의 신분보장(정규직)을 위한 정부의 예산 지원도 반드시 수반되어야만 안정적인 입학사정관제의 신뢰에 대한 사회적 공감대 형성이 가능하리라 보여진다.[5] 또한 입학사정관제가 투명하고 공정한 전형 과정이 되도록 제도적 장치 마련이 보완되어야겠고, 정의롭고 공정한 사회를 만드는 데에 입학사정관제가 얼마나 중요한지를 느낄 수 있는 입학사정관의 윤리 의식 제고 교육 및 스스로의 자정(自淨) 노력을 실천하는 것도 상당히 필요할 것이다.

마지막으로, 우리나라 대학입시 제도의 변천사는 언제나 교육 현장에서 준비되지 않은 돌이킬 수 없는 혼란만 야기한 채 발전적 변화와 그 역할을 수행하지 못했다는 반성의 메시지를 던져주고 있다. 그동안 국내에서 입학사정관제에 관한 연구가 이루어져 왔으나 실제로 입학사정관제를 운영하는 입학사정관의 실체가 명확하게 밝혀지지 못하였으므로, 정부는 이 연구에서 나타난 입학사정관의 제도 인식 및 제도 정착에 미치는 영향 요인 분석 결과를 토대로 입학사정관제 관련 정책 수립의 기초 자료로 활용하여야겠다. 특히 입학사정관제의 신뢰성과 공정성보다 더욱더 중요한 것은 우리 교육의 모순인 대학 서열화 문제와 명문대를 우대하는 사회 풍토를 해결하지 않고서는 입학사정관제의 정착은 힘들 수도 있다는 점을 간과해서는 안 될 것이다.

---

4) 한국대학교육협의회의 발표(2010. 10. 16)에 따르면 입학사정관의 전문성을 높이기 위하여 2011년부터 입학사정관 자격증제를 도입하겠다고 밝혔다. 이 제도는 일정 기간 입학사정관 양성 프로그램을 이수한 사람들을 대상으로 2011년에는 약 10,00명에게 자격증을 주고, 이후 장기적으로 20,00~30,00명의 입학사정관 자격증 인력풀을 운영하겠다는 것이다.

5) 이주호 교육과학기술부 장관은 2011년 대학입학사정관제 사례 발표 워크숍(2011. 3. 9~3. 11)에 참석하여 "입학사정관제는 연속성이 중요하다"고 강조하면서 올 상반기 중 제2차 입학사정관제 5개년 계획(2013~2017)을 세워 중기 재정계획에 반영할 방침이라고 밝혔다. 특히 현재 정규직 비율은 21.7%로 2013년까지 50%까지 끌어올리겠다고 하며, 2011년 입학사정관제 지원 예산은 2010년의 350억 원과 거의 동일한 수준인 351억 원 수준으로 하되, 2012년에 100억 원 이상을 증액해 입학사정관을 정규직화하는 사립대학에 지원하고 국립대는 행정안전부와 협의해 입학사정관을 별도 정원으로 두도록 하는 방안도 고려하고 있다고 설명하였다.

한편, 이 연구는 다음과 같은 제약점을 갖고 있다.

첫째, 입학사정관제의 정착에 미치는 영향 요인을 조사하면서 연구의 대상을 입학사정관으로 한정하였으므로, 향후에는 입학사정관제에 관한 적극적인 홍보를 통하여 입학사정관제의 수요자인 고교 교사, 학부모, 학생 등을 포함한 광범위한 조사가 필요할 것이다.

둘째, 2010년 교육과학기술부의 입학사정관제 지원사업에 선정된 전체 60개 대학에서 재직 중인 입학사정관만을 대상으로 조사하였는데, 실제로 정부 재정 지원 없이 입학사정관제를 독자적으로 실시하는 대학도 58개나 되므로 전체적인 입학사정관제의 실시 대학 조사와 양자 간의 비교 연구도 필요할 것이다.

셋째, 우리나라 입학사정관제의 도입도 이제 4년이 경과되었으므로 입학사정관 전형을 통하여 대학에 입학한 학생들의 학교 성적 및 학교생활 적응에 대한 다양하고도 체계적인 심층 연구가 필요할 것이다.[6)]

넷째, 이 연구는 쿠퍼 등이 개발한 다차원 교육정책분석 모형을 적용하

6) 2011년 1월 한국과학기술원(KAIST)에 입학사정관제로 입학한 전문계 고교 출신 '로봇천재' 조모(19)군이 성적문제로 스스로 목숨을 끊으면서 입학사정관제를 정비해야 한다는 목소리가 커지고 있다. 이는 입학사정관제가 성적 위주가 아닌 다양한 특기 적성을 가진 학생들을 선발하는 데 비하여, 학생들은 실제 학업의 어려움을 겪고 있다는 것으로 입학사정관제의 정착을 위해서는 학생 선발뿐 아니라 사후관리에도 관심을 쏟아야 한다는 것이다. 한국대학교육협의회는 2011년 4월 입학사정관제 학생 TF 아이디어 및 입학사정관 전형 합격자 수기 공모를 한다고 하였으나, 근본적으로는 정부 및 대학에서의 대책 수립이 절실하다. 외국의 경우를 보면 미국 매사추세츠 주의 앰허스트(Amherst)대학은 입학 후 학습 부진이 우려되는 학생들에게는 대학 첫 학기가 시작되기 직전 여름방학 때 과학과 수학을 특별히 지도하는 캠프도 운영하고, 노스캐롤라이나 주립대학은 학생기숙사 근처에 학교생활에 적응하지 못하는 학생들을 위해 별도로 마련한 학업상담소인 '러닝센터(Learning Center)'를 운영하고 있으며, 그 외 하버드대학, 프린스턴대학, 버지니아 윌리엄스(Virginia Williams) 대학 등 미국의 명문대학은 입학사정관제로 선발된 학생들이 학업 및 대학생활에 잘 적응할 수 있도록 세심하게 배려하는 시스템을 갖추고 있다(동아일보, 2011. 1. 12). 한편 건국대학교에서 발표(2011. 4. 11)한 '입학사정관 전형의 단순화, 특성화를 위한 입학자 정보 분석 연구' 보고서(이미경, 2011)에 의하면 지난 3년 동안 입학사정관 전형으로 선발한 학생들이 대학 성적이 우수하며 학교 적응이 빨라 전공 만족도와 입학 만족도가 다른 전형으로 선발된 학생보다 높은 것으로 조사되었다. 이는 입학사정관제의 긍정적인 성과로 향후 실증적 연구 결과를 일반화하기 위한 광범위한 조사 연구 및 일정 기간이 필요하다고 본다.

여 입학사정관제의 정착에 미치는 영향 요인을 분석하였으나, 향후의 연구 과제는 다른 분석 모형을 적용하거나 새로운 분석모형의 개발을 통한 후속 연구가 요구된다 할 것이다.

제 3 부

# 미국 대학 입학사정관들의 고민

제 8 장 요약과 토론:
교육적 명료성과 영감 찾기

# 제 8 장 요약과 토론: 교육적 명료성과 영감 찾기*

"어느 누구도 대학 입학과 관련된 관행을 좋아하지 않는다 — 학생들, 학부모들, 대학 총장들, 학장들 모두."

— Lee Pelton, President of Willamette University

대학입학 결정 과정과 관행이 우려의 수준을 넘어 심각한 문제를 제기함에 따라 앞에서 논의된 에세이들을 종합하고 요약하여 독자들의 문제의식을 고취하고자 한다. 대학입학 제도는 상업주의로 변질되어 많은 문제점을 내포하고 있으며 이를 그대로 방치할 경우 이를 시정하려는 어떠한 노력도 무위에 그칠 수 있음을 우려하여 이에 대한 경각심을 심어주고자 한다. 우선 이 문제와 관련하여 다음의 질문들을 생각할 수 있다. "교육이 상업주의에 의하여 침식되고 있는 사항을 그대로 방치만 하고 있을 수 있는가?", "누가 책임을 지는가?", "어떻게 하면 더 교육적인 환경을 유지할 수 있을까?"

---

* 제3부 미국 대학 입학사정관들의 고민은 태커(Lloyd Thacker)가 2004년 『등급 없는 대학(*College Unlanked*)』이라는 제목으로 편집 · 출판한 것을 한석수 · 이종욱 · 정훈이 2007년 도서출판 아르케에서 입학사정관제에 관한 단행본으로는 국내 최초로 공동 번역 출간하였다. 전체 내용은 미국대학에서 입학사정 및 입학 관련 카운슬링에 종사한 총장, 입학업무담당자(입학사정관 등), 카운슬러, 교육자들이 쓴 에세이들로 이 중 마지막 장의 요약과 토론 부분인 교육적 명료성과 영감 찾기에 관한 번역을 이 책에 실었다. 그 이유는 한국 입학사정관제 분석에서 나타난 우리나라 입학사정관들의 입학사정관제에 관한 인식과 미국 대학 입학사정관들의 고민을 비교해 보는 것이 입학사정관제를 올바로 이해하는 데 도움이 된다고 판단했기 때문이다.

대부분 에세이 집필진들은 대학 총장, 경험 많은 입학 업무 베테랑, 카운슬러, 교육자들이다. 모두 상업주의가 빚어낸 대학 입학에서의 파행적 관행들이 의사결정, 정책, 학생들, 부모들, 카운슬러들, 대학 직원들의 행동과 태도 등 여러 부문에서 나타나고 있으며 그 양상도 다양하여 해결을 위한 의견의 일치를 도출하기도 어려운 실정이다.

어떤 점에서 이 보고서는 대학 입학에 대한 지역공동체의 의사 표현으로 볼 수 있다. 공동체의 공유된 가치에 대한 위협에 자연스럽게 반응하여 집단적 행위를 표출하는 일종의 '반상회' 같은 것이다. 이 반상회의 출석, 토론되는 문제들, 표출되는 가치들, 제언들 모두 대학 공동체의 교육적 특성, 건강, 야망의 표현으로서 이를 시정하려는 노력의 중요성을 강조한다.

사회 비평가 델반코(Andrew Delbanco)는 미국 고등교육의 역사는 두 가지 상충되는 의무—1세대 대학 설립자들과 교회들로부터 전승된 미래 시민의 도덕성 함양과 생산적 경제 발전에 기여하는 새로운 세대 양성—간의 갈등으로 볼 수 있다고 시사했다. 그는 "대학은 새로운 세대에 기존 문화를 보존하는 한편 그 문화를 시정·변화시키는 상충된 의무를 지어준다. 이중적인 기능은 그 균형을 유지하기가 불가능하지는 않을지라도 매우 어렵다"라고 썼다. 오늘날 증가하는 대학의 상업화된 입학 관행은 이 균형을 파괴하는 위험한 변화의 징조를 보여준다. 델반코는 "균형이 깨지는 것을 직감한다. 대학이 영혼을 잃기 전에 우리가 최후의 저지선을 지킬 수 있을까?"라고 반문한다. 이 책의 필진들도 대학 입학에서 상업주의의 지나친 영향을 걱정하며 균형의 파괴에 대한 델반코의 우려를 반영한다(*The College Board Review*, 1997년 7월).

## 제 1 절 상업적으로 왜곡된 대학 입학 시장

상업화되어 가는 대학 입학 관행은 어떤 면모를 지녔을까? 다음의 특징들이 있다.

- 대학 입학의 거의 모든 면에서 증대되는 '서열주의'의 영향
- 대학 교육의 포장, 광고, 가격 책정에 대한 시장 개념 및 전략 활용 증대를 통한 교육의 '시장화'
- 대학의 과장된 선전을 유도하는 부당한 외부 압력
- 재정 지원의 급격한 변화－빈곤한 학생들을 위한 교육 기회의 확대로부터 대학입학 경쟁에서 학교의 전략적인 우위를 획득하기 위한 것으로 변질
- 노골적으로 학생들을 고객으로 취급
- 중요한 교육 기준으로 명성, 인기도, 편의시설, 지위, 브랜드의 마케팅
- 입학관리에서 영업성 사업 모방
- 학생 자료의 상업화
- 모의시험 유출, 장학금 유인, 운동선수 에이전트 등 불안 조장 요인 확대
- 교육 투자부터 마케팅까지 방대한 자원의 재분배
- 대학 입학 준비 학생들이 겪는 스트레스와 질병의 증가
- 학생들 입장에서 스스로 하는 탐구적 호기심, 사고, 가족 및 친구들과의 담소에 할애하는 시간의 감소
- 고등학교가 대학의 오디션으로 변질되고 있는 동안 학생들이 경험보다도 전략적 이점에 집착하는 경향
- 입학 경쟁심을 높이려고 책략과 전술에 대한 의존성 증대
- 게임을 할 수 있는 사람들에게 이점 확대
- 윤리적 기준의 소멸과 대학, 학생, 학부모들에 의한 허위 진술 증가
- 대학 입학을 비롯한 전 과정에서 영향력을 확대하는 대학협의회의 기업화 증대
- 가정 수입별 대학진학 인구의 불균형 확대
- 자녀의 교육적 운명을 '조작'하려고 하는 부모들의 무모한 행동
- 대학 검색 과정부터 대학 질 측정, 성공 사례 벤치마킹, 학습과 의사결정에 이르는 전 과정에서 정량화되고 조작된 정확성에 대한 집착 증가
- 과장된 대학 '서열화'－고소득, 고득점, 운 좋은 아이들, 소수 대학에 대한 지나친 관심의 결과

이것들이 오늘날 대학 입학에서 주요한 상업적인 지표가 되었다. 그러나 양심적인 교육자라면, 이 관행들을 고등교육의 모델에 포함시키지는 않을 것이다. 스펜서재단의 맥퍼슨(Michael McPherson)은 미국의 고등교육을 탐방하러 온 스웨덴 교육대표단들에 대한 일화를 들려줬다. 탐방 마지막 날 만찬에서 방문단의 대표가 물었다. "질문이 딱 하나 있는데, 대체 누가 이러한 교육적 퇴행의 책임자인가요?"

미국 고등교육의 책임 소재에 대한 혼동뿐만 아니라 상업성에 지배되는 가치 혼란에 대해서도 우려를 나타낸다. 대학 입학을 재정비한다는 기대에 고무되어 우리 필진들은 이렇게 혼란스러운 투기장에 교육적인 분별력을 제시한다.

## 제 2 절 교육적 명료성 추구: 개인 경험

"오늘날 대학 입학에서의 치열한 경쟁은 본연의 교육적 가치보다도 실제와 인식의 차이가 허물어져 가는 학문의 세계에서 오도된 가치를 위한 쟁탈전에서 비롯된다."

—Andrew Delbanco, *New York Times* Book Review, 2002년 9월 29일

"경쟁력에 근거해 학교들의 등급을 매기려는 시도에는 여전히 매력적인 무언가가 내재되어 있다. 그런 등급 매기는 행위가 교육 목표의 명료성 추구에서 비롯되나, 그 명료성이란 환상이다."

—Don Peck, *The Atlantic Monthly*, 2003년 11월

상업적 영향과 교육적 가치 간의 갈등은 건실한 교육적 성과는 아니라도 명료한 기준을 제시하는 효과를 나타낸다. 첫 번째 에세이에서 스태퍼드(Kim Stafford)는 부모이자 시인, 교육자라는 복합적인 감각을 갖고 썼다. 그는 자신의 딸이 대학 입학 직원에게 설득당하는 모습을 지켜봤으며 그 직원이 사용한 전략과 언어가 자신이 생각하고 있는 교육적 가치에 위배되고 있다는 것을 피력했다. "나는 내 딸의 여행 드라마에 충실해 줄 안내자

를 원한다. 이 여정은 아직도 미지의 길이나, 대학의 존재 목적을 알려주는 길이어야 한다. 안내자는 학생 개인이 갖고 있는 고유한 자질을 발견하게 하여 그것이 대학에서 배움의 길을 가는 데 도움을 줄 수 있는 보배가 될 수 있음을 깨우쳐 주어야 한다."

교육 목표의 명료성에 대한 유사한 예들이 많은 필진에 의하여 기술되었다. 셰인(Bill Shain)은 자신의 에세이를 두 개의 고무적인 인용으로 묶는다–하나는 노래에서, 다른 하나는 연재 만화에서 따온 것이다. 둘 다 그의 메시지를 구체화한다. "어른들은 대학 입학을 왜곡하는 잘못을 저지르고 있다. 어른들은 윤리적인 역할 모델이 될 책임이 있다. 이 어른들에는 부모들, 기자들, 입학 직원들, 고등학교 카운슬러들이 포함된다. 우리 모두 이 조언에 귀를 기울여야 한다. 우리는 적을 만났네, 그 적은 바로 우리라네."

교육적 가치와 상업적 가치의 충돌은 대학협의회가 주관한 세계무역센터에서의 호화 파티에 대한 오닐(Ted O'Neill)의 질타에서 나타났다. 파티에서 돌아다니며 그는 어떤 변화를 감지하였다. "새로운 팀이 몰려왔고 그들의 스타일은 달랐다." 이와 관련하여 그는 모든 교육자들이 무언가를 공유하지만 이 공통성은 이제 대학협의회의 새 팀에게는 낯설어 보인다고 시사하였다. "교육자들에게 교육의 기저는 흔들지 말아야 한다. 교육은 이익이나 힘이 아닌 배움에 관심을 두어야 한다"고 주장한다. 오랫동안 대학협의회의 회원이었던 그는 한탄하였다. "……그때 나는 회원이나 포럼 참석자의 일원이 아니라 그냥 앉아만 있는 것처럼 느껴졌다."

베세다(Michael Beseda), 밸링거(Philip Ballinger), 마사(Robert Massa) 모두 이 책에서 자신들의 메시지를 명료하게 전달하기 위한 수단으로 학생들과의 경험을 서술하였다. 여러 해 전 대학 에세이로 게재된 "나는 배우고 싶다"는 세 단어는 베세다에게 배움의 중요성이 상업화된 대학 입학 세계에서 점차 떨어지고 있음을 상기시킨다. 대조적으로, 오늘날 대학 에세이는 전략적 관심에 집착되어 있다는 느낌을 준다. 마찬가지로 밸링거는 학생들을 유인하는 상업적인 메시지들이 학생들로 하여금 건강하고 감수성 풍부한 상상력을 가지고 학교 선택에 임하는 것을 방해한다고 우려한다. 마사는 자신의 입학 관련 지혜가 자신의 아이들이 대학입학 전쟁에서 살아남는 과정을 지켜본 덕분이라고 한다. 마사는 자신의 아들이 “아빠, 내가 물리학 심화 과정을 3학년이 아닌 4학년 때 수강하였다는 이유로 나를 합격시키지 않는다면, 나는 그런 학교엔 오라고 해도 가고 싶지 않아요”라고 대답하였다고 썼다.

위에 제시한 예들은 필진들(대부분 입학 전문가들이라고 본다) 사이에는 학생들의 교육적 요구를 이해하고 그들의 필요를 충족시켜 줄 충동－종종 개인적인 경험을 통해 드러나는－을 느끼고 있음을 시사해 준다. 이 충동은 많은 사람을 대학 입학의 장으로 끌어들였고 상업주의에 대항해 점증하는 분노를 설명해 준다. 이 전문가들은 교육을 특별하게 만드는 그 무엇에 대하여 공감대를 형성하여 상업적 영향이 침투할 수 없게 경계하고 있다. 마케팅에 이토록 지배당하고 있는 문화에서 입학 전문가들은 상업적 영향들이 던지는 냉소적인 그림자를 헤쳐 나가는 동안 본능적 교육 공감대에서 구원의 불빛을 찾아내어야 한다.

## 제 3 절 교육적 명료성 추구: 판단

단순히 충동과 본능 이외에도 우리 필진들이 교육 목표의 명료성을 모색하도록 촉진해 주는 공통된 이해가 존재한다. 필진들은 특정한 규범이나 가치가 반드시 교육에 내재해 있다는 점에 동의한다. 이 규범적 가치가 교육을 상업적 침투로부터 보호해 주고 있다. “해야 한다”, “해서는 안 된다”, “그런 식은 안 된다”, “그것은 비도덕적이다”는 단정적인 표현들을 통하여 필진들은 단순한 충동 이상으로 상업주의에 반응한다. 그들은 교육적 가치, 이러한 가치의 중요성, 그리고 이런 가치들의 함양에서 대학 입학의 역할에 대한 이해에 바탕을 두고 상업주의에 대한 비판적 판단을 내린다.

마사는 사회적 지위의 오도된 중요성에 대하여 평한다. “고등교육의 목표와 원칙이 흐려지고 있다. 우리는 성공의 정의를 사회적 지위와 연결시킨다. 얼마나 오도된 정의인가?” 스페이어(Mark Speyer)는 학생들의 학습에 다양한 상업적 영향이 누적되는 결과를 우려한다. "……이 문제는 우리의 책임이다. 우리는 젊은이들을 고문하고 있으며, 10년 전에 비하여 준비되지 않은 학생들을 대학에 보내고 있다." 윈굿(Harold Wingood)은 언론의 왜곡을 비판한다. "……언론이 이렇게 중요한 인생의 전환기에 대해 우리의 시각을 잘못된 방향으로 형성하고 있다. 다른 방향으로 달아나는 열차에 제동을 걸 수 있는 목소리는 거의 없다." 오닐은 표준화된 시험이 기본적인 사회조직에 미치는 영향에 대하여 우려한다. "시험은 무엇을 가르칠 것인가, 즉 교과과정을 결정한다. ……우리가 지력, 근면성, 가치(그리고 교사, 학교, 공동체의 가치)의 측정 기준으로 시험 결과에 더 많이 의존함에 따라 미국 내 위계질서를 그만큼 더 심화시키고 있다." 퍼스텐버그(Karl Furstenberg)는 "입학 전형에 과도한 관심을 쏟음으로써 학생들과 그 가족들을 필요 없이 불안하게 하는" 일부 언론들을 질타한다.

대학 총장들도 경고하고 있다. 허쉬(Richard Hersh)는 "너무나 많은 대학생이 잘못된 이유로 대학을 선택한다…… 그런 식으로 되어서는 안 된다. 결국 게임을 주도하는 것은 학생이지 다른 사람이 이들을 대체할 수는 없다라고 썼다. 애덤스(William Adams)는 자신의 동료에게 "(*U.S. News*와의) 공모는 우리 학생들의 장래에 해를 끼친다. 또한 고등교육에 영향을 주는 다양한 공공 정책들을 왜곡하는 데 일조한다"고 주장하였다. 다이버(Colin Diver)는 "……도구적 가치에 대한 강조는 지식 자체를 추구하는 사람들에게 대학교육에서 설 자리가 없다는 인상을 주기까지 한다"고 경고하였다. 프란츠(Craig Franz)는 대학 서열은 "학생들의 경험과 무관"할 뿐만 아니라 "대학들이 같은 목표를 향해 나아갈 때……미국 고등교육의 자랑인 다양성은 위태로워진다"고 훈계하였다.

상업적 영향에 대학들이 승복하는 것은 심각한 문제이다. 포크(Bruce Poch)는 "대학들은 의도하지 않았을지라도, 시장 광란을 일으키는 주범이 되고 있다"고 선언하였다. 마더스(Paul Marthers)는 입학 전문가들이 "미끼와 낚아채기의 달인으로 보일 수 있다"고 인정하였다. 베세다(Michael Beseda)는 "학계 안팎의 사람들 때문에 우리가 이런 식으로 [영업팀으로] 인식된다는 것은 놀라운 일이 아니다"고 지적하였다. 밸링거(Phil Ballinger)

는 입학 업무에서의 말썽 많은 변화를 묘사하였다. "카운슬링이 세일즈로 변하고 있으며 어떤 학교에서는 입학 카운슬러가 영업사원으로, 입학과장이 영업과장으로 불려야 한다"고 말하였다. 다음과 같은 낭랑한 소리는 섬너(Jim Sumner)의 말이다. "……그 자료(대학들이 다양한 출판업자들에게 제출한)의 부정확성은 학생들과 가족들, 학교 상담자들을 당황시킨다. 나는 노골적인 자료 왜곡이 하루라도 빨리 중지되기를 바란다……" 마지막으로, 콜러웨이(Sean Callaway)의 강력한 말을 듣는다. "교육의 목적은 서열전쟁에서 명성에 집착함으로 실추되고 있다. 외부 압력에 의하여 대학교육기관들이 의도적으로 판매시장을 형성하고 때로는 지원자들의 특성을 유출시켜 공포와 정서적 스트레스를 야기하는 비도덕적 행위를 서슴지 않는다. 수입을 예측하는 모델링, 일대일 마케팅, 복잡한 시장 조작의 도구들을 모두 가동하면 장사는 될지 몰라도, 청소년들의 인지적·감정적 성숙도를 목표로 하는 교육의 관점에서 볼 때 이것은 만행이다."

이런 가치 중심의 진술에서 일반적이며 설득력 있는 인식이 도출된다. 상업적 영향은 교육적으로 부적절한 결과를 가져온다. 많은 교육자가 대학의 상업적 관행이 교육적 규범을 위반하고 왜곡한다는 사실을 깨닫고 있다.

## 제 4 절 교육 목표의 명료성 추구: 그룹행위

NACAC의 최근 회의 참석자들, 약 200명의 입학 전문가들이 상업적인 입학 관행이 교육의 가치와는 무관함을 밝히고 있다. 그들은 먼저 왜 직업으로 대학 입학 업무를 택했느냐는 질문을 받았다. 대부분의 사람은 학생들과 일하는 것이 주된 동기였다는 데 입을 모았다. 학생들의 어떤 점이 그렇게 매력적이냐는 질문에 그들은 다음과 같은 '학생들의 특성'을 열거하였다. 호기심, 순수함, 에너지, 지적 탐구욕, 창의성, 겸손, 독립적 사고, 과감성, 상상력, 용기, 정의감, 동정심, 공익정신, 공동체에 변화를 가져오려는 욕구. 이러한 특성을 갖춘 학생들은 입학 담당 직원들을 고무시키는데, 이

토론회가 진행되는 동안에도 이런 특성들에 대한 애착이 두드러졌다.

다음 차례로, 입학 전문가들은 자신이 몸담은 학교의 사명을 말하였다. 각 대학의 사명은 매우 유사하였다. 대부분의 대학은 학생들이 의미 있으면서도 생산적인 삶을 살 수 있는 준비를 시켜주려고 한다. 대학들은 비판적 사고, 리더십, 도덕적 판단, 유연성, 시민정신, 큰 그림을 보는 사고, 창의성, 관용성, 자기 이익과 편견에 흔들리지 않고 먼 곳을 볼 수 있는 능력을 배양하는 데 교양교육의 가치를 극찬한다. 참석자들은 다른 대학에서 온 동료와 함께 직업 정체성을 찬양하듯이 토론에 열을 올렸다.

이같이 고무적인 학생들의 특성을 함양해 주는 학교의 목표를 밝힌 뒤 사회자는 전문가들에게 현재 대학 입학을 특징짓는 관행들을 생각해 보라고 요구하였다. 갑자기 방 분위기가 숙연해졌다. 다들 처음에는 조용히 자세를 고쳐 앉다가 사회자의 재촉이 있은 뒤 조금씩 대답들이 나오기 시작하였다. 앞서 언급된 '상업적 지표'를 포함하여 상업적 영향에 대한 토론이 시작되었다. 그러나 자세한 입학 전형의 사례가 제시되자 (때로는 마지못해서) 전문가들의 동료애는 점차 커지는 불안감으로 대체되었다. 한 고등학교 카운슬러가 『뉴욕타임스(*New York Times*)』에 게재된 아이비 리그 대학(Ivy League College)의 여름 계절학기 프로그램 광고를 소개하였다. "수업은 5주지만 프라이드는 영원하다." 또 다른 카운슬러는 입학처장들로부터 받은 매우 유사한 내용의 다양한 편지들을 상기하였다. "지원자 수가 10% 더 증가하여 경쟁률이 또다시 갱신된 해를 기록하였다……" 이후 학생들 앞에서 입학처 대표가 애용하는 문구들이 상기되었다. "당신의 전공 분야에서 우리 학교는 최고의 교수진을 갖추었다", "우리 학교의 드라마 프로그램은 단연 1위이다", "우리 학생들과 다른 학교 학생들 간의 차이는 강의 시간에 드러나는 열정이다." 많은 이야기－대부분은 고등학교 카운슬러들에게서, 그리고 일부 입학처 직원들로부터－가 쏟아져 나오기 시작했다. 대학들이 고등학교 3학년생들의 명단을 내놓으라고 졸라대는 것부터, 대학에 다니면서 고등학교를 졸업하라는 고등학교 3학년 학생들을 유혹하는 스카우트 편지, 조기 지원자에게 더 좋은 장학금 기회를 약속하는가 하면, 합격자 명단보다 더 긴 대기자 명단, 학생들에게 SAT를 가능한 한 많이 여러 번 치라고 상담해 주기, 유명 대학들의 SAT 모의고사 패키지 판매, 서열을 이용해 자신을 광고하면서 오히려 위신을 떨어뜨리는 대학, 이 모든 것이 폭로되면서 토론회는 참석자들의 긴장으로 고조되고 있었다.

사회자는 각 세션의 결론을 요약 · 비교하였다. 우선, 사회자는 입학 업무 담당자들을 이처럼 고무시켜 주는 학생들의 특성들을 열거하였다. 그 다음 그는 학생들의 특성을 함양시키는 교육적 목표들을 재확인하고 마지막으로 상업적 입학 관행을 사례별로 설명하면서 우리가 추구하여야 할 교육적 가치가 실추되고 있음을 적나라하게 보여주고 있었다. "우리는 학생들보다 우리 자신에게 더욱 냉혹한 판단을 내려야 한다."

## 제 5 절 학생다움 되찾기: 교육적 가치 옹호

> "대학 입학 전형은 다른 소비자 평가들과는 달라야 한다. 대학의 질, 신뢰성, 의존성을 공정하게 측정할 수단은 없으며 우리는 그런 수단이 있는 것처럼 행동해서도 안 된다."
>
> —Lee Bollinger, College Board Forum 기조 강연, 2002년 1월 31일

대학 입학이 처한 현재의 위기는 교육의 목적과 시장 중심 관행 간의 고통스러운 괴리가 있음을 반영한다. 개인 이해관계를 중심으로 하는 상업적 규범이 득세하는 사회에서 교육계 지도자들은 이러한 부적절한 상업적 관행에 저항하고 고등교육의 독자적인 역할을 수호할 의무가 있다. 불행히도 대학 입학 결정과 관련된 행위에서 그러한 사명의식이 사라진 것 같다. 교육 목적과 상행위 간의 단절이 가져올 최악의 사항을 두려워하면서도 우리는 교육적 사명을 추구하는 데 무력함을 보인다.

스웨스모어대학(Swarthmore College)의 슈워츠(Barry Schwartz) 교수는 상위권 대학 간에 학생 유치 경쟁을 무기 경쟁에 비유하고 있다("Tyranny of Choice," *The Chronicle of Higher Education*, Jan. 23, 2004). 우수 학생을 유치하기 위하여 대학이 사용하는 소위 '쇼핑몰' 전략을

경고하기 위하여 출간된 『선택의 집착(*Obsession with Choice*)』은 소모적 경쟁이 야기하는 공포와 불안의 정도가 학생들에게 막대한 파괴력을 갖고 있다는 구체적 증거를 제시해 주고 있다. 슈워츠에 따르면 이런 집착은 '대학 교수진과 행정 직원들의 책임 회피'를 뜻한다. 그는 '신고전주의 경제학의 이론과 실제'에 지나치게 영향을 받아온 학교들에 더 책임 있는 행동을 요구한다.

선택이 대학 입학 시장을 혼란에 빠지게 하는 유일한 상업적 개념은 아니다. 우리 필진은 경쟁, 합리성, 생산품, 브랜드, 소비자 제일주의, 다다익선, 완벽 맞춤, 시장 가치, 사리사욕 등 이익 추구 경영과 관련된 개념들에 대하여 우려를 표명하였다. 이런 상업적 개념의 적절성과 관련하여 다음과 같은 질문을 던질 수 있다. "계량화할 수 없는 요인들이 있는 선택 과정에서 학생과 대학들이 소비자의 확신을 갖고 행동할 수 있을까?", "배움이 성장과 변화와 관련된 것이라면 학생들은 '완벽한 대학' 선택이 요구하는 정확한 결정을 어떻게 내릴 수 있을까?", "교육 외부적 여건이 규정하는 기준에 따라 승자와 패자를 결정하는 것이 용인될 수 있나?", "부유한 자들의 투자를 보상해 주는 입학 전형이 교육적으로 어느 정도까지 정당화될 수 있을까?", "브랜드는 양질의 교육을 보장하나?", "어떤 특질들을 측정, 비교, 함양할 수 없다고 하여 그것들의 중요도가 떨어지는가?", "상업적으로 규정된 기준에 따라 교육기관들을 관리, 운영하여야 하나?", "명성은 가치를 부여하나?", "교육적인 가치가 시장 메커니즘에 어느 정도까지 위임될 수 있고 위임되어야 하나?", "학생들이 정직하고 창의적이며 시민정신을 가지도록 기대한다면 우리 자신에 대한 기대는 그보다 적어도 되나?"

에세이들의 맥락에서 이 질문들을 생각한다면 우리는 '선택의 횡포'라는 주제를 더 포괄적인 브랜드, 서열, 점수, 다다익선, 완벽한 학교, 명성, 학생의 고객화, 게임전략, 영업사원화, 교육의 상품화, 쟁취 등의 횡포로 확대 해석할 수 있을 것이다. 수록된 에세이들은 교육적 목표와 상업적 관행 간의 괴리가 있다는 사실에 착안하여 교육이 위기에 와 있음을 경고한다. 대학 입학에 변화를 가져오기 위하여 대학들은 입학을 시장터로 바꿔놓는 데 자신들이 한 역할을 인식하고 문제 해결에 적극성을 보여야 한다. 그러나 거기에는 장애물이 있는 듯하다.

전직 경제학자인 대학 입학처장 스레셔(B. Alden Thresher)는 25년 전에 대학 입학과 공익에 대한 독창적인 에세이를 썼다. 그는 교육이 더 큰 사회적 목적에 기여하기 위하여 대학 입학처장들은 자신의 학교 중심 욕망을 버려야 한다고 주장하였다. 최근 경제학자인 맥퍼슨(Mike McPherson)과 샤피로(Morton Schapiro)는 대학들이 학생 재정 지원을 경쟁의 도구로 이용함으로써 교육적인 문제점을 노출하고 있지만 대부분의 대학은 자체 행동만으로는 이 상황을 극복할 역량이 없다"고 썼다(*The Student Aid Game*). 현재 여기에 실린 에세이들은 혼란스러운 상업적 관행 속에서도 교육적 의무에 충실하기 위한 집단적 목소리를 천명하기 위한 것이다. 이 목소리는 진정한 의미의 학생으로 돌아가자는 외침이다.

"학생다움(studenthood)"이라는 용어 사용은 전략적 발상이다. 교육적 민감성과 책무성에 호소하기 위한 창의적인 시도이다. 침투적 힘을 자랑하는 시장중심 개념의 합리성에 반하여 사회적으로 책임 있는 대안이라는 희망을 제시한다. 우리가 교육에 신경을 쓴다면 기본적으로 우리는 학생들의 교육적 요구를 만족시킬 준비가 되어야 하기 때문이다. 또한 우리가 젊은 이들을 좋은 학생이 되도록 돕고 싶다면 우리는 학생이 된다는 의미를 이해하고 존중하여야 한다. 그뿐만 아니라 우리가 존중하고 바라는 것이 위기에 봉착하였다면 우리는 수호자의 열정을 갖고 행동에 나서야 한다.

거듭 말하지만 학생이라는 것을 정의하고 의미를 부여하는 특질들은 호기심, 상상력, 자신감, 노력, 동정심, 호기심 등을 지칭한다. 여기에는 이런 특질들을 배움이라는 활동에 적용하려고 하는 학생들의 자세와 적극성도 포함된다. 이 특질들은 학습을 유발시키고 교육을 가능하게 하고 교육을 특별하게 만들며 학생을 교육이라는 전략적 중심에 자리잡게 해준다. 따라서 학생 특질을 하나의 자원으로 인식하고 존중함으로써 대학 입학 관계자들은 균형 잡힌 교육적 가치나 원리를 발전시키고 이에 따라 적합한 입학 관행들을 확립할 수 있다.

이런 원리들의 예는 교육보호위원회(Advisory Board of the Education Conservancy)가 다음과 같이 제시한다.

- 교육은 생산품이 아니라 과정이다. 학생들은 소비자가 아니라 학습자들이다.
- 훌륭한 교육이 무엇이며 그 이점과 결과는 예측할 수 있으나 사실상 변화의 측정은 불가능하다.
- 서열은 지나치게 단순화하고 오도한다.
- 학생의 지적 능력과 학습에 대한 자세는 그 학생이 어느 대학을 가느냐보다 더 중요하다.
- 교육적 가치들은 일관된 입학 전형들과 일치할 때 최대 효과를 낸다.
- 대학 입학은 학생 자율권과 지적 성숙을 향한 교육 과정의 일부가 되어야 한다.
- 대학들은 평가될 수는 있지만 서열을 매길 수는 없다. 학생들은 평가될 수는 있지만 계량화될 수는 없다.
- 학생들의 사고, 아이디어, 열정은 최대한 주의깊게 다룰 가치가 있다.

혹자들은 이 원리들이 지나치게 단순하고 눈에 거슬린다고 폄훼할지도 모른다. 그러나 이보다 더 우리의 주의를 끄는 것은 이 원리들과 상업적 관행들, 즉 현재 대학 입학을 특징짓고 영향을 미친 조건들 간의 모순이다. 현재 교육적 가치들과 목적들(정직 포함)은 이들을 보호하고 책임질 자들에 의하여 부정되지는 않더라도 해를 입고 있다는 사실은 자명하다. 대학 입학 전형을 교육적인 목적으로 재편성하고자 한다면 우리는 반드시 위의 원리들을 준수해야 한다. 델반코(Andrew Delbanco)가 비꼬아 말한 것처럼 "우리는 정책 변화에 위엄을 부여할 방안을 찾아야 한다"(대학협의회 포럼 기조 연설, 2002년 1월 18일). 사실상 우리는 본질적인 교육의 원리들을 수호하고 확대할 수 있는 방안을 찾을 수 있고 또 찾아야만 한다.

## 제 6 절 권고 사항들: 마땅히 해야 할 그 일을 누가 할 수 있을까?

대학 입학에 관계된 모든 사람은 대학 입학이 상업화되는 것을 저지할 임무를 갖고 있다. 학부모, 학생, 지도교사, 입학처장, 학교 총장, 심지어 대학협의회, 그리고 언론들, 이 모두는 교육적 효과가 있을 수 있도록 노력할 뿐만 아니라 대학 입학 절차가 교육적 건강을 되찾을 수 있도록 하여야 한다. 순수한 교육적 목표에 대한 헌신과 학생다움이 무엇인지 충분히 이해하는 데서 적합한 행동이 나올 수 있다. 따라서 아래의 권고 사항들은 대학 입학 제도를 학생 중심으로, 책임 있는 교육의 과정으로 재수립하는 데 도움을 줄 것이다.

### 1 학생들은 무엇을 할 수 있는가?

학생들이여, 이 책을 읽어라. 그대가 자신의 대학 입학 과정을 교육적으로 활용할 수 있도록 도와줄 축적된 경험을 어느 곳에서 발견할 것인가? 이 글들은 같은 목표의 삶을 공유해 온 사람들이 학생들을 위하는 마음으로 쓴 것들이다. 그대에게 유익이 되는 전문가적 의견, 통찰력, 연민, 그리고 조언이 모두 여기에 담겨 있다. 그대의 고교 학창 시절을 잘 마무리할 수 있게 하는 방법을 배워라.

이 글을 읽는 가운데, 그대는 교육적 영양을 제공하는 몇몇 주제가 등장하고 있음을 알게 될 것이다. 이를 천천히, 그리고 철저히 소화하라. 그리고 풍성하고도 고무적인 이 내용에 따라서 그대 자신을 다스리라. 그 결과로 그대는 더 강하고 지혜롭고 유능한 응시자가 될 것이다.

#### 1) 주제: 대학은 그대가 만드는 것이다

배움의 필요성, 알고자 하는 그대의 열망, 새로운 활동과 아이디어에 대한 욕구, 자기 만족을 넘는 자발적 참여, 힘든 일에 대한 선호, 미지의 세계에 대한 호기심, 그리고 삶에 대한 그대의 열정, 이러한 것들은 그대의 교육적 자산이다. 만약 그대가 '좋은 대학교육'을 만들기를 원한다면(받기를 원하는 것이 아니라), 그대는 이 자산들을 교육의 과정에 투입하여야 한다. 그대가 교육적 자산을 투입하여 만들어 내는 교육의 성과는 어떤 특정 대학만이 제공해 줄 수 있는 것이 아니다.

### 2) 주제: 확신이 중요하다

그대는 교육의 주체이므로 자신에 대해 조금이라도 알기를 원할 것이다. 초조해하지 마라, 그대가 모든 것을 할 수는 없다. 이것이 바로 그대가 대학에 가는 이유이고 배우는 이유이다. 그러나 위에서 언급한 것들을 고려하고, 그대가 갖고 있는 교육적 자산에 대하여 생각해 보라. 각 영역에서 그대가 어떠한 교육적 자산을 갖고 있는지 친구, 교사, 부모와 상의해 보라. 교육에 대하여, 그리고 학생으로서의 경험에 대하여 생각해 보라. 무엇이 그대의 보상이었고 무엇이 그대를 역경으로 몰았나? 배우는 것이 다른 활동과 어떻게 다른가? 학습에서 그대가 좋아하는 것과 싫어하는 것은 무엇인가? 그대는 좋아하는 선생님과 과목이 있는가? 무엇 때문에 그 선생님과 그 과목들을 좋아하게 되었는가? 만약 그대가 그대의 고등학교에 대하여 무엇이라도 바꿀 수 있다면, 어떠한 것이 바뀌어야 한다고 생각하는가? 왜 그런가? 그대는 무엇이 궁금한가? 만약 그대가 원하는 것을 무엇이든지 할 수 있는 1년이 있다면, 그것을 어떻게 활용할 것인가? 편안한 상태에서 그대는 최대의 학습 효과를 갖게 되는가? 아니면, 강요당하거나, 도전받거나 낯선 아이디어와 직면할 때인가? 이런 질문에 대하여 생각한 후에, 대학 안내서를 읽어보라. 그리고 어떤 학과의 소개가 관심을 끄는지 살펴보라. 그대의 상상력을 활용하라. 그대가 소망하는 모습에 충실하라. 그대의 직관과 교육적 충동을 신뢰하라. 그대가 알지 못하는 것들에 호기심을 가져라. 무지의 충격을 두려워하지 마라. 불확실성으로부터 영감을 가져라. 신념이 중요하다.

### 3) 주제: 그대는 정확한 추측을 하고 있다. 그 이상도 이하도 아니며, 그것으로 족하다

그대가 어떤 대학이든지 알아야 할 모든 것을 알 수는 없다. 아무도 그렇게 할 수 없다. 그리고 그대는 자신에 대하여 알아야 할 모든 것을 알 수도 없다. 그대는 학생이라는 것을 기억하라. 긴장을 풀고, 심호흡하고, 자신을 믿어라.

### 4) 주제: 완벽한 대학이란 없다

그렇다. 선택할 수 있는 많은 대학이 있다. 그러나 그것이 하나의 완벽하거나 심지어 최상의 선택이 가능하다는 것을 의미하지는 않는다. 대학들 사이에는 차이보다는 유사성이 더 많이 있다. 대학의 일반적 특성, 즉 규모, 교양과목 대 연구 중심의 비율, 위치, 비용(등록금), 종교, 특별 프로그램, 전공, 개성 등으로 대학을 분류할 수 있으나 그대의 자질에 맞는 그러한 특징들에 너무 집착하지 마라. 그리고 그것들 중에서 그대의 교육적 자산에 적합한 대학들을 유사성에 따라 나열해 보라. 80% 이상의 학생들이 그들이 '가장 선호하는 대학'에 들어간다고 한다. 그리고 더 많은 학생이 1년 후 자신이 선택한 대학이 그들이 가장 선호하는 대학이 된다고 한다.

### 5) 주제: 대학 입학의 시장 성향을 거부하라

다음 사항들을 생각해 보라. 교육은 제품인가? 학생은 소비자인가? 학교 등수, 이름, 평판, 그리고 위상이 교육의 질과 관련성이 있는가? 그대가 선택한 대학이 미래의 사회적 성공과 관련이 있는가? 그리고 그것이 얼마나 중요한가? 그대가 이 글을 읽는 중에, 그대는 이러한 질문에 대한 답변을 알게 될 것이다. 그러므로 그대의 학생 시절을 무시하는 모든 교육 판매선전에 대하여 회의적 시각을 가져라. 허쉬(Richard Hersh)에 의하면, 교육에서 "그대는 '소비자'가 아니며 항상 옳은 판단을 하는 것도 아니다"라는 사실을 인식하라. 실수를 하거나, 그러한 실수를 배우는 계기로 바꾸는 것은 커다란 학습 경험이 된다. 그러므로 다음과 같이 말하는 것을 두려워하지 마라. “나는 나에게 완벽한 대학이 어느 곳인지 모른다”, “나는 내가 무엇을 전공하기를 원하는지 모른다”, “나는 학생이 많은 대학도 적은 대학도 모두 개의치 않는다”, 그리고 “대학생이 된다는 것이 무엇을 의미하는지 아직 모른다. 이러한 것이 내가 대학에 가서 알아내고 싶은 것들이다. 그러나 나는 직감이 있다. 그리고 나는 그것들을 신뢰할 것이다. 나는 교육에 대하여 스스로 결정할 권리를 주장한다. 나는 진정한 대학생이 되는 연습을 한다.”

### 6) 주제: 항상 예외는 있다

이 주제들 중에서 몇몇은 그대의 특정 상황이나 가치 기준에 적용될 수 없을지도 모른다. 예를 들어, 그대는 자신이 어떤 전공을 원하는지 정확하게 알 수도 있을 것이다(그런데 90%의 학생들이 대학생활에서 적어도 한 번은 자신의 전공을 바꾼다). 또는 그대는 대학에서 스포츠와 같은 특별활동을 추구하기를 원할 것이다(그런데 대학에서 스포츠를 시작하는 대부분의 학생은 그것으로만 4년 동안을 허비하지는 않는다. 왜냐하면 그들이 대학생활에서 다른 할 일들이 많다는 것을 깨닫기 때문이다). 또는 몇몇 주제가 그대의 상황이나 가족의 가치 기준에 맞지 않을 수도 있다. 이런 것에 개의할 필요는 없다. 무엇보다 그대가 이 대학입학 계획 과정을 어느 정도 주도할 수 있느냐가 매우 중요하다. 그대 자신이 직접 그 과정을 주도할수록 좋은 결과를 얻을 것이다.

이 주제들을 넘어 대학 입학에 대한 더 좋은 접근법을 개발하기 위하여 몇몇 학생은 구체적 전략적인 제언을 요구하고 있다.

다음 사항들을 고려해 보라.

- 표준시험을 두 번 이상 치지 마라.
- 단지 입학 신청 과정이 쉽다는 것 때문에 대학을 선택하지 마라.
- 입학처장에게 그대의 심장만큼 소중한 것을 결정하도록 위임할 것인가?
- 입학처장, 시험 점수, GPA(평점), 또는 코치가 그대의 가치가 얼마인

지 말할 수 있다고 보는가?

- 대학의 대기자 명단에서 어느 정도 위치에 있는지를 확인하라. 그리고 입학 허가를 받은 대학에 가기로 마음의 결정을 하였는지 확인하라. 만약 그대가 확신 있게 대학을 선택했다 해도 다른 대학도 염두에 둘 필요가 있다.
- 그대의 고등학교 경험을 단순히 대학에 입학하기 위한 준비 과정으로 여기는가? 그렇다면 그대가 하는 모든 일이 대학 입학 잡신들을 달래는 노력 이외에는 뭐가 되겠는가?
- 그대가 지원하는 대학의 수를 4개에서 6개로 제한하라. 연구 결과에 따르면, 학생들이 적절한 사전조사를 한 경우에 좀 더 적은 수의 대학에 지원한 학생들이 대학에 들어가는 비율 및 대학생활의 성공 가능성이 더 높게 나왔다.
- 고등학교 시절을 인생의 필수적이고 중요하고 행복한 시기라고 받아들여라.
- 호기심과 열정을 갖고 탐구함으로써 고등학교 시기를 중요하게 보내라.
- 비교적 어려운 과정을 택하라. 어느 것이 적절한지를 결정하는 것은 그대의 책임이다.
- 텔레비전 앞에서 보내는 시간을 제한하라.
- 휴식 시간과 자연스러움과 조직적이지 않은 놀이를 즐겨라. 그대의 세대는 가장 많이 다른 것과 접속되어 있으면서 가장 적게 연결되는 것으로 묘사되고 있다. 잠시 동안이라도 접속을 끊으라.
- 기억하라. 유명한 대학일수록 대학 입학 과정이 정치적이고 그 과정에서 그대가 통제할 수 있는 부분이 더 적어진다.
- 그대가 결코 다른 사람을 판단하는 데 사용하지 않을 기준들, 대학을 졸업하면 결코 다시 그대에게 적용되지 않을 그 기준에 따라서 결국 그대가 판단된다는 사실을 명심하라.
- 그대의 열정을 추구하기 위하여 고등학교와 대학 사이에 1년을 할애할 것을 고려해 보라.

마지막으로, 대학 입학에 대한 걱정이나 부담이 심해질 때, 혼란스럽고 불확실하고 활력을 잃게 될 때, "대학, 저리 꺼져"라고 소리치고 싶은 충동이 그대의 유일한 선택인 것처럼 보일 때, 이러한 불확실한 순간에 다음의 글들을 새겨 봐라. 이 글들은 그대를 그렇게 괴롭히지 않는다면 자신의 중요성을 재확인하는 계기가 될 것이다. 여기 그대의 고교 학창 시절에 좋은 결과를 가져올 방법이 있다.

그렇다. 나는 대학 입학에 관하여 불안감을 느낄 필요가 없다.

그렇다. 나를 일생 동안 고객으로 취급하는 데 대한 좌절이 나의 인지감각을 둔화시키는 약으로 둔갑되어서는 안 된다.

그렇다. 나는 내 고등학교 학창 시절의 경험을 존중하지 않는 그런 입학 절차나 대학들을 택하지 않을 것이다.

그렇다. 나는 '게임과 같은' 입학 지원 소용돌이에 말려들지 않는다.

그렇다. 나는 '점수로 가득 찬' 사고방식에 굴복할 필요가 없다.

그렇다. 교육의 결과는 측정하기 어렵다고 알려졌다.

그렇다. 어떤 입학 관리부서도 내가 얼마나 가치 있는 존재인지를 말해 주지 않을 것이다. 나만이 그렇게 말할 수 있는 능력이 있다.

그렇다. 나의 학습 성공은 나 자신의 자신감에 달려 있다. 나는 긴장을 완화하고, 느긋해지고, 심호흡을 하고, 스스로를 믿을 것이다.

## 2 학부모는 무엇을 할 수 있는가?

학부모들! 이제 우리 그대로 방관만 할 때가 아니다. 우리가 무엇을 할 수 있을까 곰곰이 생각해 보아야 한다. 많은 비판가는 학생들의 높은 스트레스 수치가 대학 입학에 대한 부모의 기대, 태도 및 행동에 기인한다고 말한다. 사실 우리 부모들은 다른 사람들이 그랬던 것처럼 대학 입학을 둘러싼 상업주의 광기에 기여한 책임이 있다고 본다. 만약 그것이 사실이라면, 우리가 이 글들을 읽으면서 무엇을 깨달았을까? 우리의 교육적 가치관은 무엇인가? 어떻게 그 가치관을 형성할 것인가? 그 가치관은 학생의 의무와 어떻게 조화를 이루는가? 마지막으로, 학생들이 상업적 압력을 극복하고,

대학 입학 계획 과정에 직접 참여함으로써 유용한 교육적 경험을 체험케 해야 한다. 여기에서 우리가 할 수 있는 것은 무엇인가?

대학 입학 문제로 고통받는 가족들을 치료하는 임상 심리학자 톰슨(Michael Thompson)은 이렇게 주장한다. "학생들이 이런 과정을 자신의 방법에 의하여 주도해 나가도록 한다면 일은 좀 더 순탄하게 진행될 것이다. 대학 입학은 비이성적인 힘에 의하여 감염된다. 그것은 일반 사람을 어리석게 행동하고, 어리석은 사람을 미친 사람처럼 행동하게 한다"라고 말한다. 그 지역의 입학처장들이 '가장 무례한 부모' 이야기를 웃음으로 넘겨버리는 동안에, 고등학교 상담교사와 심리학자들은 부모의 잘못된 억압의 가해적인 증상을 고통스럽게 인지하고 있다.

대학 지망 학생들 간에 스트레스 수치는 항상 높고, 부모의 기대 수치도 그만큼 높다. 어떤 평론가는 "심지어 호의적인 부모의 압력도 무자비할 수 있다"라고 썼다. 컬럼비아대학교의 교육대학 학장인 레빈(R. Levine) 박사는 시카고, 웨슬리언, 스워스모어대하교 같은 일류 대학에 입학을 허가받고도 풀이 죽어 있는 학생과의 대화를 적고 있다. "성공을 성취한 아이가 실패했다고 느끼는 세상은 도대체 어떤 세상인가? 이것이 아이들에게 얼마나 심한 타격을 주고 있는가?"(*Christian Science Monitor*, 2002년 12월호)

때때로 자녀가 좀 더 유리해지도록 돕는 우리의 열정 때문에 대학 입학이 의도하는 것을 해치는 결과를 범한다. MIT의 입학처장인 존스(Marilee Jones)는 이를 '저질 부모의 태도'라고 빗대어 말하며 "학부모들은 자녀의 입학문제에서 떠나라"고 응답한다. 최근의 연설과 기고에서, 그녀는 입학 과정에서 도움을 주고자 하는 부모들의 열망이 그 학생이 스스로 해결해 나가는 것을 방해함으로써 예기치 못했던 결과를 가져온 사례들을 언급해 왔다. 존스 여사는 최근 학부모 단체에서 연설하던 중 "부모는 통제 불능이다"라고까지 말한 바 있다(*Boston Globe*, 2004년 11월 24일).

그렇다면 우리 학부모들은 『워싱턴 포스트(*Washington Post*)』의 매튜(Jay Mathews) 기자가 말하는 '아이비 홀리즘'에 중독되고 있다는 것을 알고 있는가? 우리 자녀가 유명 대학에 입학하여 자랑스러운 스티커를 차 뒤에 부착하고 다니는 것이 그리 중요한가? 왜 축구장이나 칵테일 파티에서의 대화는 항상 유명한 대학이 주제가 되나? 베이비 부머들이 그들 아이가 상징적 표지에 집착하는 것을 보면서, 어떤 비판자는 여기에는 현 세대의 가치관과 대치되는 모순이 있어 보인다고 말한다. 결국 우리는 유물론에 의문을 제기하고 획일성을 거부하는 그 세대가 아닌가? 나는 어느 부모로부터 인상 깊은 졸업 파티 초대장을 받은 일이 기억난다. 그 안에는 자랑스럽게 이런 말이 적혀 있었다. "축하하러 오세요. 내 아들 존이 다음 대학들에 합격했어요……."

부모로서 자녀의 삶에 과잉 개입하는 것을 자제하기란 사실상 어려운 일이다. 우리가 범했던 실수를 자녀가 반복하지 않기를 바라고, 우리의 경험과 지식을 거울삼아 무난한 생활을 영위하기를 바라고, 우리 자신이 원했던 일들을 성취해 주기를 바라고, 그들 자신의 성취로써 우리 부모가 성공하였다는 것을 입증해 주기를 바란다. 그러면 우리는 어떻게 이러한 능력을 측정하는가? 우리는 종종 상징적인, 상업적 관심에서 도출된 기준에 의한 평가에 의존하고 있다. 이에 따라 순위, 명성, 인기, 그리고 지위와 같은 상징적 가치에 집착하고 있다. 붙잡기 쉬운 것이 평가 대상으로 둔갑하고 있으나 그것이 교육적 가치를 대변하지는 못한다. 우리 자녀의 교육에서, 우리는 그들이 옳다고 하는 행위나 가치관을 존중할 줄 알아야 한다. 설사 이것이 우리 자신의 이기적인 충동과 대치될지라도.

우리는 일류 대학에 들어가는 것이 사회적 성공을 보장한다는 환상을 버려야만 한다. 멜런재단(Mellon Foundation)과 프린스턴대학교의 공동 연구에 의하면 고집, 호기심, 태도 등과 같은 학생들의 특성은 미래의 성공을 예측하게 해 준다. 학생들이 다니는 대학 자체가 사회적 성공을 결정하는 것이 아니다. 다시 말하여 우수한 대학이 아니라 우수 학생이 성공적인 미래를 만든다는 것이다. 대학의 경험적 가치관은 "어디로 가느냐?"가 아닌 "무엇을 하느냐?"에 의하여 형성된다. 레만(Nicholas Lemann)의 책, 『거대한 시험(*The Big Test*)』에서 그는 만다린스(Mandarins)와 같은 가장 잘 알려진 학교에 다니는 사람들을 언급하고 있다. 만다린스 졸업생 대부분은 기술자, 컨설턴트, 숙련된 전문가로 사회에서 그들의 위치를 즐기고 있으나 그들은 규칙을 이해하고 맡겨진 업무를 수행하는 데 매우 능하다. 그러나 그들은 새 회사를 만들거나, 변화를 유도하거나, 유행을 일으키는 사람들은 아니다. 이러한 창의적 일을 하는 사람들을 레만은 '탤런트(talents)'라고 부른다. 탤런트는 그들의 명성을 남기기 위하여 높은 SAT 점수도, 과외활동 경력도, 뛰어난 작문 실력도, 명성 있는 일류 대학도 필요로 하지 않는다.

지금 포모나대학(Pomona College)에서 입학처장과 부학장을 맡고 있는 포크(Bruce Poch)의 말을 들어보자. 그는 우리 학생들의 대학 입학 계획을 수립하는 데 상업적 개입이 위험 수위를 넘고 있다고 학부모들에게 경고하고 있다. "…… 경고의 목소리가 상당한 볼륨을 타고 닫힌 우리 부모들의 귀를 강타하고 있다. 해결책은 비범한 노력을 요구하며 그 과정에서 우리가 흔히 보는 바와 같이 자신의 책임을 재빠르게 제3자에게 돌린다고 해결되는 것이 아니다." 그는 그의 경고를 좀 더 자세히 설명하고 있다. "그들은(학생들은) 지원자보다 간청인이 되는 방법을 배워 왔다. 그러한 과정 속에서 그들은 영혼을 잃어버렸고, 또한 부모의 시달림 속에서 그들은 동질화되었고 동일 과정을 거쳐 살균되어 대학의 입학담당관의 주의를 끌지 못하고 있다."

자녀를 위하여 상업화된 입학 준비과정에 투자를 고려하고 있는 학부모들은 다트머스대학(Dartmouth College)의 입학처장인 퍼스텐버그(Karl Furstenberg)가 말한 내용, 즉 대학 지원자를 평가할 때에는 타고난 재능을 구별해내는 것이 중요하다는 것을 되새겨볼 필요가 있다. 그는 이렇게 기술하였다. "상업화된 대학 입학 절차가 복합적 요인을 포함하고 있어 배경 요소에 대한 고려가 점점 더 중요해져 왔다. 상담원이 아이들의 이력서를 좋게 조작하는 데 '시간당 100달러'가 든다는 이야기가 들린다. 입학 준비 과정에서 학생들이 받는 지도와 서비스들은 입학관리 위원회가 무시할 수 없을 정도의 위험한 수위에 도달하였다." 배경 요인에 흐려지지 않고 빛을 발휘하는 재능 또는 학생의 특징을 분별하는 것이 얼마나 중요한가?

학습이 이루어지는 단계에서 학생들의 역할을 잘 이해함으로써 학부모로서 해야 할 역할에 대비할 수 있다.

### 1) 학부모가 고려하여야 할 사항

- 입학 시스템을 하나의 게임으로 단순화함으로써 여러분 자녀가 학생이라는 본분을 잊어버리고 그들의 자신감을 떨어뜨리는 것은 바라는 입학 결과를 해칠 우려가 있다.
- 이 글을 여러분 자녀와 함께 읽고 토론하라. 중요한 메시지가 무엇인가? 여러분이 동의하는가? 동의하지 않는가? 왜 그런가?
- 교육에 대한 여러분 가족의 가치관에 대하여 이야기를 나누어라. 교육받는다는 것은 무엇을 의미하는가? 좋은 교육의 요소는 무엇인가?
- 대학 입학에서 상업적 영향이 무엇인지 파악해 보라.
- 텔레비전 시청을 줄여라.
- 교육이라는 것을 하나의 과정으로 이해하라. 대학 선택이 스테레오를 구매하는 것과 어떻게 다른지 생각해 보라.
- 학생들이 대학 입학의 가능성은 자신이 그 과정에 직접 참여하는 정도에 정비례하며 학부모들의 개입 정도에 반비례한다는 것을 이해하라. 부모들이 자녀를 위하여 하는 일이 적을수록 그들은 스스로를 위하여 더 많은 일을 하게 되며, 그만큼 성공 가능성이 더욱 커진다.
- 함께 저녁 식사를 하는 기회를 많이 가져라. 하지만 저녁 식사 중에 대학에 대하여 이야기하는 것은 피해라.
- 강요하지는 말되, 여러분의 자녀가 대화에 참여하게 하여라.
- 그들에게 대학을 선택하는 데 중요한 것이 무엇인지, 왜 그런지를 물어보라.
- 행복하게 보이고 성공적으로 보이는 자녀의 친구들을 선택하여, 그들이 어느 대학에 다니는지 물어보라.
- 여러분 자녀를 믿어라. 그리고 그들 자신의 실수를 하나의 학습 과정으로 이해시켜라.
- 학부모들은 자녀를 억압하는 것이 아니라 도와주려고 한다는 것을 알게 하라.
- 지도해 주되 억압하지는 마라.

- 자녀의 소리에 귀를 기울여 주고, 용기를 주고, 그들을 믿고, 그리고 대학입학 계획을 세우는 데 참여는 하되 강요는 하지 마라.
- 대학에 지원하는 것은 대학생활을 위한 준비 과정이라는 것을 이해시켜라.
- 여러분 자녀가 몸짓이나 표정으로 하는 의사 표시를 읽는 방법을 배워라.
- 여러분 자녀가 대학 입학에 대한 기본 원칙을 세우도록 해라. 지원할 대학의 적정 수, 합리적인 선택 기준, 부모가 감당할 수준의 등록금을 고려해 보도록 해라.
- 대학 입학 과정을 신분 경쟁으로 전환하는 상업적 시도를 저지하기 위하여 대학 입학에 대한 가족 고유의 건전한 접근 방법을 개발하라.
- 여러분 자녀가 스스로 할 수 있는 일을 대신해 주지 마라.
- 여러분 자녀의 삶을 대신하려 하지 마라.
- 자녀가 탄생하는 순간부터 언젠가는 우리를 떠날 운명에 있다는 것을 알고 독립할 수 있도록 준비시켜야 한다. 대학 입학 과정은 그들이 독립 연습을 하는 훈련의 장이다.
- 자녀들에게 심어준 독립심을 그들이 표현할 수 있도록 배려하여야 한다. 그러면 그들은 부모가 베풀어 준 사랑에 반드시 보답한다.
- 여러분의 자녀 스스로 입학 과정을 처리하도록 하라. 만약 여러분이 대학 입학 원서를 주문하고, 원서를 작성하고, SAT 또는 ACT 시험등록 등 일련의 절차를 대행한다면 왜 이런 일을 하여야 하는지 스스로에게 질문해 보라.

결론적으로, 오늘날 학생이 된다는 것은 30년 전과는 다르다. 가장 명백한 차이는 우리 자녀가 상업적 압력의 대상이 된다는 것이다. 어떤 교사의 말대로 "요즘 아이들이 감당하기에는 어려운 허위성 선전 속에서 그들이 살아남을 수 있다는 것이 놀라울 뿐이다." 그래서 우리는 부모로서 특별히 이러한 영향들에 민감할 수밖에 없다. 즉 이미지의 역할, 브랜드의 영향, 빠른 속도의 정보 쇄도, 모니터 앞에서 보내는 많은 시간, 조직화된 경쟁적인 스포츠의 독점적 역할, 자유롭게 놀고, 생각하고, 고민할 시간의 결여, 너무 많은 대안 중 선택의 고민 등이다. 이러한 일들로 오늘날 학생들이 이전 세대보다 더 많은 공포와 스트레스에 시달린다. "대화하고 놀고 산책하고 부모와 함께 시간을 즐기는 것이 학생들의 긴장을 해소하고 자신을 재정비할 수 있는 기회를 준다"라고 메이허(Bill Mayher)가 그의 명저인 『대학입학 비법(*The College Admissions Mystique*)』에서 말하고 있다.

부적절한 부모에 대한 가장 효과적인 예방은 아마도 베테랑 부모들의 조언에 귀를 기울이는 것이다. 다음 문장들은 24명의 자녀를 우수 대학에 입학시킨 후 성공적 사후 지도를 해온 12명의 학부모의 지혜를 모은 것이다.

### 2) 학부모가 학부모에게

- 좌절과 실망, 배움, 그리고 경황에 대비하라.
- '완벽하고 유일한 대학' 같은 것은 없다.
- 당신이 계획하였던 것보다 더 좋은 것을 발견할 수 있다.
- 당신이 자녀를 위하여 원하는 것은 그 아이에게 최상이 아닐 수도 있다.
- 당신의 자녀가 부모의 꿈이 아닌 자신의 꿈을 발견하고 이루고자 노력하도록 하여야 한다.
- 자녀가 대학 입학 과정에 완벽한 주도권을 가지도록 하는 것이 최상의 조언이다.
- 진실로 당신의 자녀가 행복하기를 원한다면, 자녀가 어느 대학에 가든 자부심을 버려라.
- 학부모들 사이의 동료 압박은 예상 밖으로 강하다. 진지해져라. 편하게 대하라. 편협한 판단을 하지 마라. 그럴 때 그대는 오히려 더 행복해질 것이다.
- 대학 입학 과정은 과학적 접근을 요구하거나 예측 가능한 것도 아니다. 우리 자녀 중 3명이 같은 학교에 갔지만 각기 그 대학을 다르게 평가한다.
- 자녀를 과대 평가하는 것은 오히려 그들을 손상시킬 수 있다.
- 자녀의 태도, 행동 또는 비행동적 표현에 민감해져라.
- 그대의 자녀를 믿고 신뢰하라.
- 자녀가 대학을 변경한다고 해서 그것이 세상의 끝은 아니다.

• 고등학교 2~3학년 학생이 자신의 미래를 계획하는 것은 성숙의 무리한 도약을 필요로 한다.
• 대학 입학 과정이 발견과 흥분과 신념으로 채워지는 교육의 과정이 되도록 하라.

## 3 대학은 무엇을 할 수 있는가?

"대학은 단순히 기업이 아니라 신뢰로 운영되는 기관이기 때문에, 대학 정책들은 구성원들에 의한 검토 과정을 통과하는 것이 중요하다"라고 전직 대학 총장이며 『학생 보조 게임(*The Student Aid Game*)』(1988)의 작가인 맥퍼슨(Michael McPherson)과 샤피로(Morton Schapiro)는 말하고 있다.

"대학은 입학 과정에 대한 우려를 야기한 과장 광고에 책임이 있다"라고 포모나대학의 부총장이자 입학처장인 포크는 말하였다.

대학은 입학 과정에서 상업적 영향을 감소시키고, 대학 입학 과정의 교육적 적합성을 향상시킬 수 있는 여러 가지 방법을 고려할 수 있다. 그러나 "있을 수 있다"는 것과 "있음직하다" 사이에는 큰 차이가 있다. 그 차이를 좁히는 것이 의지력의 척도가 될 것이다. 대학 지도자들은 올바른 일을 하는 것이 이익을 가져오는 행위라는 것을 깨달을 필요가 있다. 그런 다음 그들은 리더십 요구에 순응하여야 한다.

대학은 사회에서 높은 위치를 차지하고 있다. 그리고 대학 입학 절차의 위기는 대학들에 위임된 역할, 즉 공적 임무의 이행을 주저하는 데서 비롯되었다고 볼 수 있다. 대학 입학 절차에서 상업적 영향을 선호하는 총장 수는 이러한 영향을 저지하는 노력의 양만큼이나 적어 보인다. 그러나 저항의 노력은 반드시 필요하다.

프리드먼(James Freedman)은 대학 학장들에게 해당 기관의 이익을 넘어서는 행동을 하도록 권하고 있다. "대학 학장들에게 일반 교양교육의 옹호자가 되는 것보다 더 큰 보람은 없다. 그것은 이 나라가 그 어떤 때보다도 긴급하게 필요로 하는 것이다"(*Liberal Education in the Public*

*Interest*). 그는 『뉴욕 타임스(*New York Times*)』의 한 언론인의 말을 인용하면서 그의 주장을 강화하고 있다. "한 세대 전에는 대학의 총장들이 공공 무대에서 소신 있는 발언으로 명성을 올렸다. 오늘날 대부분의 대학 총장들이 여러 가지의 중요한 국가적 관심사들에 대하여 주목할 만한 발언을 하는 경우가 드물다. 『등급 없는 대학(*College Unranked*)』이라는 책은 대학 관계자들이 분명히 발언할 기회를 제공하고 있다. 여기에 불만의 목소리가 있다. 우리는 그들의 호소를 총체적인 양심으로 여기에 소개한다.

몇 가지 권고 사항을 제시하기 전에, 우리는 미시간대학교의 총장인 콜먼(Mary Sue Coleman)이 프리드먼(James Freedman)에 대하여 쓴 글을 상기해 보는 것이 좋을 것 같다. "그는 총장들이 고등교육을 수호하는 데 역량을 다할 것과 도덕적 문제에 대한 원칙적 지위를 지키고 학생들이 사회의 변화를 주도하도록 하여야 한다"고 말한다. 따라서 대학에 대한 다음의 권고 사항들은 양심과 필수적 리더십이 절실히 요구되는 한 우리에게 유용한 시사점을 준다.

- 상업적 가치의 침투는 교육적으로 매우 중대한 문제이다.
- 이 문제 해결 노력을 새로운 교육적 비전과 리더십을 제공하는 기회로 보자.
- 대학이 교육에 강한 영향을 줄 수 있는 힘과 의무가 있다는 것을 이해하라.
- 여러분의 대학이 공익의 임무를 다시 수행하는 책무를 지자.
- 성공을 정의하고 정책을 결정하고 리더십을 행사하기 위하여 기존의 모델을 넘어야 한다.
- 상업적 관행에 대항하여 교육의 공통적 가치관을 구현하는 운동을 다른 대학들과 협력하여 전개하라. 시장 기능을 넘어 고등교육의 위치를 높이고 교육의 권위를 세우는 일을 하라.
- 고등교육의 신뢰도를 높이기 위하여 서열화를 대체할 만한 대안을 개발하라.
- 상업화로 위축되고 있는 교육 가치를 증진하는 방법을 개발하라. 예를

들어, 대학 자체 이익을 위한 등록자 관리 대신에 학생들의 주된 관심을 위하여 일하고 이를 진작시키는 '교육관리'를 발전시켜라.

- 서열화에 동조하지 마라. 중요한 제도 차원의 결정을 할 때 평판이나 지위의 유혹을 뿌리쳐라. GPA, SAT 등과 같은 점수를 지속적으로 올리려는 노력에 저항하라.
- 여러분의 대학에서 교육적으로 신뢰할 수 없는 관행을 찾아서 각 관행을 교육적 원칙에서 평가하라. 이러한 부적절한 관행을 무력화시키도록 노력하라.
- 이전의 결정, 능력 중심 장학금, 다른 대학들과의 비교, 경쟁과 이익의 집착에 대하여 "아니오"라고 말할 수 있어야 한다.
- 교육에서 중요한 가치들은 단순히 척도, 위계, 비율, 그리고 비교가 적용될 수 없는 것임을 알고, 이러한 것을 측정하는 방법을 개발하라.
- 정직, 정확성, 책임성, 그리고 일관성을 직원 모집, 보직 및 관리의 원칙이 되도록 하라.
- 표준화된 시험의 교육적 영향을 평가하라. 비용에 대한 효과가 무엇인가? 그리고 가장 책임 있는 교육적 태도는 무엇인가?
- 대학 입학 담당자들이 상담자이지 판매사원이 아니라는 사실을 명심하도록 하라.
- 학생들이 듣고 싶어하는 것들만 말해 주는 등 학생들을 소비자로 대하는 것을 중단하라. 그 대신에 그들을 학생으로 대하는 관례를 조성하라. 상업화가 되지 않은 교육의 과정으로서 입학 절차를 확립하라.
- 상업주의가 대학의 가장 중요한 입학 기능, 즉 모든 지원자에게 공정한 경쟁의 기회를 제공하는 기능에 손상을 주고 있다는 것을 이해하라.
- 교육 평등의 실현을 위하여 학생 개인의 역할이 대학의 역할보다 더욱 중요하다는 사실을 인정하라. 학생 자신이 개별 간 차이를 만들어낸다.
- 여러분의 대학과 대학협의회와의 관계를 평가하라.
- 학생들을 지도하는 것은 상호 신뢰를 구축하는 과정이며 어른들이 이 신뢰를 무너뜨린다는 사실을 인식하라.
- 대학의 신뢰를 지키는 데 대학의 자각 능력이 인기 경쟁 행위를 대신

하도록 하라.

• 무기 경쟁과 같은 학생 유치 경쟁을 중단하라.

이러한 제안들 중 몇 가지는 우리의 집필진으로부터 직접 나온 것이고 어떤 것은 논리적으로 파생된 것이다. 명백하게도 이 글들도 상업적 관행의 타파에 대학들 주도의 리더십을 요구하고 있다. 그 밖에 학생과 학부모들도 에세이 제출을 요구받았으나 이들은 외부의 건의에 의하여 정선된 사람들이었다. 대학 입학 계획 과정에서 학생들 상담을 맡은 사람들이 작성한 두 개의 글이 우리의 눈길을 끈다. 학생들의 걱정스러운 눈을 들여다보면서, 두 기고자는 그들이 위치한 곳에서, 대학 입학 절차가 상업주의로 퇴행하는 것을 방관만 하는 리더십 부재에 대해 매우 실망하고 있다. 콜러웨이(Sean Callaway)는 대학이 교육에서 시장경제의 부적절한 테크닉을 적용하는 것을 저지할 도덕적 책임이 있고 상업화된 관행과 교육 목적 사이의 근본적인 모순이 있음을 지적하고 있다. 그는 대학 입학 상업화에 동참하지 않고 도덕적 리더십을 발휘하고 있는 몇몇 소수의 대학들를 언급한다. 이 같은 소수 대학의 집단행동은 '상업주의 팽배 속에서 교육적 가치를 회복'하는 데 막강한 추진력을 제공하고 고등교육에서 '우선순위'에 대한 새로운 지표를 제시할 것이라고 믿는다.

학생들과 직접적으로 관련된 업무를 수행하면서 영감을 얻은 스페이어(Mark Speyer)도 대학들의 책임 있는 행동을 요구하고 있다. 그는 이렇게 썼다. "사람들이 예측 가능한 자신의 행동 결과에 대하여 책임을 진다는 것은 윤리적·법적 근본 원리이다." 대학은 교육적 기준을 설정하고 그들의 행위는 이 기준에 영향을 미친다. 대학이 서열화 작업의 주범인 '대학협의회'에 동조함으로써, 쉴 새 없이 서로 경쟁함으로써, 우수한 학생들 유치에 집착함으로써, 교육적 질을 수량적 척도로 재단함으로써, 수치와 위상에 주력함으로써, 순위에 영향을 주는 수치를 조작함으로써, SAT 점수의 중요성을 지나치게 강조함으로써 문제의 심각성을 증대시켜 왔다. 대학은 현행의 입학 기준보다 더 합리적이고 적절한 것을 개발하고 공표하는 일을 하여야 한다.

대학협의회의 전 부회장이 한 이야기는 예언적으로 들린다. 그 이야기는 협의회의 새로운 운영 방향을 결정하는 이사회 모임에서 나타났다. 막 채용된 전략기획 전문가가 입학 등록 관리 측면에서 새로운 내용을 발표하였을 때, 대학의 총장이면서 협의회 이사회 회원인 한 분이 심각한 우려를 나타내며, "그래, 당신은 우리를 갈기갈기 찢어놓을 도구를 줄 작정이군."

여기서 우리는 교육적 목적과 입학 절차의 관행 간의 단절이 증폭되고 있음을 엿볼 수 있다. 즉 그것은 상업적 개입에 의하여 특징지어지고, 교육적 리더십의 부재에 의하여 영속되는 단절이다. 상업적 활동으로 전환된 수십억 달러가 교육적 이익을 발생시켜 왔다는 증거는 거의 없고, 그 반대의 증거는 매우 많은 상황에서 당장 우리는 상업적 활동으로 회귀할 것인가, 교육적 가치에 대한 무관심의 대가가 얼마나 될 것인가 생각할 필요가 있다.

"나는 믿는다. 대학의 영혼을 위한 싸움은 다가올 세기에 미국 사회를 주도할 가치관을 위한 싸움이다"라고 델반코(Andrew Delbanco)는 썼다(*the College Board Review*, 1997년 7월). 상업적 가치관과 관행이 대학 입학 절차를 지배하기 시작할 때, 우리는 소중한 많은 것들이 위험에 처해 있는 것을 알 수 있다. 교육적 신념과 용기를 가지고 우리는 이 위기 상황에서 벗어나야 한다. 아무런 행동을 하지 않는 것은 교육에 가장 큰 위험이 된다.

상업적 개입을 극복하는 데 필요한 비전을 찾는 과정에서 『인생게임(*The Game of Life*)』이란 책의 집필자들로부터 선견지명이 있는 단서를 얻을 수 있다. 그 단서는 우리가 적어도 하나의 가능성 있는 '가공적 전술'을 상상하는 데 도움을 준다. 듣기 좋은 소리만을 말해 줌으로써 학생들의 호응을 얻으려는 얄팍한 상술을 경계하며, 집필자들은 이 같은 상술을 학생들에게 무엇을 좀 더 먹도록 권하는 것이 아니라 "네 몫이나 먹으면 돼"에 비유하고 있다. 고등교육이 학생이나 학부모의 요구에 부응하는 것보다 마케팅을 위한 좀 더 적절한 역할에 주목하고 있다는 힌트를 우리는 여기서 얻을 수 있다. 고등교육이 교육적 이익을 어떤 종류의 마케팅으로부터 얻어내는 것이 가능한가? 그 마케팅이라는 것은 "당신이 원하는 것을 우리가 다 줄 것이다"라는 것이 아니라 "우리가 가지고 있는 것이 이것뿐이니 이를 택할 수밖에 없다"를 뜻한다.

고등교육이 실재 교육 수요를 창출할 정도로 기업적 성격을 발휘할 수 있을까? 현재의 것보다 더 교육적인 접근을 통하여 현행 입학 제도에 대한 대중의 불안을 다소나마 해소할 수 있을까? 학생들의 요구를 충족시키기 위한 마케팅 노력이 교육적 목적을 좌절시켰다는 것을 우리는 알고 있다. 배움의 단계에 있는 학생들인 만큼 그들의 행위가 항상 옳을 수도 없고 옳아야 하는 절대성이 있는 것이 아니다. 이들을 위한 마케팅이 더욱 교육적이어야 함은 더 이상 부언의 여지가 없다. 이러한 접근은 상상력, 창의력, 지혜를 동원하여 현재 대학교육이 처한 위기를 치유하는 것이어야 한다. 여기에 가장 고귀한 교육적 가치를 지니는 새로운 도전이 시작된다. 마케팅에 대한 고등교육의 역할을 새로운 시각에서 정립할 시기가 왔다.

## 4 대학협의회와 언론은 무엇을 할 수 있는가?

대학협의회와 대학 서열화에 참여해온 언론계 인사들은 대학 입학 절차의 상업화로의 전환에 주된 역할을 해온 사람들이다. 막강하고도 영향력 있는 사람들이다. 겉으로는 학생들을 고객으로 취급하고 교육을 생산품으로 격하시키는 전략을 사용하면서, 이 두 주체는 교육의 통제 영역을 넘어 그들의 이익, 영향과 위상을 확장시켜 왔다. 우리를 고통스럽게 하는 것은 그들의 영향력이 상업적 성공에 의하여 공공적 위상을 얻고 있다는 것이다. 대중에 의한 검토, 투자, 통제를 제도화하는 완벽한 메커니즘은 없다. 단지 시장 메커니즘만이 존재한다. 무엇이든지 시장성이 있다면 그것이 교육에 틀림없이 좋다는 논리로 비약되고 있다. 그것이 시장성이 없다면, 누가 신경쓸 것인가?

1999년에 대학협의회 이사회는 새로운 리더십을 찾고 있었다. 기술적 혁신과 기업가 정신의 수완을 제도에 투입할 수 있는 새로운 리더를 찾고 있었다. 이사회는 웨스트버지니아 주의 전 주지사였던 카퍼슨(Gaston Caperson)

을 회장으로 선출했다.

뒤이은 4년 동안 협의회에 일어난 변화, 즉 인사, 정책, 산출, 수익 면에서 전례 없는 변화들이 일어났다. 카퍼슨 씨의 영입은 큰 효과를 가져왔으나 그것이 모든 사람에게 만족을 준 것이 아니었다. 성공적인 협의회의 '민영화'는 교육적 성공의 측면에서 의문을 제기하였다. 오늘날, 이 기관에 대한 상반되는 감정과 회의주의가 지속적으로 나타나고 있다. 이것이 협의회를 지지하였던 사람들에게 가장 두드러지게 나타난다.

오닐(Ted O'Neill)은 대학협의회의 전직 참여자, 교육가 및 입학행정 전문가로서 협의회의 변화에 대하여 다음과 같이 비평한다. "회원제 기관이 회원들의 최대 이익을 위하여 운영되는 것이 아니라 그 자신의 이익을 위하여 운영된다면 무슨 일이 일어날 것인가?" 오닐 씨는 그의 다음 글에서 좀 더 직접적으로 "시험을 포함한 협의회의 생산물을 마케팅 하는 것이 협의회가 추구하는 형평과 기회를 해치고 있다"고 기술하고 있다. 대학의 상담자로서 협의회의 정책과 관행을 오랫동안 연구해 온 맥고원(Brad MacGowan)은 협의회의 영향과 독점적 행위를 다음과 같이 묘사하고 있다. "SAT 독점소유권을 이용하여 마케팅과 로비를 함으로써, 협의회는 자신의 이익과 자신의 영속성 유지를 학생들이나 그들의 교육보다 우선하여 추구해 왔다. 결과적으로 협의회는 판매물을 도움이 되지도 않고 필요하지 않은 영역까지 침투시켜 왔다. 줄여서 말하면, 협의회는 교육, 대학 입학 제도, 그리고 학생들의 배움을 손상시키면서까지 자기 성장을 추구해 왔다."

'공공정책과 고등교육 국립센터'의 출판물인 *National Crosstalk*에 최근에 실린 글이 있는데 그것은 캘리포니아 대학 버클리 캠퍼스의 전직 입학처장인 레어드(Bob Laird)가 쓴 「대학협의회의 두 얼굴」이란 제목이다. 협의회에서 직원으로도 근무했던 레어드 씨는 종전의 협의회를 "좋은 일을 하고자" 하는 쪽과 "잘하고자" 하는 쪽의 양 극단을 왕래하였던 시계추에 비유하였다. "그동안 시계추가 최대의 이윤을 달성하는 방향으로 움직여 왔다. 협의회의 금전 추구 성향이 활력을 받아 그 맥박이 고동치고 있다. 결국 협의회는 거대한 시장 동물이 되어버렸다." 이러한 글들은 사려 깊고 경험 있는 전문가들에 의하여 표현된 심각한 우려를 대변한다. "대학협의회의 사명을 옹호하는 전문가들 중에도 심각한 우려의 목소리가 들린다"고 델반코가 말하고 있다. "우리가 봉사하고 있는 기관이 자신의 혼을 잃기 전에 우리는 얼마나 교육적 원칙을 수호할 수 있을까?"

대학 서열화가 하나의 산업으로 둔갑함으로써 그 리더들은 전형적인 상업적 기준으로 성공을 정당화하는 비양심적 행위를 마다하지 않는다. "우리는 단지 고객들에게 그들이 원하는 정보를 제공하고 있을 뿐이다"라고 대학 입학 전문가들이 모인 학회에서 *U.S. News & World Report*의 모스(Robert Morse) 기자는 말하고 있다. 다시 말하면, 그들이 제공하는 생산물의 교육적 영향에 대하여 민감성이 없고, 판매 이외에 다른 가치를 감시할 어떤 적절한 교육적 메커니즘도 없다. 공급과 수요를 통하여 표현되는 것 외에는 양심적 분별이 없어 보인다.

대부분의 객관적인 판단은 SAT(그리고 다른 대학협의회 생산물)와 대학 서열은 좋지도 않고 나쁘지도 않은 판매물이라는 결론을 낼 것이다. 이 판매물은 고유의 가치를 가지고 있는 것이 아니다. 그 가치는 판매물의 의도된 목적과 필연적인 이용 사이의 갈등에서 생성된다. 학생들을 선택하거나 대학을 선택하는 도구로 의도되어 있기 때문에, 이러한 생산물들은 학생은 물론 학부모, 대학 입학 관계자 모두에게 외형적으로 권위를 갖춘 규범적인 속성을 갖고 있다. 이 생산물들은 교육적 가치를 대변할 만한 증거가 결여된 반면, 많은 교육가는 잘못된 사용에서 파생되는 손상의 흔적을 감지하고 있다. 서열과 SAT가 상호 보완 관계에 있기 때문에(즉 더욱 높은 서열을 추구하는 대학들은 학생들이 그 시험을 좀 더 자주 보도록 요구하고 있다), 양심이 스스로 설 수 있는 기회는 그만큼 줄어들어 왔다.

대학협의회나 서열화 산업에 정책적 제안을 하는 것은 이 책의 범위를 넘어서는 일이다. 언론이나 대학협의회에 종사하는 사람들 중에는 선의를 갖고 사려가 깊은 분들도 많이 있다. 이들은 교육에 대한 진지한 관심을 보이는, 체제화된 교육 효과를 믿는, 그리고 학생들 요구에 경청하여야 한다고 주장하는 사람들이다. 더 나아가서, 대학 입학 절차에서 학생들의 교육적 필요를 충족시켜 주는 데 언론이나 회원 기관의 적정한 역할이 설정되어야 한다고 주장한다. 교육적 가치를 부여하는 역할은 어느 하나의 기관에만 귀속된 것이 아니다. 교육을 정도(正道)로 이끌기 위하여 교육자들의 책임감과 책무성이 강조되어야 하는바, 가장 교육적 마인드를 갖고 있는 사람들도, 이와 관련된 몇 가지 질문에 경청할 필요가 있다. 공공 서비스와 이윤 두 가지 종종 상반되는 목적들을 어떻게 조화시키는가? 이익을 올리기 위한 노력과 교육적 가치 추구 노력을 타협하는 방법은 있는가? 경제적 편의주의와 교육적 비전의 균형을 이루는 방법은? 이익 추구의 기업 모델에서 측정이 힘든 교육적 가치를 계량화하고 정당화하는 방법은? 이러한 질문들은 오랫동안 우리의 전문적 식견에 대한 열망을 자극하여 왔다. 이 열망은 오늘날 대학 입학 제도가 처한 위기를 극복하는 데 필요하다. 두 가지 상반된 아이디어를 포옹하는 동시에 이들 간의 분별력을 잃지 않는 능력이 최상의 지혜의 표출이라는 피츠제럴드(F. Scott Fitzgerald)의 명언이 상기된다. 상업주의가 팽배하여 교육적 입지가 축소되고 있는 사항에서 이 두 가지 배타적 요인을 타협하여야 하는 우리의 의무를 인식시켜 주는 적절한 표현이다. 에세이 집필진과 편집자들이 대학협의회의 회원들과 언론계의 인사들에게 베풀 수 있는 최선의 것은 다음 생각으로 이들을 초대하는 것이다. 지혜롭고 책임성 있게 행동해 주기를 간청하는 바이다.

- 이 글을 쓴 사람들이 제기한 아이디어와 질문들에 대하여 생각해 보라. 표출된 문제를 해결하기 위하여 무엇을 하여야 할 것인가?
- 학생들이 무엇을 필요로 하는지 생각해 보라. 학생을 매우 중요한 존재로 만드는 특성은 무엇인가? 이러한 특성을 함양하고, 격려하고, 지원하기 위해서는 무엇을 하여야 하나?
- 학생들의 필요를 충족시킨다는 맥락에서의 마케팅을 생각해 보라. 확신, 호기심, 상상력, 독서, 작문, 생각하기와 같은 적절한 교육적 태도와 행동을 독려할 기회들이 있는가?
- 두려움과 염려, 그리고 점수와 게임에 집착하기로 특징지어진 거대한 시장에 대하여 생각해 보라. 그 시장적 개념이 교육적 타당성을 흐리고 있다.
- 당신 자신의 개인적 교육 또는 학습 경험을 생각해 보라. 대학 입학 절차가 상업화되고 있는 사항이 당신에게 무엇을 의미하는지 생각해 보라.

- 크게 생각하라. 교육 수요의 창출이라는 큰 과제가 모든 교육활동의 전제가 된다.
- 표준 시험과 서열화가 어떻게 고등교육의 건전성에 기여해 왔는지 생각해 보라. 그 증거는 어디에 있는가?
- 미국에서 대학 입학 절차를 개선할 가능성에 대하여 생각해 보라. 무엇이 필요한가?
- 그러한 노력에 대한 자긍심을 상상해 보라.
- 단지 이윤 이상의 가치를 포함하는 성공의 정의에 대하여 생각해 보라.
- 시험과 서열의 역할이 감소된 대학 입학 과정을 생각해 보라. 그러한 경우 배움의 기회는 어떻게 달라지는가?
- 적절한 교육적 마케팅을 위한 역할이 있다는 것을 상상해 보라.

## 5 희망과 기대

좋은 교육은 양심을 리더십과 연결시켜 준다. 교육에서 "할 수 있다"라는 말보다는 "옳은 일을 하라"라는 말이 더 큰 호소력을 지닌다. 그것이 소비 충동 이상의 시민의식을 조성해 주고 있기 때문이다. 시장 메커니즘과 가치관이 교육기관의 경영을 선도하기 시작할 때 위험이 발생한다. 점증하는 상업적 영향에서 교육적 리더십을 구현하려는 시도로서 출발한 이 책은 대학 관계자들의 적극적 호응을 통하여 거대한 교육개혁 사업으로 성장하고 있다. 기관 자체의 이익을 넘어선 관심을 표출하는 이 목소리들은 우리 각자의 양심에 강한 호소력을 갖고 있다. 총체적인 노력이 집단적 양심으로 승화되는 과정에서 얻어지는 힘이 상업적 관행을 넘어 실추된 교육을 되찾기 위한 범국민운동으로 우리를 이끌어 가고 있다.

이 양심적 호소력은 종전의 '학생'이라는 개념에 새로운 의미를 부여한다. '학생'은 가장 고귀한 자질, 즉 학생을 다른 존재와 달리 특징지어 주고 가치를 부여하는 자질들을 뜻한다. 이러한 자질에 주의를 돌림으로써 가시적 교육 성과를 추구하고 적절한 표준과 관행을 개발할 수 있게 한다. 이것은 개념적 안전성과 미래지향적 시계를 제공함으로써 상업적 영향으로부터 참다운 교육의 모습을 유지할 수 있게 할 것이다. 교육의 가치를 회복하려던 작은 시도가 범국민적 집단행동으로 확산되고 있다. 이 운동에 여러분을 초대한다.

## 제 7 절 역자 후기

몇 년 전부터 미국에서는 대학의 학생 선발과 관련하여 발생하는 상업주의 창궐을 비판하면서 대학 입학에서 교육적 가치의 중요성을 강조하는 목소리가 높아지고 있다. 전직 입학사정관 출신이었던 태커(Lloyd Thacker)는 대학의 장이나 입학 관계자들을 대상으로 이러한 문제점을 호소하고 해결책 마련에 지혜를 모으자고 호소한다. 이러한 노력이 결실을 맺어 취지에 공감하는 사람들의 이야기를 모아 그는 2004년 『등급 없는 대학(*College Unranked*)』이란 책으로 출간하였다. 이 책은 세간의 관심을 끌게 되었고 2005년 하버드대학교출판부에서 다시 출간되었다.

여기에 실린 글들은 미국 대학의 전·현직 입학사정관이나 주요 보직자들이 자신의 경험을 바탕으로 대학의 학생 선발 및 대학 순위 매기기 등에 대하여 반성적 시각으로 접근한 에세이들이다. 이 책자를 번역하기로 마음먹은 것은 정부에서 발표한 새로운 대입제도 개선 방안 및 대학평가 움직임과 관련하여 시사하는 점이 적지 않다는 생각이 들었기 때문이다. 특히, 우리나라 대학의 학생 선발에서도 입학사정관 도입을 예정(2007년 번역서 발간 당시 국내 대학 사정임)하고 있어 새로운 제도 도입 및 운영의 방향을 제시하는 데 도움이 될 것으로 보인다.

편저자 태커는 교육적 목적과 입학 허가 실상 간 괴리가 벌어지고 있다면서 교육적 양심을 압박할 정도로 대단한 상업주의 압력으로부터 고등교육의 미래를 지켜내기 위해 '학생다움(studenthood)'이란 용어를 제안하고 있다. 이는 학생들의 배움에 대한 준비 및 배움의 과정에 대한 참여를 강조하려는 것으로 호기심, 자기 훈련, 노력, 상상, 지적 활력, 경이감, 새로운 것에 대한 자발적 도전, 공감, 열린 마음, 정중함(civility), 참을성 등을 특성으로 한다. 이러한 것들은 대학들이 입학 허가 과정에서 추구하는 특성들과 동일한 것이지만, 측정이 불가능하고 대학 등급 또는 교육 정량화의 척도가 될 수 없기 때문에 입학 허가의 상업주의화와 관련하여 무시되어 왔다고 지적한다. 그렇지만 이러한 입장이 견지될 때 제반 교육적 가치에 집중하고 상업주의에도 대응할 수 있다는 것이다.

대학들은 비교육적이라 여겨지는 전략들까지 동원하여 학생들을 확보하고자 안간힘을 쓰고 있는데, 대학 총장들까지 나서 대학 서열 평가기관들에 의하여 결정된 기준에 맞추어 대학 이미지를 개선하고 대학의 교육적 비전도 창출하는 방안은 없을까 고민하는 현상을 대학 입학의 상업주의라고 비판하고 있다. *U.S. News & World Reports*의 대학 서열 발표, 대학위원회(the College Board)의 독주(SAT 및 AP 시험, 사교육 상담 등), 소수 언론기관, 수십억 달러 규모에 달하는 대입 마케팅 및 상담산업 등은 대학을 단순한 브랜드로 전락시켜 왔으며, 이에 따라 학생과 학부모들은 구매자로 취급되어 대학 진학이 높은 위험이 따르는 게임으로 변하였다는 것이다.

이 책을 읽으면서 우리 역자들은 우리나라 대학들이 학생 선발과 관련하여 고등교육기관으로서 교육적 본질과 가치에 대하여 과연 얼마나 진지하게 고민하는 모습을 보여 왔을까 하는 생각을 하지 않을 수 없었다. 대학 입학 허가 과정은 교육적 과정이어야 하며 여기에서 가장 존중되어야 하는 것은 교육적 가치들이다. 그렇지만 상위권 대학들은 기존의 서열을 지키기 위하여, 그렇지 못한 대학들은 순위 상승을 위한 안간힘으로 성적에 의한 한 줄 세우기식 선발에 치중하여 결과적으로 상업주의화를 부추겨 왔는지도 모른다.

이와 관련하여 프린스턴대학교 등에서 오랫동안 입학사정관을 역임하였고 현재 밴더빌트대학교(Vanderbilt University) 학장인 셰인(William M. Shain)의 지적은 시사하는 바가 크다. "30% 이하의 입학 허가 비율이면 학생 구성은 더 이상 개선되지 않는다는 것이 나의 오랜 신념이다. 그 이상은

SAT 시험성적만 하늘 높은 줄 모르게 오르도록 만들 뿐 학교의 지적 수준은 전혀 개선하지 못한다."

이 책은 또한 언론기관 등에 의한 대학 등급 매기기 및 서열 발표에 대하여 신랄하게 비판하고 있다. 대학 서열은 합리적이지 못한 공식과 통계 조작을 통하여 왜곡되고 있으며 교육계에 엄청난 해악을 가져오고 있다는 것이다. 대학들은 평가될 수 있지만 등급의 대상이 아니며 학생들은 평가될 수 있지만 측정될 수는 없다는 것이다. 이들의 지적은 최근 강조되는 대학평가와 관련하여 대학 서열화와의 관계 설정에 신중을 기해야 한다는 점을 일깨워 준다고 할 것이다.

그동안 국내에는 미국의 학생 선발 제도나 대학평가 등의 장점이 많이 소개되어 잘 알고 있지만 그들이 겪고 있는 문제점에 대해서는 비교적 관심이 적었다. 아무쪼록 이 역서가 미국 대학들의 실상을 올바르게 이해하고 우리나라 대학들이 당면하고 있는 어려움을 해소하는 데 다소나마 도움이 되었으면 하는 간절한 바람을 가져본다.

2007. 8. 역자 일동

## ● 편저자 소개

■ 로이드 태커(Lloyd Thacker)

약 28년간 대학 입학사정 및 입학 관련 카운슬링에 종사하였다. 2004년 2월 대학 입학 카운슬링직을 떠난 뒤, 경력을 활용하여 *College Unranked*를 편집·출판하고 Education Conservancy를 설립하였다. 태커는 University of California at San Diego(UCSD)와 University of California at Davis(UC Davis)에서 정치학 학위를 받았다. 그는 현재 컨설턴트, 대중 강연, 기금 조성가, 저술가 등으로 활동하고 있으며, 오리건 주 포틀랜드(Portland) 시에서 부인 로리(Lori), 두 아들과 함께 살고 있다.

## ● 역자 소개

■ 한석수

충남 공주에서 태어나 한양대학교 행정학과와 같은 학교 행정대학원을 졸업하였다. 미국 The University of Iowa에서 교육학으로 Ph.D.를 취득하였고, 동 대학 College of Education에서 객원연구원을 지냈으며 공주대학교 초빙교수를 역임하였다. 1985년 행정고시에 합격한 후 충청남도 부교육감과 교육과학기술부 교육정보통계국장 등을 역임하였으며, 2011년 현재 전북대학교 사무국장으로 재직 중이다.

■ 이종욱

서울에서 태어나 한양대학교 영어영문학과를 졸업하고 중앙대학교에서 신문학으로 석사학위를, 그리고 단국대학교에서 정책학 박사학위를 취득했으며, 미국 East-West Center 연구원을 지냈다. 1988년부터 한국학술진흥재단 정책기획실장, 기획조정실장, 경영혁신단장으로 재직하였으며, 2011년 현재 성균관대학교 특임교수로 재직 중이다.

■ 정훈

대구에서 태어나 경북대학교 및 동 대학원 행정학과에서 석·박사학위(전공: 정책학)를 취득했으며, 한국 전문대학 산학협력처·단장협의회 회장(2004~2009)과 전문대학교육혁신운동본부 공동대표(2005~2006)를 역임하였으며, 2007년부터 포럼 희망전문대학 의장을 맡고 있다. 2011년 현재 대경대학교 행정복지학부 교수 겸 산학협력단장으로 재직 중이다.

# 부 록

# 부록 1: 설문지

Ⅰ. 다음은 입학사정관제의 정착에 미치는 '규범적 차원'의 영향 요인에 대한 질문입니다.

※ 입학사정관제의 추진 목적인 대입 전형의 선진화 및 공교육 활성화에 관한 내용입니다. 귀하의 생각과 가장 비슷한 곳에 V 표시를 하시면 됩니다.

| 번호 | 규범적 차원 | 전혀 그렇지 않다 | 그렇지 않다 | 보통 이다 | 그렇다 | 매우 그렇다 |
|---|---|---|---|---|---|---|
| Ⅰ-1 | 대학의 건학 이념, 인재상 및 모집 단위 특성에 부합하는 잠재력 있는 학생 선발이 가능할 것이다 | ① | ② | ③ | ④ | ⑤ |
| Ⅰ-2 | 대학의 학생 선발 강화에 부응하는 대입 전형의 선진화가 촉진될 것이다 | ① | ② | ③ | ④ | ⑤ |
| Ⅰ-3 | 대학의 학생 선발에 관한 자율성 부여에 대한 책무성도 강화될 것이다 | ① | ② | ③ | ④ | ⑤ |
| Ⅰ-4 | 학생부, 수능 성적, 각종 서류 등 다양한 전형 요소를 해석·활용할 수 있는 대입 전형 전문가(입학사정관)의 활용이 강화될 것이다 | ① | ② | ③ | ④ | ⑤ |
| Ⅰ-5 | 입학사정관제로 인해서 고등학교에서는 학생의 전인적 교육이 강화될 것이다 | ① | ② | ③ | ④ | ⑤ |
| Ⅰ-6 | 입학사정관제로 인해서 고등학교 특성에 맞는 다양한 활동이 활성화될 것이다 | ① | ② | ③ | ④ | ⑤ |
| Ⅰ-7 | 입학사정관제로 인해서 성적 위주의 획일적 선발에서 학생의 소질, 적성, 인성, 창의성 등 다양한 요소를 고려한 선발로 개편하여 공교육 활성화가 유도될 것이다 | ① | ② | ③ | ④ | ⑤ |
| Ⅰ-8 | 입학사정관제로 인해서 적성 위주의 학과 선택이 가능할 것이다 | ① | ② | ③ | ④ | ⑤ |
| Ⅰ-9 | 입학사정관제로 인해서 소외계층의 진학 기회가 확대될 것이다 | ① | ② | ③ | ④ | ⑤ |
| Ⅰ-10 | 입학사정관제로 인해서 명문대 진학을 위한 과열 경쟁이 완화될 것이다 | ① | ② | ③ | ④ | ⑤ |

Ⅱ. 다음은 입학사정관제의 정착에 미치는 '구조적 차원'의 영향 요인에 대한 질문입니다.

※ 입학사정관제와 사교육시장과의 구조적 관계에서 입학사정관제의 전형 특징, 전형 요소, 전형 과정 그리고 전형 방식으로 인해서 발생할 수 있는 사교육기관 활용의 수요 증가 이유 및 사교육비 증가 방지 방안에 관한 내용입니다. 귀하의 생각과 가장 비슷한 곳에 V 표시를 하시면 됩니다.

| 번호 | 구조적 차원 | 전혀 그렇지 않다 | 그렇지 않다 | 보통이다 | 그렇다 | 매우 그렇다 |
|---|---|---|---|---|---|---|
| Ⅱ-1 | 입학사정관제의 전형 특징 중 입학사정의 개별화(개인별 자료에 대한 심층적인 전형)가 사교육시장에 영향을 미칠 것이다 | ① | ② | ③ | ④ | ⑤ |
| Ⅱ-2 | 입학사정관제의 전형 특징 중 입학사정의 장기화(고교 전 학년 활동에 대한 검토) 가 사교육시장에 영향을 미칠 것이다 | ① | ② | ③ | ④ | ⑤ |
| Ⅱ-3 | 입학사정관제의 전형 특징 중 입학사정의 종합화(종합적인 전형 자료에 대한 검토)가 사교육시장에 영향을 미칠 것이다 | ① | ② | ③ | ④ | ⑤ |
| Ⅱ-4 | 입학사정관제의 전형 자료 중 논술 관련 전형 요소가 사교육 수요에 영향을 미칠 것이다 | ① | ② | ③ | ④ | ⑤ |
| Ⅱ-5 | 입학사정관제의 전형 자료 중 면접 관련 전형 요소가 사교육 수요에 영향을 미칠 것이다 | ① | ② | ③ | ④ | ⑤ |
| Ⅱ-6 | 입학사정관제의 전형 과정에서 사교육기관을 활용할 필요성을 느낀다면 입학사정관 전형에 필요한 자료(자기소개서, 포트폴리오, 학업계획서 등) 작성에 대한 지도를 받기 위해서일 것이다 | ① | ② | ③ | ④ | ⑤ |
| Ⅱ-7 | 입학사정관제의 전형 과정에서 사교육기관을 활용할 필요성을 느낀다면 학교를 통한 입학사정관제 대비가 현실적으로 어려울 것으로 판단되기 때문일 것이다 | ① | ② | ③ | ④ | ⑤ |
| Ⅱ-8 | 입학사정관제의 전형 과정에서 사교육기관을 활용할 필요성을 느낀다면 입학사정관 면접 방법에 대한 지도를 받기 위해서일 것이다 | ① | ② | ③ | ④ | ⑤ |
| Ⅱ-9 | 입학사정관제로 인한 사교육비 증가를 방지하기 위한 방안 중 전형 방식에서 전형기준 및 방법을 공개하면 정보제공 관련 사교육시장은 축소될 것이다 | ① | ② | ③ | ④ | ⑤ |
| Ⅱ-10 | 입학사정관제로 인한 사교육비 증가를 방지하기 위한 방안 중 전형 방식에서 전형 자료의 종류를 제한하면 사교육시장은 축소될 것이다 | ① | ② | ③ | ④ | ⑤ |

Ⅲ. 다음은 입학사정관제의 정착에 미치는 '구성적 차원'의 영향 요인에 대한 질문입니다.

※ 입학사정관제와 관련하여 주요 구성 집단인 교육과학기술부, 한국대학교육협의회, 대학, 고교, 교육지원청과의 상호 연계 체제 구축을 위한 각 집단별 역할의 중요성 및 필요성에 관한 내용입니다. 귀하의 생각과 가장 비슷한 곳에 V 표시를 하시면 됩니다.

| 번호 | 구성적 차원 | 전혀 그렇지 않다 | 그렇지 않다 | 보통이다 | 그렇다 | 매우 그렇다 |
|---|---|---|---|---|---|---|
| Ⅲ-1 | 교육과학기술부의 역할 중 입학사정관제의 사교육화 방지 | ① | ② | ③ | ④ | ⑤ |
| Ⅲ-2 | 교육과학기술부의 역할 중 입학사정관제 시행 대학의 감독 | ① | ② | ③ | ④ | ⑤ |
| Ⅲ-3 | 한국대학교육협의회의 역할 중 고교-대학 연계 프로그램 개발, 운영 | ① | ② | ③ | ④ | ⑤ |
| Ⅲ-4 | 한국대학교육협의회의 역할 중 고교-교육지원청-대학 간 정보 교류를 위한 상설 협의체 구성·운영 | ① | ② | ③ | ④ | ⑤ |
| Ⅲ-5 | 대학의 역할 중 대학별 입학사정관제 정보 창구 개설 | ① | ② | ③ | ④ | ⑤ |
| Ⅲ-6 | 대학의 역할 중 고교-대학 간 연계 프로그램 개설·운영 | ① | ② | ③ | ④ | ⑤ |
| Ⅲ-7 | 고교의 역할 중 고교의 학생 및 학부모를 대상으로 한 주기적 설명회 개최 | ① | ② | ③ | ④ | ⑤ |
| Ⅲ-8 | 고교의 역할 중 정보(특성, 교육과정, 교육활동, 교사 현황 등) 제공을 위한 창구 개설 | ① | ② | ③ | ④ | ⑤ |
| Ⅲ-9 | 교육지원청의 역할 중 고교-대학 간 연계 프로그램의 중재 | ① | ② | ③ | ④ | ⑤ |
| Ⅲ-10 | 교육지원청의 역할 중 관내 학부모와 고교 진학 교사 대상 프로그램 운영 및 주기적 연수 실시 | ① | ② | ③ | ④ | ⑤ |

Ⅳ. 다음은 입학사정관제의 정착에 미치는 '기술적 차원'의 영향 요인에 대한 질문입니다.

※ 입학사정관의 전문성과 입학 전형 과정의 공정성 확보를 통한 입학사정관제의 신뢰성 제고의 중요성 및 전형 결과에 대한 이의 제기 대응책의 필요성에 관한 내용입니다. 귀하의 생각과 가장 비슷한 곳에 V 표시를 하시면 됩니다.

| 번호 | 기술적 차원 | 전혀 그렇지 않다 | 그렇지 않다 | 보통이다 | 그렇다 | 매우 그렇다 |
|---|---|---|---|---|---|---|
| Ⅳ-1 | 공정하고 윤리적이며 우수한 입학사정관 선발 | ① | ② | ③ | ④ | ⑤ |
| Ⅳ-2 | 입학사정관의 신분 보장을 통한 직업안정성 확보 | ① | ② | ③ | ④ | ⑤ |
| Ⅳ-3 | 평가 일관성 확보를 위한 입학사정관 훈련 · 관리 | ① | ② | ③ | ④ | ⑤ |
| Ⅳ-4 | 입학사정관제 전담 조직의 독립적 구성 | ① | ② | ③ | ④ | ⑤ |
| Ⅳ-5 | 타당하고 공정한 전형자료 및 평가 기준 설정 | ① | ② | ③ | ④ | ⑤ |
| Ⅳ-6 | 전형자료와 평가 기준에 대한 사전 공지 및 홍보 | ① | ② | ③ | ④ | ⑤ |
| Ⅳ-7 | 다수의 평가자에 의한 다단계 평정 실시 | ① | ② | ③ | ④ | ⑤ |
| Ⅳ-8 | 특수 관계 지원자에 대한 입학사정관 기피제 운영 | ① | ② | ③ | ④ | ⑤ |
| Ⅳ-9 | 입학사정 관련 법규 및 규정 · 기준, 세부 지침의 명확화 및 절차 준수 | ① | ② | ③ | ④ | ⑤ |
| Ⅳ-10 | 입학사정관 윤리규정 제정 및 이의 제기 시 합리적인 문제 해결 방법 마련을 위한 위원회 구성 운영 | ① | ② | ③ | ④ | ⑤ |

Ⅴ. 다음은 전체적인 '입학사정관제의 정착'에 대한 질문입니다.

※ 우리나라에서 입학사정관제의 추진 목적 달성, 사교육시장 구조 축소, 관련 집단 간의 상호 연계 체제 구축, 그리고 입학사정관제의 신뢰성 확보 등을 통해서 향후 입학사정관제가 정착되리라 생각하십니까? 귀하의 생각과 가장 비슷한 곳에 V 표시를 하시면 됩니다.

| 번호 | 내용 | 전혀 그렇지 않다 | 그렇지 않다 | 보통이다 | 그렇다 | 매우 그렇다 |
|---|---|---|---|---|---|---|
| Ⅴ-1 | 입학사정관제 정착 | ① | ② | ③ | ④ | ⑤ |

Ⅵ. 다음은 입학사정관인 귀하의 '개인적 배경 요인'에 대한 질문입니다.

※ 해당 사항에 V 표시를 하시면 됩니다.

Ⅵ-1. 성별 : ___① 남자 ___② 여자

Ⅵ-2. 연령 : ___① 20대 ___② 30대 ___③ 40대 ___④ 50대 ___⑤ 60대 이상

Ⅵ-3. 학력 : ___① 학사 ___② 석사(재학, 수료 포함) ___③ 박사(재학, 수료 포함)

Ⅵ-4. 소득 : ___① 3,000만 원 미만 ___② 3,000만 원 이상~4,000만 원 미만

③ 4,000만 원 이상~5,000만 원 미만 ___ ④ 5,000만 원 이상

Ⅵ-5. 입학사정관으로 근무하기 이전 직업:

___① 초·중·고 교사 ___② 초·중·고 교장(교감) ___③ 학원 진학(상담) 교사(강사) ___④ 대학(원)생 ___⑤ 대학강사 ___⑥ 대학 교수 ___⑦ 대학 직원 ___⑧ 대학, 연구소 등 연구원 ___⑨ 기타(    )

Ⅵ-6. 입학사정관제도와 관련 업무에 근무한 경력

___① 6개월 미만 ___② 6개월 이상~1년 미만 ___③ 1년 이상~2년 미만

___④ 2년 이상~3년 미만 ___⑤ 3년 이상~4년 미만 ___⑥ 4년 이상

Ⅵ-7. 정규직/비정규직 여부 ___① 정규직 ___② 비정규직

Ⅶ. 다음은 입학사정관인 귀하께서 재직 중인 '대학 배경 요인'에 대한 질문입니다.

※ 해당 사항에 V 표시를 하시면 됩니다.

Ⅶ-1. 지역(소재지) : ① 수도권 ② 비수도권

Ⅶ-2. 대학 규모(입학 정원):

___① 1,000명 미만 ___② 1,000명 이상~2,000명 미만

___③ 2,000명 이상~3,000명 미만 ___④ 3,000명 이상~4,000명 미만

___⑤ 4,000명 이상

Ⅶ-3. 설립 형태 : ___① 국·공립 ___② 사립

Ⅶ-4. 선정 대학 유형 : ___① 선도 대학 ___② 우수 대학 ___③ 특성화 모집 단위 운영 대학

Ⅶ-5. 총 선정(지원) 기간 : ___① 1년 ___② 2년 ___③ 3년 ___④ 4년

Ⅶ-6. 총 입학사정관 수 : ___① 1~5명 ___② 6~10명 ___③ 11~15명 ___④ 16명~20명 ___⑤ 21명 이상

Ⅶ-7. 입학사정관 조직 형태 :

___① 입학사정관팀 등 별도 조직 없이 입학처 내 소속

___② 입학처 내 별도의 팀(실) 소속

___③ 입학처와 완전 별도 독립된 조직(팀) 소속

___④ 기타(                    )

<귀중한 시간을 할애하셔서 설문에 답변해 주신 점 진심으로 감사드립니다>

# 부록 2: 통계 자료

〈부록 2-1〉 입학사정관의 인구통계학적 특성에 따른 규범적 차원의 인식 차이

| 구분 | N | 대입 전형 선진화 | | 공교육 활성화 | | 사회적 문제 해결 | |
|---|---|---|---|---|---|---|---|
| | | M | SD | M | SD | M | SD |
| 성별 | | | | | | | |
| 남 | 195 | 4.256 | .532 | 3.805 | .714 | 3.301 | .566 |
| 여 | 213 | 4.169 | .592 | 3.756 | .612 | 3.394 | .561 |
| 연령 | | | | | (**) | | (***) |
| 20대 | 20 | 4.275 | .595 | 3.983 | .644 | 3.533 | .566 |
| 30대 | 173 | 4.152 | .494 | 3.703 | .644 | 3.449 | .486 |
| 40대 | 132 | 4.273 | .645 | 3.699 | .605 | 3.159 | .531 |
| 50대 | 55 | 4.314 | .586 | 4.042 | .751 | 3.455 | .646 |
| 60대 | 28 | 4.036 | .450 | 3.964 | .699 | 3.298 | .761 |
| 학력 | | | (***) | | | | |
| 학사 | 17 | 3.809 | .472 | 3.471 | .688 | 3.137 | .578 |
| 석사 | 194 | 4.112 | .485 | 3.778 | .582 | 3.349 | .580 |
| 박사 | 197 | 4.343 | .610 | 3.807 | .727 | 3.369 | .546 |
| 소득 | | | (***) | | (***) | | (***) |
| 3천만 원 미만 | 27 | 4.028 | .435 | 3.926 | .975 | 3.358 | .480 |
| 4천만 원 미만 | 194 | 4.131 | .458 | 3.775 | .571 | 3.436 | .540 |
| 5천만 원 미만 | 122 | 4.520 | .578 | 3.940 | .537 | 3.350 | .505 |
| 5천만 원 이상 | 65 | 3.942 | .631 | 3.431 | .831 | 3.087 | .690 |
| 직전 직업 | | | (***) | | (**) | | (*) |
| 초중고 교사 | 47 | 4.149 | .409 | 3.759 | .593 | 3.518 | .651 |
| 초중고 교장·교감 | 28 | 4.125 | .363 | 3.976 | .725 | 3.500 | .762 |
| 학원 진학(상담) 교사(강사) | 15 | 4.183 | .547 | 3.622 | .486 | 3.222 | .559 |
| 대학원생 | 32 | 4.031 | .615 | 3.854 | .655 | 3.292 | .446 |
| 대학 강사 | 90 | 4.406 | .574 | 3.848 | .646 | 3.211 | .448 |
| 대학 교수 | 23 | 3.924 | .781 | 3.319 | 1.285 | 3.261 | .853 |
| 대학 직원 | 54 | 4.162 | .569 | 3.691 | .457 | 3.278 | .656 |
| 대학,연구소 연구원 | 85 | 4.371 | .470 | 3.902 | .430 | 3.435 | .471 |
| 기타 (사기업체 등) | 34 | 3.904 | .603 | 3.608 | .810 | 3.431 | .313 |
| 근무 경력 | | | (***) | | (**) | | (*) |
| 6개월 미만 | 26 | 4.317 | .508 | 4.077 | .791 | 3.590 | .720 |
| 6개월~1년 미만 | 79 | 3.972 | .492 | 3.612 | .650 | 3.401 | .484 |
| 1년~2년 미만 | 132 | 4.119 | .500 | 3.758 | .743 | 3.376 | .662 |
| 2년~3년 미만 | 101 | 4.270 | .652 | 3.746 | .634 | 3.195 | .484 |
| 3년~4년 미만 | 55 | 4.618 | .446 | 3.952 | .348 | 3.370 | .438 |
| 4년 이상 | 15 | 4.200 | .474 | 3.933 | .537 | 3.400 | .458 |
| 정규직 여부 | | | ( **) | | (***) | | (*) |
| 정규직 | 87 | 4.043 | .596 | 3.525 | .758 | 3.180 | .632 |
| 비정규직 | 321 | 4.256 | .548 | 3.848 | .617 | 3.396 | .536 |
| 계 | 408 | 4.211 | .565 | 3.779 | .662 | 3.350 | .564 |

*:$p<0.05$, **:$p<0.01$, ***:$p<0.001$

〈부록 2-2〉 대학의 통계학적 특성에 따른 규범적 차원의 인식 차이

| 구분 | N | 대입 전형 선진화 |  | 공교육 활성화 |  | 사회적 문제 해결 |  |
|---|---|---|---|---|---|---|---|
|  |  | M | SD | M | SD | M | SD |
| **소재지** |  |  | (**) |  |  |  |  |
| 수도권 | 228 | 4.295 | .573 | 3.791 | .573 | 3.357 | .539 |
| 비수도권 | 180 | 4.104 | .538 | 3.765 | .761 | 3.341 | .597 |
| **대학 규모 (입학 정원)** |  |  | (**) |  |  |  |  |
| 1,000명 미만 | 58 | 4.125 | .494 | 3.701 | .828 | 3.391 | .667 |
| 1,000~2,000명 미만 | 70 | 4.025 | .565 | 3.724 | .616 | 3.238 | .677 |
| 2,000~3,000명 미만 | 54 | 4.213 | .584 | 3.864 | .770 | 3.463 | .622 |
| 3,000~4,000명 미만 | 134 | 4.319 | .596 | 3.776 | .526 | 3.363 | .433 |
| 5,000명 이상 | 92 | 4.247 | .516 | 3.826 | .693 | 3.322 | .529 |
| **설립 형태** |  |  |  |  |  |  |  |
| 국·공립 | 124 | 4.171 | .539 | 3.755 | .782 | 3.382 | .639 |
| 사립 | 284 | 4.228 | .576 | 3.790 | .604 | 3.336 | .529 |
| **선정 대학 유형** |  |  | (***) |  |  |  |  |
| 선도 대학 | 251 | 4.308 | .576 | 3.817 | .661 | 3.339 | .601 |
| 우수 대학 | 138 | 4.065 | .504 | 3.749 | .608 | 3.386 | .495 |
| 특성화 모집 단위 운영 대학 | 19 | 3.987 | .574 | 3.509 | .958 | 3.228 | .533 |
| **총선정 (지원) 기간** |  |  |  |  |  |  |  |
| 1년 | 25 | 4.100 | .625 | 3.547 | .927 | 3.347 | .612 |
| 2년 | 68 | 4.173 | .517 | 3.701 | .843 | 3.387 | .697 |
| 3년 | 208 | 4.174 | .559 | 3.848 | .551 | 3.327 | .526 |
| 4년 | 107 | 4.332 | .580 | 3.751 | .648 | 3.371 | .537 |
| **총 입학사정관 수** |  |  | (**) |  |  |  |  |
| 1~5명 | 41 | 4.006 | .577 | 3.642 | .880 | 3.358 | .545 |
| 6~10명 | 155 | 4.166 | .539 | 3.714 | .705 | 3.323 | .602 |
| 11~15명 | 112 | 4.350 | .569 | 3.857 | .527 | 3.396 | .572 |
| 16~20명 | 55 | 4.150 | .608 | 3.897 | .605 | 3.279 | .448 |
| 21명 이상 | 45 | 4.278 | .509 | 3.793 | .629 | 3.407 | .564 |
| **입학사정관 조직 형태** |  |  |  |  |  |  |  |
| 입학처 소속 | 6 | 4.083 | 1.021 | 3.611 | 1.806 | 3.722 | 1.042 |
| 별도팀(실) | 376 | 4.201 | .548 | 3.792 | .609 | 3.341 | .563 |
| 독립조직(팀) | 20 | 4.388 | .636 | 3.433 | .962 | 3.300 | .388 |
| 기타(교무처 등) | 6 | 4.333 | .847 | 4.333 | .422 | 3.667 | .422 |
| 계 | 408 | 4.211 | .565 | 3.779 | .662 | 3.350 | .564 |

*:p<0.05, **:p<0.01, ***:p<0.001

〈부록 2-3〉 입학사정관의 인구통계학적 특성에 따른 구조적 차원의 인식 차이

| 구분 | N | 전형 특징 | | 전형 요소 | | 전형 과정 | | 전형 방식 | |
|---|---|---|---|---|---|---|---|---|---|
| | | M | SD | M | SD | M | SD | M | SD |
| **성별** | | | | | | | | | |
| 남 | 195 | 3.376 | .821 | 3.310 | .734 | 3.550 | .648 | 2.862 | .787 |
| 여 | 213 | 3.369 | .831 | 3.261 | .726 | 3.462 | .684 | 2.744 | .760 |
| **연령** | | | (***) | | | | (**) | | |
| 20대 | 20 | 3.583 | .666 | 3.300 | .410 | 3.583 | .539 | 2.825 | .748 |
| 30대 | 173 | 3.314 | .791 | 3.254 | .698 | 3.422 | .633 | 2.801 | .735 |
| 40대 | 132 | 3.601 | .735 | 3.322 | .803 | 3.641 | .686 | 2.777 | .729 |
| 50대 | 55 | 3.018 | 1.089 | 3.309 | .819 | 3.327 | .752 | 2.709 | .901 |
| 60대 | 28 | 3.202 | .618 | 3.232 | .552 | 3.655 | .563 | 3.071 | .950 |
| **학력** | | | | | | | | | |
| 학사 | 17 | 3.627 | 1.047 | 3.529 | .739 | 3.667 | .972 | 2.559 | .682 |
| 석사 | 194 | 3.333 | .776 | 3.268 | .658 | 3.459 | .630 | 2.817 | .779 |
| 박사 | 197 | 3.389 | .851 | 3.279 | .793 | 3.535 | .672 | 2.805 | .777 |
| **소득** | | | | | | | (***) | | (***) |
| 3천만 원 미만 | 27 | 3.333 | .698 | 3.093 | .589 | 3.531 | .474 | 2.796 | .750 |
| 4천만 원 미만 | 194 | 3.290 | .762 | 3.260 | .644 | 3.344 | .694 | 3.018 | .729 |
| 5천만 원 미만 | 122 | 3.473 | .856 | 3.262 | .767 | 3.689 | .582 | 2.541 | .740 |
| 5천만 원 이상 | 65 | 3.446 | .976 | 3.477 | .908 | 3.626 | .701 | 2.638 | .803 |
| **직전 직업** | | | (**) | | | | | | |
| 초중고 교사 | 47 | 3.184 | .741 | 3.287 | .778 | 3.390 | .812 | 2.904 | .812 |
| 초중고 교장·교감 | 28 | 3.167 | .670 | 3.161 | .562 | 3.452 | .499 | 3.143 | .848 |
| 학원 진학(상담) 교사(강사) | 15 | 3.978 | .695 | 3.633 | .640 | 3.956 | .689 | 2.733 | .776 |
| 대학원생 | 32 | 3.490 | .738 | 3.344 | .530 | 3.531 | .514 | 2.734 | .568 |
| 대학강사 | 90 | 3.452 | .848 | 3.344 | .781 | 3.537 | .655 | 2.872 | .813 |
| 대학교수 | 23 | 2.855 | 1.275 | 3.391 | 1.033 | 3.435 | .794 | 2.652 | .804 |
| 대학직원 | 54 | 3.414 | .819 | 3.167 | .795 | 3.537 | .658 | 2.602 | .815 |
| 대학, 연구소 연구원 | 85 | 3.365 | .754 | 3.259 | .644 | 3.478 | .656 | 2.824 | .714 |
| 기타 (사기업체 등) | 34 | 3.520 | .712 | 3.191 | .686 | 3.451 | .656 | 2.632 | .710 |
| **근무 경력** | | | (*) | | | | | | (**) |
| 6개월 미만 | 26 | 3.577 | .907 | 3.212 | .651 | 3.462 | .604 | 3.000 | .721 |
| 6개월~1년 미만 | 79 | 3.447 | .737 | 3.437 | .632 | 3.494 | .730 | 2.994 | .864 |
| 1년~2년 미만 | 132 | 3.177 | .910 | 3.318 | .848 | 3.432 | .678 | 2.856 | .745 |
| 2년~3년 미만 | 101 | 3.416 | .752 | 3.267 | .602 | 3.545 | .649 | 2.703 | .819 |
| 3년~4년 미만 | 55 | 3.527 | .811 | 3.036 | .775 | 3.606 | .609 | 2.527 | .604 |
| 4년 이상 | 15 | 3.489 | .615 | 3.333 | .673 | 3.622 | .689 | 2.600 | .471 |
| **정규직 여부** | | | | | (**) | | | | (***) |
| 정규직 | 87 | 3.414 | .854 | 3.511 | .759 | 3.510 | .643 | 2.540 | .666 |
| 비정규직 | 321 | 3.361 | .818 | 3.223 | .710 | 3.503 | .675 | 2.871 | .787 |
| 계 | 408 | 3.373 | .825 | 3.284 | .729 | 3.504 | .667 | 2.800 | .774 |

*:$p<0.05$, **:$p<0.01$, ***:$p<0.001$

〈부록 2-4〉 대학의 통계학적 특성에 따른 구조적 차원의 인식 차이

| 구분 | N | 전형 특징 | | 전형 요소 | | 전형 과정 | | 전형 방식 | |
|---|---|---|---|---|---|---|---|---|---|
| | | M | SD | M | SD | M | SD | M | SD |
| **소재지** | | | | | (***) | | (**) | | (***) |
| 수도권 | 228 | 3.434 | .811 | 3.169 | .670 | 3.594 | .642 | 2.656 | .712 |
| 비수도권 | 180 | 3.294 | .838 | 3.431 | .776 | 3.391 | .683 | 2.983 | .812 |
| **대학 규모 (입학정원)** | | | | | | | (**) | | |
| 1,000명 미만 | 58 | 3.282 | .818 | 3.431 | .819 | 3.511 | .661 | 2.802 | .898 |
| 1,000~2,000명 미만 | 70 | 3.224 | .858 | 3.200 | .853 | 3.652 | .656 | 2.693 | .882 |
| 2,000~3,000명 미만 | 54 | 3.352 | .917 | 3.259 | .817 | 3.253 | .663 | 2.954 | .876 |
| 3,000~4,000명 미만 | 134 | 3.537 | .732 | 3.291 | .605 | 3.617 | .585 | 2.716 | .590 |
| 5,000명 이상 | 92 | 3.315 | .854 | 3.261 | .681 | 3.370 | .739 | 2.913 | .765 |
| **설립 형태** | | | | | | | | | |
| 국·공립 | 124 | 3.266 | .862 | 3.363 | .691 | 3.478 | .696 | 2.871 | .793 |
| 사립 | 284 | 3.419 | .806 | 3.250 | .744 | 3.515 | .656 | 2.769 | .765 |
| **선정 대학 유형** | | | | | (***) | | | | (***) |
| 선도 대학 | 251 | 3.311 | .825 | 3.161 | .698 | 3.475 | .652 | 2.687 | .738 |
| 우수 대학 | 138 | 3.493 | .784 | 3.496 | .746 | 3.585 | .671 | 2.949 | .816 |
| 특성화 모집 단위 운영대학 | 19 | 3.316 | 1.045 | 3.368 | .684 | 3.298 | .793 | 3.211 | .631 |
| **총 선정(지원) 기간** | | | | | (***) | | (**) | | (***) |
| 1년 | 25 | 3.400 | .995 | 3.380 | .634 | 3.400 | .782 | 3.220 | .597 |
| 2년 | 68 | 3.480 | .973 | 3.522 | .755 | 3.730 | .713 | 2.757 | .866 |
| 3년 | 208 | 3.335 | .734 | 3.317 | .717 | 3.502 | .600 | 2.892 | .795 |
| 4년 | 107 | 3.371 | .853 | 3.047 | .699 | 3.389 | .707 | 2.551 | .625 |
| **입학사정관 수** | | | | | | | | | (*) |
| 1~5명 | 41 | 3.244 | .872 | 3.415 | .601 | 3.528 | .658 | 3.134 | .662 |
| 6~10명 | 155 | 3.458 | .806 | 3.368 | .845 | 3.490 | .699 | 2.852 | .784 |
| 11~15명 | 112 | 3.315 | .842 | 3.161 | .644 | 3.527 | .627 | 2.737 | .838 |
| 16~20명 | 55 | 3.303 | .906 | 3.245 | .637 | 3.545 | .724 | 2.645 | .606 |
| 21명 이상 | 45 | 3.422 | .694 | 3.233 | .679 | 3.422 | .609 | 2.667 | .776 |
| **입학 사정관 조직 형태** | | | (*) | | (*) | | (**) | | (*) |
| 입학처 소속 | 6 | 3.278 | 1.255 | 3.917 | .492 | 3.889 | .344 | 3.667 | .753 |
| 별도팀(실) | 376 | 3.363 | .805 | 3.275 | .734 | 3.496 | .679 | 2.782 | .769 |
| 독립조직(팀) | 20 | 3.783 | .767 | 3.100 | .503 | 3.517 | .501 | 2.975 | .716 |
| 기타(교무처 등) | 6 | 2.667 | 1.333 | 3.833 | .816 | 3.556 | .689 | 2.500 | .894 |
| 계 | 408 | 3.373 | .825 | 3.284 | .729 | 3.504 | .667 | 2.800 | .774 |

*:p<0.05, **:p<0.01, ***:p<0.001

〈부록 2-5〉 입학사정관의 인구통계학적 특성에 따른 구성적 차원의 인식 차이

| 구분 | N | 교육과학 기술부 역할 | | 대학교육 협의회 역할 | | 대학 역할 | | 고교 역할 | | 교육지원청 역할 | |
|---|---|---|---|---|---|---|---|---|---|---|---|
| | | M | SD | M | SD | M | SD | M | SD | M | SD |
| **성별** | | | | | (*) | | | | | | |
| 남 | 195 | 3.56 | .56 | 3.92 | .51 | 4.17 | .57 | 4.12 | .66 | 4.09 | .67 |
| 여 | 213 | 3.52 | .65 | 3.79 | .73 | 4.15 | .61 | 4.06 | .65 | 3.98 | .78 |
| **연령** | | | (*) | | (*) | | (**) | | | | |
| 20대 | 20 | 3.48 | .64 | 3.65 | .80 | 4.05 | .83 | 4.13 | .84 | 3.93 | .89 |
| 30대 | 173 | 3.55 | .58 | 3.95 | .56 | 4.14 | .50 | 4.04 | .59 | 4.05 | .67 |
| 40대 | 132 | 3.66 | .55 | 3.80 | .73 | 4.28 | .64 | 4.15 | .72 | 4.14 | .81 |
| 50대 | 55 | 3.31 | .72 | 3.66 | .59 | 4.13 | .55 | 4.14 | .63 | 3.85 | .76 |
| 60대 | 28 | 3.38 | .70 | 4.00 | .41 | 3.80 | .55 | 3.96 | .59 | 3.89 | .46 |
| **학력** | | | | | | | (***) | | (***) | | (**) |
| 학사 | 17 | 3.62 | .49 | 3.62 | .63 | 3.76 | .53 | 3.62 | .63 | 3.71 | .79 |
| 석사 | 194 | 3.48 | .66 | 3.89 | .59 | 4.06 | .56 | 4.02 | .63 | 3.94 | .70 |
| 박사 | 197 | 3.58 | .57 | 3.83 | .67 | 4.28 | .59 | 4.19 | .66 | 4.16 | .73 |
| **소득** | | | | | | | (***) | | (***) | | (***) |
| 3천만 원 미만 | 27 | 3.58 | .44 | 3.74 | .68 | 3.72 | .38 | 3.76 | .59 | 3.78 | .88 |
| 4천만 원 미만 | 194 | 3.52 | .63 | 3.91 | .57 | 4.12 | .54 | 4.06 | .64 | 4.02 | .68 |
| 5천만 원 미만 | 122 | 3.55 | .61 | 3.82 | .74 | 4.41 | .60 | 4.26 | .66 | 4.25 | .66 |
| 5천만 원 이상 | 65 | 3.55 | .65 | 3.77 | .57 | 3.98 | .58 | 3.98 | .64 | 3.77 | .81 |
| **직전 직업** | | | (*) | | | | (***) | | (*) | | (***) |
| 초중고 교사 | 47 | 3.39 | .60 | 3.99 | .42 | 4.04 | .55 | 3.93 | .56 | 4.05 | .56 |
| 초중고 교장·교감 | 28 | 3.48 | .70 | 3.93 | .52 | 3.91 | .49 | 4.04 | .67 | 3.89 | .63 |
| 학원 진학(상담) 교사(강사) | 15 | 3.97 | .58 | 3.80 | .53 | 4.37 | .44 | 4.40 | .43 | 4.20 | .56 |
| 대학원생 | 32 | 3.69 | .47 | 3.86 | .75 | 4.11 | .81 | 4.17 | .80 | 3.88 | .91 |
| 대학 강사 | 90 | 3.59 | .67 | 3.78 | .73 | 4.34 | .59 | 4.21 | .77 | 4.28 | .72 |
| 대학 교수 | 23 | 3.37 | .69 | 3.76 | .74 | 3.96 | .67 | 3.93 | .27 | 3.59 | .91 |
| 대학직원 | 54 | 3.44 | .58 | 3.94 | .58 | 4.11 | .54 | 3.94 | .66 | 3.95 | .70 |
| 대학, 연구소 연구원 | 85 | 3.56 | .52 | 3.84 | .59 | 4.29 | .51 | 4.19 | .54 | 4.14 | .60 |
| 기타 (사기업체 등) | 34 | 3.49 | .67 | 3.74 | .74 | 3.85 | .47 | 3.90 | .68 | 3.69 | .84 |
| **근무 경력** | | | (***) | | | | (***) | | (***) | | (***) |
| 6개월 미만 | 26 | 3.60 | .54 | 4.06 | .65 | 4.10 | .45 | 4.04 | .66 | 3.88 | .70 |
| 6개월~1년 미만 | 79 | 3.77 | .54 | 3.96 | .50 | 4.04 | .47 | 3.98 | .57 | 3.98 | .61 |
| 1년~2년 미만 | 132 | 3.33 | .61 | 3.79 | .63 | 3.98 | .58 | 3.94 | .58 | 3.83 | .70 |
| 2년~3년 미만 | 101 | 3.63 | .62 | 3.90 | .63 | 4.29 | .61 | 4.18 | .67 | 4.15 | .76 |
| 3년~4년 미만 | 55 | 3.55 | .61 | 3.68 | .80 | 4.45 | .61 | 4.41 | .76 | 4.37 | .75 |
| 4년 이상 | 15 | 3.30 | .59 | 3.80 | .41 | 4.40 | .57 | 4.23 | .75 | 4.33 | .72 |
| **정규직 여부** | | | | | | | (*) | | | | ** |
| 정규직 | 87 | 3.45 | .61 | 3.84 | .62 | 4.03 | .54 | 4.02 | .61 | 3.84 | .78 |
| 비정규직 | 321 | 3.56 | .61 | 3.85 | .64 | 4.19 | .60 | 4.11 | .67 | 4.09 | .71 |
| 계 | 408 | 3.54 | .61 | 3.85 | .63 | 4.16 | .59 | 4.09 | .65 | 4.03 | .73 |

*:$p<0.05$, **:$p<0.01$, ***:$p<0.001$

〈부록 2-6〉 대학의 통계학적 특성에 따른 구성적 차원의 인식 차이

| 구분 | N | 교육과학 기술부 역할 | | 대학교육 협의회 역할 | | 대학 역할 | | 고교 역할 | | 교육지원청 역할 | |
|---|---|---|---|---|---|---|---|---|---|---|---|
| | | M | SD | M | SD | M | SD | M | SD | M | SD |
| **소재지** | | | | | | | | | | | |
| 수도권 | 228 | 3.50 | .61 | 3.82 | .68 | 4.23 | (**) .65 | 4.14 | .73 | 4.08 | .80 |
| 비수도권 | 180 | 3.59 | .61 | 3.89 | .58 | 4.07 | .48 | 4.03 | .54 | 3.98 | .63 |
| **대학 규모 (입학 정원)** | | | | | | | | | | | |
| 1,000명 미만 | 58 | 3.68 | (***) .67 | 3.91 | .50 | 4.11 | (*) .47 | 4.17 | (*) .53 | 3.97 | (*) .49 |
| 1,000~2,000명 미만 | 70 | 3.44 | .62 | 3.86 | .72 | 4.03 | .54 | 3.95 | .64 | 3.91 | .77 |
| 2,000~3,000명 미만 | 54 | 3.31 | .59 | 3.78 | .60 | 4.03 | .54 | 4.09 | .71 | 3.91 | .81 |
| 3,000~4,000명 미만 | 134 | 3.69 | .53 | 3.83 | .62 | 4.29 | .68 | 4.19 | .69 | 4.20 | .77 |
| 5,000명 이상 | 92 | 3.43 | .62 | 3.88 | .69 | 4.16 | .54 | 3.98 | .64 | 4.01 | .69 |
| **설립 형태** | | | | | | | | | | | |
| 국·공립 | 124 | 3.66 | (**) .63 | 3.95 | (*) .54 | 4.10 | .51 | 4.08 | .53 | 4.06 | .57 |
| 사립 | 284 | 3.48 | .60 | 3.81 | .67 | 4.18 | .62 | 4.09 | .70 | 4.02 | .79 |
| **선정 대학 유형** | | | | | | | | | | | |
| 선도 대학 | 251 | 3.49 | .63 | 3.82 | .71 | 4.22 | (*) .64 | 4.15 | (*) .70 | 4.05 | .81 |
| 우수 대학 | 138 | 3.62 | .59 | 3.92 | .49 | 4.05 | .49 | 4.03 | .57 | 4.05 | .56 |
| 특성화 모집 단위 운영 대학 | 19 | 3.53 | .51 | 3.76 | .48 | 4.03 | .49 | 3.79 | .56 | 3.68 | .65 |
| **총 선정(지원) 기간** | | | | | | | | | | | |
| 1년 | 25 | 3.58 | .61 | 3.76 | .46 | 4.06 | (**) .56 | 3.84 | .66 | 3.76 | (**) .72 |
| 2년 | 68 | 3.54 | .64 | 3.99 | .62 | 4.18 | .59 | 4.04 | .68 | 4.07 | .67 |
| 3년 | 208 | 3.55 | .60 | 3.85 | .60 | 4.08 | .59 | 4.08 | .61 | 3.96 | .70 |
| 4년 | 107 | 3.49 | .62 | 3.78 | .73 | 4.32 | .56 | 4.20 | .71 | 4.21 | .79 |
| **총입학사정관 수** | | | | | | | | | | | |
| 1~5명 | 41 | 3.59 | .60 | 3.88 | .50 | 4.04 | (***) .47 | 3.85 | (**) .56 | 3.80 | (*) .64 |
| 6~10명 | 155 | 3.57 | .59 | 3.80 | .63 | 4.02 | .55 | 3.99 | .63 | 3.97 | .76 |
| 11~15명 | 112 | 3.49 | .60 | 3.83 | .78 | 4.29 | .62 | 4.18 | .69 | 4.08 | .73 |
| 16~20명 | 55 | 3.42 | .69 | 3.97 | .52 | 4.31 | .61 | 4.15 | .70 | 4.20 | .72 |
| 21명 이상 | 45 | 3.61 | .64 | 3.91 | .46 | 4.21 | .61 | 4.31 | .57 | 4.13 | .68 |
| **입학사정관 조직 형태** | | | | | | | | | | | |
| 입학처소속 | 6 | 4.08 | (*) .38 | 4.17 | .26 | 4.08 | .38 | 4.00 | .00 | 4.00 | .00 |
| 별도팀(실) | 376 | 3.51 | .62 | 3.86 | .63 | 4.15 | .59 | 4.09 | .65 | 4.04 | .71 |
| 독립조직(팀) | 20 | 3.80 | .41 | 3.58 | .78 | 4.28 | .64 | 4.10 | .80 | 3.83 | 1.21 |
| 기타(교무처 등) | 6 | 3.67 | .61 | 3.75 | .42 | 4.00 | .55 | 4.17 | .68 | 4.08 | .66 |
| 계 | 408 | 3.54 | .61 | 3.85 | .63 | 4.16 | .59 | 4.09 | .65 | 4.03 | .73 |

*:$p<0.05$, **:$p<0.01$, ***:$p<0.001$

〈부록 2-7〉 입학사정관의 인구통계학적 특성에 따른 기술적 차원의 인식 차이

| 구분 | N | 입학사정관의 전문성 | | 입학 전형 과정의 공정성 | | 전형 결과에 대한 합리적 대응책 | |
|---|---|---|---|---|---|---|---|
| | | M | SD | M | SD | M | SD |
| 성별 | | | | | | | |
| 남 | 195 | 4.421 | .547 | 4.312 | .554 | 4.236 | .724 |
| 여 | 213 | 4.527 | 1.046 | 4.277 | .533 | 4.188 | .712 |
| 연령 | | | | | (**) | | (**) |
| 20대 | 20 | 4.550 | .426 | 4.250 | .568 | 4.450 | .456 |
| 30대 | 173 | 4.523 | 1.100 | 4.250 | .496 | 4.260 | .577 |
| 40대 | 132 | 4.464 | .612 | 4.402 | .563 | 4.242 | .797 |
| 50대 | 55 | 4.436 | .628 | 4.345 | .608 | 4.155 | .821 |
| 60대 | 28 | 4.268 | .527 | 3.982 | .441 | 3.696 | .843 |
| 학력 | | | | | (***) | | (*) |
| 학사 | 17 | 4.147 | .625 | 3.971 | .537 | 3.882 | .740 |
| 석사 | 194 | 4.459 | 1.058 | 4.170 | .513 | 4.142 | .621 |
| 박사 | 197 | 4.522 | .584 | 4.443 | .531 | 4.307 | .788 |
| 소득 | | | (**) | | (***) | | (**) |
| 3천만 원 미만 | 27 | 4.324 | .653 | 3.991 | .614 | 4.074 | .689 |
| 4천만 원 미만 | 194 | 4.461 | 1.072 | 4.249 | .474 | 4.178 | .644 |
| 5천만 원 미만 | 122 | 4.686 | .455 | 4.490 | .580 | 4.385 | .813 |
| 5천만 원 이상 | 65 | 4.188 | .583 | 4.185 | .525 | 4.038 | .692 |
| 직전 직업 | | | | | (***) | | (**) |
| 초중고 교사 | 47 | 4.319 | .419 | 4.133 | .505 | 4.128 | .630 |
| 초중고 교장·교감 | 28 | 4.268 | .645 | 4.054 | .438 | 3.857 | .792 |
| 학원 진학(상담) 교사(강사) | 15 | 4.567 | .458 | 4.517 | .417 | 4.267 | .594 |
| 대학원생 | 32 | 4.367 | .596 | 4.289 | .471 | 4.266 | .539 |
| 대학 강사 | 90 | 4.631 | .533 | 4.547 | .468 | 4.383 | .807 |
| 대학 교수 | 23 | 4.185 | .618 | 4.174 | .556 | 4.087 | .835 |
| 대학 직원 | 54 | 4.583 | 1.887 | 4.222 | .525 | 3.981 | .758 |
| 대학, 연구소 연구원 | 85 | 4.550 | .459 | 4.368 | .569 | 4.371 | .618 |
| 기타 (사기업체 등) | 34 | 4.360 | .534 | 3.956 | .582 | 4.132 | .607 |
| 근무 경력 | | | (*) | | (*) | | |
| 6개월 미만 | 26 | 4.875 | 2.639 | 4.365 | .506 | 4.442 | .554 |
| 6개월~1년 미만 | 79 | 4.326 | .454 | 4.275 | .466 | 4.063 | .539 |
| 1년~2년 미만 | 132 | 4.371 | .556 | 4.206 | .513 | 4.220 | .560 |
| 2년~3년 미만 | 101 | 4.601 | .532 | 4.337 | .552 | 4.203 | .895 |
| 3년~4년 미만 | 55 | 4.577 | .535 | 4.464 | .632 | 4.327 | .909 |
| 4년 이상 | 15 | 4.283 | .694 | 4.117 | .687 | 4.133 | .812 |
| 정규직 여부 | | | (**) | | (*) | | |
| 정규직 | 87 | 4.267 | .595 | 4.193 | .599 | 4.109 | .671 |
| 비정규직 | 321 | 4.533 | .894 | 4.321 | .524 | 4.238 | .728 |
| 계 | 408 | 4.476 | .846 | 4.294 | .543 | 4.211 | .717 |

*:p<0.05, **:p<0.01, ***:p<0.001

〈부록 2-8〉 대학의 통계학적 특성에 따른 기술적 차원의 인식 차이

| 구분 | N | 입학사정관의 전문성 | | 입학 전형 과정의 공정성 | | 전형 결과에 대한 합리적 대응책 | |
|---|---|---|---|---|---|---|---|
| | | M | SD | M | SD | M | SD |
| **소재지** | | | (*) | | (*) | | |
| 수도권 | 228 | 4.564 | 1.026 | 4.353 | .548 | 4.270 | .741 |
| 비수도권 | 180 | 4.365 | .520 | 4.218 | .528 | 4.136 | .681 |
| **대학 규모 (입학 정원)** | | | (**) | | (**) | | (***) |
| 1,000명 미만 | 58 | 4.392 | .469 | 4.121 | .541 | 4.043 | .637 |
| 1,000~2,000명 미만 | 70 | 4.239 | .595 | 4.168 | .529 | 3.929 | .767 |
| 2,000~3,000명 미만 | 54 | 4.458 | .513 | 4.273 | .505 | 4.167 | .727 |
| 3,000~4,000명 미만 | 134 | 4.672 | 1.232 | 4.397 | .530 | 4.362 | .676 |
| 5,000명 이상 | 92 | 4.435 | .563 | 4.359 | .556 | 4.337 | .704 |
| **설립 형태** | | | | | | | |
| 국・공립 | 124 | 4.454 | .469 | 4.306 | .526 | 4.234 | .720 |
| 사립 | 284 | 4.486 | .966 | 4.288 | .551 | 4.201 | .717 |
| **선정 대학 유형** | | | (*) | | | | (**) |
| 선도 대학 | 251 | 4.515 | .546 | 4.340 | .563 | 4.303 | .751 |
| 우수 대학 | 138 | 4.353 | .513 | 4.226 | .493 | 4.051 | .643 |
| 특성화 모집 단위 운영 대학 | 19 | 4.855 | 3.122 | 4.171 | .572 | 4.158 | .579 |
| **총 선정(지원) 기간** | | | | | (*) | | (*) |
| 1년 | 25 | 4.780 | 2.720 | 4.230 | .595 | 4.160 | .718 |
| 2년 | 68 | 4.419 | .540 | 4.379 | .549 | 4.338 | .620 |
| 3년 | 208 | 4.453 | .517 | 4.227 | .538 | 4.111 | .676 |
| 4년 | 107 | 4.486 | .585 | 4.383 | .522 | 4.336 | .824 |
| **총 입학사정관 수** | | | | | | | |
| 1~5명 | 41 | 4.646 | 2.131 | 4.299 | .545 | 4.232 | .653 |
| 6~10명 | 155 | 4.402 | .521 | 4.240 | .515 | 4.145 | .657 |
| 11~15명 | 112 | 4.484 | .576 | 4.339 | .573 | 4.214 | .788 |
| 16~20명 | 55 | 4.536 | .558 | 4.427 | .483 | 4.455 | .689 |
| 21명 이상 | 45 | 4.483 | .523 | 4.194 | .600 | 4.111 | .783 |
| **입학사정관 조직 형태** | | | (***) | | | | (*) |
| 입학처 소속 | 6 | 4.750 | .274 | 4.500 | .775 | 4.500 | .775 |
| 별도팀(실) | 376 | 4.430 | .549 | 4.285 | .537 | 4.178 | .726 |
| 독립조직(팀) | 20 | 5.325 | 2.880 | 4.425 | .551 | 4.700 | .340 |
| 기타(교무처 소속 등) | 6 | 4.292 | .941 | 4.167 | .665 | 4.333 | .408 |
| 계 | 408 | 4.476 | .846 | 4.294 | .543 | 4.211 | .717 |

*:p<0.05, **:p<0.01, ***:p<0.001

〈부록 2-9〉 입학사정관의 인구통계학적 특성에 따른 입학사정관제의 정착에 대한 인식 차이

| 구분 | N | 입학사정관제의 정착에 대한 인식 | | f(t) | p |
|---|---|---|---|---|---|
| | | M | SD | | |
| **성별** | | | | | |
| 남 | 195 | 3.821 | .742 | .425 | .513 |
| 여 | 213 | 3.770 | .812 | | |
| **연령** | | | | | |
| 20대 | 20 | 4.250 | .639 | 4.639 | .001 (**) |
| 30대 | 173 | 3.757 | .690 | | |
| 40대 | 132 | 3.667 | .807 | | |
| 50대 | 55 | 4.073 | .716 | | |
| 60대 | 28 | 3.750 | 1.110 | | |
| **학력** | | | | | |
| 학사 | 17 | 3.353 | .931 | 3.209 | .041 (*) |
| 석사 | 194 | 3.845 | .799 | | |
| 박사 | 197 | 3.782 | .734 | | |
| **소득** | | | | | |
| 3천만 원 미만 | 27 | 3.778 | .934 | 8.258 | .000 (***) |
| 4천만 원 미만 | 194 | 3.876 | .672 | | |
| 5천만 원 미만 | 122 | 3.893 | .653 | | |
| 5천만 원 이상 | 65 | 3.369 | 1.054 | | |
| **직전 직업** | | | | | |
| 초중고 교사 | 47 | 3.915 | .747 | 1.794 | .077 |
| 초중고 교장·교감 | 28 | 3.929 | 1.052 | | |
| 학원 진학(상담) 교사(강사) | 15 | 3.400 | 1.404 | | |
| 대학원생 | 32 | 3.781 | .751 | | |
| 대학 강사 | 90 | 3.889 | .644 | | |
| 대학 교수 | 23 | 3.391 | 1.076 | | |
| 대학 직원 | 54 | 3.815 | .779 | | |
| 대학, 연구소 연구원 | 85 | 3.800 | .573 | | |
| 기타 (사기업체 등) | 34 | 3.676 | .684 | | |
| **근무 경력** | | | | | |
| 6개월 미만 | 26 | 4.000 | .938 | 3.769 | .002 (**) |
| 6개월~1년 미만 | 79 | 3.519 | .918 | | |
| 1년~2년 미만 | 132 | 3.848 | .715 | | |
| 2년~3년 미만 | 101 | 3.743 | .770 | | |
| 3년~4년 미만 | 55 | 3.964 | .576 | | |
| 4년 이상 | 15 | 4.133 | .516 | | |
| **정규직 여부** | | | | | |
| 정규직 | 87 | 3.609 | .826 | 6.320 | .012 (*) |
| 비정규직 | 321 | 3.844 | .759 | | |
| 계 | 408 | 3.794 | .779 | | |

*:$p<0.05$, **:$p<0.01$, ***:$p<0.001$

〈부록 2-10〉 대학의 통계학적 특성에 따른 입학사정관제의 정착에 대한 인식 차이

| 구분 | N | 입학사정관제의 정착에 대한 인식 | | f(t) | p |
|---|---|---|---|---|---|
| | | M | SD | | |
| **소재지** | | | | | |
| 수도권 | 228 | 3.860 | .695 | 3.685 | .56 |
| 비수도권 | 180 | 3.711 | .868 | | |
| **대학 규모 (입학 정원)** | | | | | |
| 1,000명 미만 | 58 | 3.586 | 1.044 | 3.000 | .018 (*) |
| 1,000~2,000명 미만 | 70 | 3.629 | .854 | | |
| 2,000~3,000명 미만 | 54 | 3.981 | .765 | | |
| 3,000~4,000명 미만 | 134 | 3.851 | .582 | | |
| 5,000명 이상 | 92 | 3.859 | .750 | | |
| **설립 형태** | | | | | |
| 국·공립 | 124 | 3.677 | .976 | 4.032 | .045 (*) |
| 사립 | 284 | 3.845 | .670 | | |
| **선정 대학 유형** | | | | | |
| 선도 대학 | 251 | 3.876 | .708 | 3.708 | .025 (*) |
| 우수 대학 | 138 | 3.659 | .875 | | |
| 특성화 모집 단위 운영 대학 | 19 | 3.684 | .820 | | |
| **총 선정(지원) 기간** | | | | | |
| 1년 | 25 | 3.720 | .980 | .697 | .555 |
| 2년 | 68 | 3.706 | 1.052 | | |
| 3년 | 208 | 3.793 | .716 | | |
| 4년 | 107 | 3.869 | .631 | | |
| **총 입학사정관 수** | | | | | |
| 1~5명 | 41 | 3.659 | .794 | 2.093 | .081 |
| 6~10명 | 155 | 3.690 | .834 | | |
| 11~15명 | 112 | 3.884 | .707 | | |
| 16~20명 | 55 | 3.964 | .719 | | |
| 21명 이상 | 45 | 3.844 | .767 | | |
| **입학사정관 조직 형태** | | | | | |
| 입학처 소속 | 6 | 3.333 | 1.211 | 1.195 | .311 |
| 별도팀(실) | 376 | 3.793 | .779 | | |
| 독립조직팀(실) | 20 | 3.850 | .671 | | |
| 기타(교무처 등) | 6 | 4.167 | .408 | | |
| 계 | 408 | 3.794 | .779 | | |

*:p<0.05, **:p<0.01, ***:p<0.001

〈부록 2-11〉 입학사정관의 인구통계학적 특성과 주요 영향 요인 간의 상관관계

| | 성별 | 연령 | 학력 | 소득 | 전직업 | 근무 경력 | 정규직 여부 |
|---|---|---|---|---|---|---|---|
| 대입 전형 선진화 | -.077 | .015 | .248 (***) | .041 | .022 | .228 (***) | .155 (**) |
| 공교육 활성화 | -.037 | .112 (*) | .069 | -.132 (**) | -.033 | .062 | .200 (***) |
| 사회문제 해결 | .083 | -.096 | .056 | -.179 (***) | -.027 | -.099 (*) | .157 (**) |
| 전형 특징 | -.004 | -.083 | -.005 | .081 | .049 | .025 | -.026 |
| 전형 요소 | -.034 | .010 | -.030 | .111 (*) | -.043 | -.097 | -.162 (**) |
| 전형 과정 | -.067 | .036 | .021 | .165 (**) | -.001 | .072 | -.004 |
| 전형 방식 | -.076 | .029 | .027 | -.199 (***) | -.109 (*) | -.195 (***) | .175 (***) |
| 교과부 역할 | -.033 | -.083 | .057 | .009 | -.002 | -.070 | .070 |
| 대교협 역할 | -.102 (*) | -.040 | -.001 | -.055 | -.065 | -.113 (*) | .005 |
| 대학 역할 | -.020 | -.059 | .231 (***) | .096 | .036 | .237 (***) | .108 (*) |
| 고교 역할 | -.040 | .008 | .187 (***) | .070 | .007 | .192 (***) | .052 |
| 교육청 역할 | -.071 | -.057 | .176 (***) | -.004 | -.040 | .207 (***) | .138 (**) |
| 전문성 | .063 | -.074 | .073 | -.026 | .065 | .015 | .129 (**) |
| 공정성 | -.032 | -.024 | .275 (***) | .097 | .011 | .048 | .097 |
| 합리적 대응책 | -.034 | -.174 (***) | .146 (**) | .011 | .061 | .023 | .074 |

*:$p<0.05$, **:$p<0.01$, ***:$p<0.001$

〈부록 2-12〉 대학의 통계학적 특성과 주요 영향 요인 간의 상관관계

| 구분 | 소재지 | 대학 규모 | 설립 형태 | 선정 유형 | 총 선정 기간 | 총사정관 수 | 조직 형태 |
|---|---|---|---|---|---|---|---|
| 대입 전형 선진화 | -.168 | .140 | .046 | -.214 | .112 | .100 | .073 |
| | (**) | (**) | .352 | (***) | (*) | (*) | |
| 공교육 활성화 | -.020 | .057 | .024 | -.092 | .063 | .094 | .008 |
| 사회문제 해결 | -.014 | .000 | -.038 | .003 | -.001 | .018 | .007 |
| 전형 특징 | -.084 | .071 | .085 | .074 | -.032 | -.005 | .003 |
| 전형 요소 | .178 | -.036 | -.071 | .188 | -.190 | -.089 | -.009 |
| | (***) | | | (***) | (***) | | |
| 전형 과정 | -.151 | -.056 | .025 | .021 | -.101 | -.016 | -.015 |
| | (**) | | | | (*) | | |
| 전형 방식 | .210 | .039 | -.060 | .197 | -.173 | -.155 | -.049 |
| | (***) | | | (***) | (***) | (**) | |
| 교과부 역할 | .074 | -.025 | -.137 | .081 | -.037 | -.034 | .042 |
| | | | (**) | | | | |
| 대교협 역할 | .062 | -.015 | -.105 | .045 | -.057 | .060 | -.097 |
| | | | (*) | | | | |
| 대학 역할 | -.132 | .102 | .068 | -.137 | .108 | .162 | .011 |
| | (**) | (*) | | (**) | (*) | (**) | |
| 고교 역할 | -.082 | -.014 | .004 | -.129 | .128 | .189 | .019 |
| | | | | (**) | (*) | (***) | |
| 교육청 역할 | -.071 | .083 | -.021 | -.062 | .124 | .138 | -.033 |
| | | | | | (*) | (**) | |
| 전문성 | -.117 | .095 | .018 | -.013 | -.036 | .004 | .111 |
| | (*) | | | | | | (*) |
| 공정성 | -.124 | .181 | -.016 | -.108 | .038 | .025 | -.002 |
| | | (***) | | (*) | | | |
| 합리적 대응책 | -.093 | .207 | -.021 | -.142 | .031 | .039 | .095 |
| | | (***) | | (**) | | | |

*:p<0.05, **:p<0.01, ***:p<0.001

# 참고 문헌

## 국내 문헌


강창동(2007). 한국 대학입시제도의 사회사적 변천과 특징에 관한 연구. 「교육문제연구」, 28: 83-113.

교육개혁위원회(1995). 「세계화·정보화를 주도하는 신교육 체제 수립을 위한 교육개혁 방안」.

교육과학기술부(2007.5). 「대입전형 선진화를 위한 입학사정관제 지원 계획(안)」.

———(2008). 「2008년도 대통령 업무보고서」.

———(2008.3). 교육살리기, 과학기술 강국 건설: 2008년 주요 국정과제 실행 계획. 「2008년도 대통령 업무보고서」.

———(2008.5). 「2008년도 입학사정관제 지원사업 기본 계획(안)」.

———(2009.2). 「2008년도 사교육비 조사 결과 분석 및 대책」.

———(2009.3.9). 「선진형 대입전형을 위한 입학사정관제 대폭 확대 발표」. 보도자료.

———(2009.3.25). 「입학사정관제 단계적 정착 방안 마련 및 내실화 발표」. 보도자료.

———(2009.4). 「2009년도 입학사정관제 지원사업 기본 계획」.

———(2010.4). 「2010년도 입학사정관제 지원사업 기본 계획」.

———(2010.12.17). 「2011년 주요 업무계획 발표」. 보도자료.

교육과학기술부·한국대학교육협의회(2010.4.15). 「2010년도 입학사정관제 지원사업 공고」. 보도자료.

———(2010.6.17). 「2010년도 입학사정관제 지원사업 선정 결과 발표」. 보도자료.

———(2011.5.23). 「2011년도 입학사정관제 지원사업 선정 결과 발표」. 보도자료.

교육과학기술부(2011.4). 「2011년도 입학사정관제 운영 지원사업 기본 계획」.

교육부(1998a). 「교육50년사」. 교육50년사 편찬위원회.

———(1998b). 「2002학년도 대학입학제도 개선안」.

교육인적자원부(2004). 「학교교육 정상화를 위한 2008학년도 이후 대학입학제도 개선안」.

———(2007.5). 「대입전형 선진화를 위한 입학사정관제 지원 계획(안)」.

———(2007.6). 「대한민국 교육40년」. 서울: 한스미디어.
구찬동(2009). 「자유주의 분배 정의와 공평한 분배」. 경북대학교대학원 박사학위 논문.
국정브리핑 특별기획팀(2007). 「대한민국교육 40년」. 서울: 한스미디어.
권승아(2009). 「입학사정관 제도 운영 실태와 입학사정관의 인식」. 석사학위 논문. 이화여자대학교 대학원
김경범(2007). 대학입학사정관제 사업계획. 「대학입학사정관제 워크숍 자료집」. 한국대학교육협의회.
———(2009). 미국과 일본 대학의 입학사정관제 운영사례와 시사점. 「비교교육연구」, 19(3): 79-106.
김병주(2008). 입학사정관제도 운영에 대한 관련 집단의 요구분석. 「입학사정관제도의 활성화를 위한 법적·제도적 방안 탐색 학술세미나 자료집」. 한국고등교육정책학회.
김수연·김시라(2009). 입학사정관 평가를 위한 학교생활기록부 정성적 평가모형 탐색. 「인문사회과학연구」, 23: 35-59.
김수현(2007). 중앙대학교 대학입학사정관제. 「대학입학사정관제 워크숍 자료집」. 한국대학교육협의회.
김승정(2007). 가톨릭대 입학사정관제 현황 및 현행 과제. 「대학입학사정관제 워크숍 자료집」. 한국대학교육협의회.
김용범 외(2010). 「입학사정관제의 직무역량과 미래 운영 비전에 관한 연구」. 대통령직속미래기획위원회.
김윤상(2011). 지역균형임용제: 예산 없이 지방과 지방대를 살리는 방안. 「지방대학 육성을 위한 (지방할당제) 정책토론회 자료집」, 1-14.
김택형(2008). 「대학 서열 체제의 형성과정과 변화 요인에 대한 신제도주의적 분석: 역사적 신제도주의를 중심으로」. 고려대학교 대학원 석사학위 논문.
김택형·양성관·문성빈. (2009). 한국과 미국의 입학사정관 교육훈련 프로그램 비교연구. 「비교교육연구」, 19(3): 107-134.
김현철(2008). 입학사정관제의 정착을 위한 모델. 「대학입학사정관제의 정착 방안에 관한 국제컨퍼런스 자료집」. 한국대학교육협의회.
김현철 외(2006).「입학사정관제 도입 및 지원 방안 연구」. 교육인적자원부 정책연구 2006-공모-1.
남보우(2007). 대학입학사정관제 현장 점검 및 컨설팅 종합의견. 「대학입학사정관제 워크숍 자료집」. 한국대학교육협의회.
———(2008a). 대입전형 자율화 시대의 입학사정관제 정착 방향. 「제 38차 KEDI 교육정책 포럼: 자율화 시대의 대입전형제도 발전 방향 정책포럼 자료집」: 71-97.
———(2008b). 「대학입학사정관제 지원 대학 선정 및 평가연구」. 한국대학교육협의회.

노명순(2006). 대학입학정책 변화 요인의 역사적 신제도주의적 분석. 「교육행정학연구」, 24(3): 241-264.

노형진(2008). 「AMOS에 의한 공분산구조분석: 원리편」. 서울: 한올출판사.

대통령직인수위원회(2008). 「대입 3단계 자율화 방안」.

동아일보(2011.1.12). 「심층분석: KAIST 학생 자살 부른 전문계고 입학사정관 전형」.

문홍안 외(2009). 「입학사정관 교육훈련 발전 방안 연구」. 한국대학교육협의회.

박남기 외(2008). 「대학입학사정관제의 공정성 확보 방안 연구」. 한국대학교육협의회.

박도순(2008). 새 정부 교육정책의 이념과 철학. 「이명박 정부 교육정책의 방향과 과제 교육정책 대토론회 자료집」. 한국교원단체총연합회.

박선형 · 박남기(2008). 일본의 대학입시와 입학사정관제도. 「비교교육연구」, 18(3): 207-230.

박우순(2010). 「후반기 이명박 정부, 공정사회를 위한 교육과제는? 교육정책 토론회 자료집」. 한국교원단체총연합회 · 한국교육학회 · 한국교육행정학회 · 한국정책학회 · 한국행정학회.

박정선(2007). 연세대학교 입학사정관제 현황 및 과제. 「대학입학사정관제 워크숍 자료집」. 한국대학교육협의회.

박제남 외(2008). 「대학 입학사정관 정착모형 개발 연구」. 한국대학교육협의회.

반재천 · 김선(2009). 입학사정관제에서의 의사결정의 정확률 및 성공 비율 추정을 위한 로지스틱 회귀분석의 적용. 「교육평가연구」, 22(2): 429-450.

서울대학교 사범대학교육연수원. (2010). 「입학사정관 전문양성 훈련프로그램 연수자료집」.

손경재(2009). 「Cooper의 다차원 정책분석 모형을 활용한 초등 방과후학교 운영에 미치는 요인 탐색」. 건국대학교 대학원 박사학위 논문.

손종현(2007). 경북대 입학사정관제 현황 및 현안 과제. 「대학입학사정관제 워크숍 자료집」. 한국대학교육협의회.

손종훈 외(2010). 「입학사정관 그들의 생각을 듣는다」. 대구: 도서출판 이신.

손희권 · 주휘정(2009). 신문이 제시한 대학입학사정관제 개선 방안의 비판적 고찰. 「교육문제연구」, 34: 1-24.

송순재 외(2007). 「대학입시와 교육제도의 스펙트럼」. 서울: 학지사.

양성관(2006). 단위학교 개선을 위한 지원 방안: 대학-단위학교 협력 프로그램을 중심으로. 「지방교육경영」, 11: 117-142.

———(2008). 「대학입학사정관제 지침서 개발 연구」. 한국대학교육협의회.

———(2009). 대학입학사정관제의 특징 및 개선방안 분석: Cooper 등의 4차원 정책분석 모형을 사용하여. 「교육정치학연구」, 16(3): 125-148.

양성관 · 김경범(2008). 「대학입학사정관제 지침서 개발 연구」. 한국대학교육협의회.

양성관 · 김택형(2008). 대입 자율화의 가능성에 대한 비판적 검토: 입학사정관제를 중심으로. 「한국교육학연구」, 14(3): 145-170.
양성관 · 정일환(2007). 미국 대학입학제도의 전형자료, 입학사정관제도 및 기여입학제도분석: 개별적 검토를 중심으로. 「비교교육연구」, 17(3): 167-190.
양승실(2003). 「대학입학제도의 운영 실상과 영향 분석 연구」. 한국교육개발원.
유재봉(2006). 영국의 대학교육 개혁의 동향: 1980년대 이후 교육정책을 중심으로. 「비교교육연구」, 16(2): 59-75.
유현주(2009). 역할에 기초한 입학사정관 전문성 훈련 프로그램. 「한국교육논단」, 8(2): 131-153.
이광석(2005). 정책집행의 성공과 실패에 있어서 정책결정자의 역할에 관한 고찰. 「서울행정학회 학술발표논문자료집」. 서울행정학회.
———(2006). 정책학의 관점에서 본 국어정책의 의미와 방향. 「한글」, 271 봄: 161-204.
이미경(2011). 「입학사정관 전형의 단순화, 특성화를 위한 입학자 정보 분석 연구」. 건국대학교.
이원욱(2011). 「연구조사방법의 이해와 적용」. 서울: 형설출판사.
이윤로 · 유시순(2009). 「SPSS」. 서울: 학지사.
이윤미(2009). 입학사정관제도 확대를 우려하며. 「우리교육」, 8월호: 72-79.
이종승(2005). 대학입시제도의 변천사. 「대학수학능력시험 10년사 Ⅰ · Ⅱ」. 한국교육과정평가원 연구보고. 서울: 중앙교육진흥연구소.
이주호 외(2007). 「평준화를 넘어서 다양화로」. 서울: 학지사.
이해영(2010). 「정책학신론」. 파주: 학현사.
이현청(2005). 대학자율과 대학입시의 방향. 「교육법연구」, 8(2): 147-181.
임연기(2010). 「후반기 이명박 정부, 공정사회를 위한 교육과제는? 교육정책 토론회 자료집」. 한국교원단체총연합회 · 한국교육학회 · 한국교육행정학회 · 한국정책학회 · 한국행정학회.
임진택(2011). 창의적 체험활동을 통한 효율적인 입학사정관 전형 대비 전략: 입학사정관전형 평가의 실제. 「2012 대입 Academy 자료집」, 49-66.
장기영(2007). 입학사정관제 현황 및 현안 과제. 「대학입학사정관제 워크숍 자료집」. 한국대학교육협의회.
장수명(2004). 노동시장 성과로 본 학력 · 학벌주의 실상. 우천식 편. 「사교육의 효과, 수요 및 그 영향 요인에 관한 연구」. 한국교육개발원 연구보고서. 2004-17: 253-280.
정광희(2004). 일본의 대입제도와 시사점. KEDI 8년 연구 제4차 세미나. 「외국의 대입제도」. 한국교육개발원.
정영수 외(2007). 「해외 대학입학제도 실태조사 연구」. 한국대학교육협의회.
정용덕 외(1999). 「신제도주의 연구」. 서울: 대영문화사.
정완용(2008). 대학자율화의 기본방향과 추진전략: 입시 부분. 「제24회 대학교육정책포럼 발표 자료집」. 한국대학교육협의회.
정일환(2008a). 입학사정관제도 운영의 내실화 방향. 「2010학년도 대입 기본계획 수립을 위한 워크숍 자료집」. 한국대학교육협의회.
———(2008b). 입학사정관제도의 실시 배경과 활성화 방향. 「한국고등교육정책학회 정책토론회 자료집」: 3-27.
———(2009a). 대학입학 전형 토론. 「제3회 한국사립대학총장협의회 세미나 자료집」: 77-91.
———(2009b). 입학사정관제도의 운영 체제 개선 및 사교육시장 대응책 탐색 기조 발표. 「입학사정관제도의 운영 체제 개선 및 사교육시장 대응책 탐색 정책토론회 자료집」. 한국고등교육정책학회 · 한국비교교육학회: 3-29.
정일환 · 김병주(2008). 미국 대학 입학사정관제도의 운영 사례와 시사점. 「비교교육연구」, 18(4): 113-139.
정일환 외(2008). 「입학사정관제의 활성화를 위한 법적, 제도적 방안 탐색」. 한국대학교육협의회.
———(2009). 「입학사정관제 정착을 위한 운영 체제 개선 및 사교육 경감 방안」. 한국대학교육협의회.
정진곤(2004). 미국의 대입제도와 시사점. KEDI 8년 연구 제 4차 세미나. 「외국의 대입제도」. 한국교육개발원.
———(2005). 미국 대학의 학생 선발 방법과 한국 입시제도의 시사점: Berkeley, Stanford와 Washington대학을 중심으로.「교육평가연구」, 18(2): 149-171.
정진상 외 편(2004). 「대학서열체제 연구: 진단과 대안」. 파주: 한울.
정훈(2010). Cooper 등의 교육정책분석 이론 및 모형에 관한 연구. 「국가정책연구」, 24(4): 147-164.
———(2011). 「한국 입학사정관제의 정착에 미치는 영향요인 분석: 다차원 정책분석 모형 적용」. 경북대학교 대학원 박사학위 논문.
제17대 대통령선거 정책공약집(2007.10).
조미정(2007). 성균관대학교 입학사정관제 현황. 「대학입학사정관제 워크숍 자료집」. 한국대학교육협의회.
중앙일보(2010.9.20). 「창간 45주년 여론조사: 정치 부문」.
최병기(2009). 2010학년도 입학사정관 전형분석 및 대비 방안. 「2010학년도 대입전형 및 입학사정관제 이해 설명회 자료집」, 1-63.
———(2011). 2012 대입전형의 특징 및 효율적 대비 방안.「2012 대입 Academy 자료집」, 67-94.
한국교원단체총연합회(2009). 「대학입학사정관제 개선 방안」.
———(2010a). 「2010 당면 교육정책 개선 방안」.
———(2010b). 「후반기 이명박 정부, 공정사회를 위한 교육과제는? 교육정책토론회자료집」. 한국교원단체총연합회 · 한국교육학회 · 한국교육행정학회 · 한

국정책학회 · 한국행정학회.
한국교육정치학회 편(1994). 「교육정치학론」. 서울: 학지사.
한국대학교육협의회(2007). 중앙대학교 대학입학사정관제. 「대학입학사정관제 워크숍 자료집」.
———(2007.6). 「2007년도 입학사정관제 지원 사업 시행 계획」.
———(2008.4). 「대학입학사정관제의 정착 방안에 관한 국제컨퍼런스 자료집」.
———(2008.6). 「2008년도 입학사정관제 지원사업 시행 계획」.
———(2008.9). 「2008년 대학입학사정관제 선정 대학 직무 워크숍자료집」.
———(2009). 「입학사정관제의 운영 사례: 미국과 일본 대학을 중심으로」.
———(2009.4). 「2009년도 입학사정관제 지원사업 시행계획」.
———(2009.5.4). 「입학사정관제의 안정적 정착과 공정성 및 신뢰성 확보 방안」. 보도 자료.
———(2009.6). 「인재 선발과 육성을 위한 입학사정관의 역할 국제세미나 자료집」.
———(2010.4a). 「2010년도 입학사정관제 지원사업 시행계획」.
———(2010.4b). 「입학사정관제 운영 공통 기준」.
———(2010.4.6). 「대학의 자율적 입학사정관제 운영 방안」. 보도 자료.
———(2010.7). 「창의 인재 선발을 위한 입학사정관 전형 사례 탐색 국제 심포지엄 자료집」.
———(2010.8). 「2011학년도 대입전형 분석 및 입학사정관제 이해」. 서울: 한국대학교육협의회 대학입학상담센터.
———(2010.12.6). 「2012학년도 대학입학 전형 시행계획」. 보도 자료.
———(2011.3). 「2011년 대학입학사정관제 사례발표 워크숍 자료집」.
———(2011.4a). 「2011년도 입학사정관제 운영 지원사업 시행계획」.
———(2011.4b). 「입학사정관제 학생TF 아이디어 및 입학사정관 전형 합격자 수기 공모 안내」.
———(2011.8). 「입학사정관제의 성과와 발전 방향: 제34회 대학교육 정책포럼 자료집」.
한석수(2005a). 「교육정책의 나비효과를 꿈꾸며」. 서울: 도서출판 아르케.
———(2005b). 미국 대학입학제도의 장단점 및 정책적 시사점. 「대학교육」, 9-10.
———(2006). 입학허가 결정에 영향을 미치는 변수분석: 미국 아이오와 주립대학을 중심으로. 「한국교육」, 33(1): 105-130.
홍후조(2004). 「2008학년도 대학입학 전형에서 고교 내신과 그 활용의 개선 방안 연구」. 한국교육개발원.
홍후조 · 김정희(2008). 입학사정관제도의 현황과 시범 운영 성과 분석. 「입학사정관제도의 활성화를 위한 법적 · 제도적 방안 탐색 학술세미나자료집」. 한국고등교육정책학회.

AAMC(2004). *Handbook for Admissions Officers*. Association of American Medical Colleges.

Allison, G. T. (1971). *Essence of Decision: Explaining the Cuban Missile Crisis*. Boston: Little, Brown and Company.

Arce-Ferrer, A. J. & Castillo, I. B. (2007). Investigating Postgraduate College Admission Interviews Generalizability Theory Reliabilty and Incremental Predictive Validity. *Journal of Hispanic Higher Education*, 6(2): 118-134.

Bejar, I. I. (2005). Toward a Science of Assessment, In Camara, W. J. & Kimmel, E. W. (eds.). *Choosing Student: Higher Education Admission Tools for the 21st Century*. Mahwah, NJ: Lawrence Erlbaum Associates.

Bernstein, R. J. (1978). *The Restructuring of Social and Political Theory*. Philadelphia: University of Pennsylvania Press. 안병영 옮김. (1988). 「현대정치사회이론」. 서울: 도서출판 나남.

Blair, J. & Maser, S. (1977). Axiomatic Versus Empirical Models in Policy Studies. *Policy Studies Journal*, 5: 282-289.

Bolman, L. G. & Deal, T. B. (1991). *Reframing Organizations*. San Francisco: Jossey-Bass.

Bowles, S. & Gintis, H. (1976). *Schooling in Capitalist America: Educational Reform and the Contradictions of Economic Life*. New York: Basic Books.

Burlingame, M. & Geske, T. G. (1979). State Politics and Education: An Examination of Seleted Multiple-State Case Studies. *Educational Administraitor Quarterly*, 15(2): 50-75.

Caleel, T. R. (2010). Mock Committee. 2010 *Symposium on Holistic Admissions Best Practices in US Universities*. Korean Council for University Education.

Camara, W. J. (2005a). Broadening Predictors of College Success. In Camara, W. J. & Kimmel, E. W. (eds.). *Choosing Student: Higher Education Admission Tools for the 21st Century*. Mahwah, NJ: Lawrence Erlbaum Associates.

———(2005b). Broadening Criteria of College Success and the Impact. In

Camara, W. J. & Kimmel, E. W. (eds.). *Choosing Student: Higher Education Admission Tools for the 21st Century*. Mahwah, NJ: Lawrence Erlbaum Associates.

Cibulka, J. G. (1995). Policy Analysis and the Study of the Politics of Education. In Scribner, J. D. & Layton, D. H. (eds.), *The Study of Educational Politics*. Washington, DC: Falmer Press.

———(1997). Two Eras of Schooling: The Decline of the Old Order and the Emergence of New Organizational Forms. *Education and Urban Society*, 29(3): 317-341.

Clarke, M. & Shore, A. (2001). *The Roles of Testing and Diversity in College Admissions*. Chestnut Hill, MA: National Board on Educational Testing and Public Policy.

Clinedinst, M. E. & Hawkins, D. A. (2006). *State of College Admission*. The National Association for College Admission Counseling.

Conley, D. T.(2005). *College knowledge*. San Francisco: Jossey-Bass.

Cooper, B. S., Fusarelli, L. D., & Randall, E. V. (2004). *Better Policies, Better Schools: Theories and Applications*. New York: Pearson. Pub. Co.

Crowson. R. L. & Boyd, W. L. (1996). The Politics of Education, the New Institutionalism, and Reinvented Schooling: Some Concluding Observations. In Crowson, R. L., Boyd, W. L., & Mawhinney, H. B. (eds.). *The Politics of Education and the New Institutionalism: Reinventing the American School*. London: Falmer Press.

De Luca, A. M. (2008). Student Assessment and Admission Office Organization at UC Berkeley. *International Conference on Development of University Admission Officer System*. Korean Council for University Education..

Douglass, J. A. (2007). *The Condition for Admission: Access, Equity, and the Social Contract of Public Universities*. TN: Lightingg Source Inc.

Etienne, P. M. & Julian, E. R. (2005). Assessing the Personal Characteristics of Premedical Students. In Camara, W. J. & Kimmel, E. W. (eds.). *Choosing Student: Higher Education Admission Tools for the 21st Century*. Mahwah, NJ: Lawrence Erlbaum Associates.

Fine, M. (1993). Parent Involvement: Reflections on Parents, Power, and Urban Public Schools. *Teachers College Record*, 94: 682-710.

Foster, W. (1986). *Paradigms and Promises: New Approaches to Educational Administration*. Buffalo, NY: Prometheus.

Gilbert, G. E., Basco, J. R. Blue, A. V., & O'Sullivan, P. S. (2002). Predictive Validity of the Medical College Admissions Test Writing Sample for the united States Medical Licensing Examination Step1 and 2. *Advances in Health Sciences Education*, 7: 191-200.

Gilligan, G. (1982). *In a Different Voice: Psychological Theory and Womens Development.* Cambridge, MA: Harvard University Press.

Golden, D. (2006). *The Price of Admission: How America's Ruling Class Buys Its Way into Elite Colleges-and Who Gets Left Outside the Gates*. NY: Random House Inc.

Habermas, J.(1971). *Knowledge and Human Interests*. Boston: Beacon Press.

———(1975). *Legitimation Crisis*. Boston: Beacon Press.

———(1983). *The Theory of Communicative Action*, Vol. 1. Boston: Beacon Press.

———(1988). *The Theory of Communicative Action,* Vol. 2. Boston: Beacon Press.

Hall, P. A. (1993). Policy Paradigms, Social Learning, and the State: The Case of Economic Policymaking in Britain. *Comparative Politics*, 25(3): 275-296.

Hauser, J. Z. et al. (1964). *The Admission in the American College: An Occupation under Change*. The College Entrance Examination Board.

Hawkins, D. A. et al. (2006). *State of College Admission.* National Association for College Admission Counseling.

Hayashi, A. (2009). AO Examinations in Japan and Example of Kyushu University. *International Seminar on the Role of Admissions Officers in Student Selection & Education.* Korean Council for University Education.

Held, D. (1980). *An Introduction to Critical Theory.* London: Hutchinson.

Hicks, M. A. & Shere, C. (2004). Toward Reflective Admission Work. *Journal of College Admission*, 2: 44-57.

Hogwood, B. W. & Gunn, L. A. (1984). *Policy Analysis for the Roal World.* New York: Oxford University Press.

Jacobowitz, T., DeLorenzo, L. & Adirim, M. (2000). *Incorporating Concerns for Diversity and Social Justice in Admissions Decisions*. Annual Meeting of the American Educational Research Association.

Jenkins-Smith, H. C. & Sabatier, P. A. (1994). Evaluation the Advocacy Coalition Framework. *Journal of Public*. 14(2): 175-203.

Johnston, K. (2008a). College Admission at U.S. Institutions. *International*

*Conference on Development of University Admission Officer System.* Korean Council for University Education.

——(2008b). Selecting and Developing Creative Talent. *Global HR Forum 2008: Creative Talents for Global Collaboration.* 교육과학기술부, 한국경제신문, 한국직업능력개발원.

Karabel, J. (2005). *The Chosen: The Hidden History of Admission and Exclusion at Harvard, Yale, and Princeton.* NY: Mariner Books.

Katz, M. B. (1971). *Class, Bureaucracy, and Schools: The Illusion of Educational Change in America.* New York: Praeger.

Kerr, D. H. (1976). *Educational Policy: Analysis, Structre, and Justification.* New York: David McKay.

Krasner, S. D. (1988). Sovereignty: An Institutional Perspective. *Comparative Political Studies,* 21(1): 66-94.

Kretchmar, J. (2006). Assessing the reliability of ratings Used in Undergraduate Admission Decisions. *Journal of College Admission.* The National Association for College Admission Counseling.

Laird, R. (2005). What is It We are Trying to Fix and How should We Fix It? A View from the Admissions Office. In Camara, W. J. & Kimmel, E. W. (eds.). *Choosing Student: Higher Education Admission Tools for the 21st Century.* Mahwah, NJ: Lawrence Erlbaum Associates.

Lauren, B.(eds.). (2008). *The College Admissions Office's Guide.* American Association of Collegiate Registers and Admissions Officers.

Linn, R. L. (2005). Evaluating College Applicants: Some Alternatives. In Camara, W. J. & Kimmel, E. W. (eds.). *Choosing Student: Higher Education Admission Tools for the 21st Century.* Mahwah, NJ: Lawrence Erlbaum Associates.

March, J. G. & Olsen, J. P. (1989). *Rediscovering Institutions: The Organizational Basis of Politics.* New York: The Free Press.

Martin, I., Karabel. J., & Jaquez, S. W. (2005). High School Segregation and Access to the University of California. *Educational Policy,* 19(2): 308-330.

Marshall, C. & Anderson, G. L. (1995). Rethinking the Public and Private Spheres: Feminist and Cultural Studies Perspectives on the Politics of Education. In Scribner, J. D. & Layton, D. H. (eds.), *The study of educational politics.* Washington, DC: Falmer Press.

Mawhinney, H. B. (1993). *An Interpretive Framework for Understanding the Politics of Policy Change.* Unpublished Doctoral Dissertation.

University of Ottawa. Ottawa, Canada.

Mazzoni, T. L. (1993). The Changing Politics of State Education Policymaking: A 20-year Minnesota Perspective. *Educational Evaluation and Policy Analysis*, 15(4): 357-379.

——(1995). State Policymaking and School Reform; Influences and Influentials. In Scribncr, J. D. & Layton, D. H. (eds.), *The Study of Educational Politics*. Washington, DC: Falmer Press.

McCool, D. C. (eds.). (1995). *Public Policy Theories, Models, and Concepts; An Anthology*. Englewood Cliffs, NJ: Prentice-Hall.

McCormick, J. (1999). Inside the Admissions Game. *Newsweek*, 133(14).

McDonough, M. & & Tierney, W. G. (2005). *State of College Admission*. The National Association for College Admission Counseling.

McRobbie, M. A. (2009). International Seminar on the Role of Admissions Officers in Student Selection and Education. *International Seminar on the Role of Admissions Officers in Student Selection & Education*. Korean Council for University Education.

Morgan, G. (1997). *Images of organization*(2nd ed.). Thousand Oaks, CA: Sage.

NACAC(1995). *Recommendations of the commission on the Role of Standardized Testing in College Admission*. Washington DC: The National Association for College Admission Counseling.

——(2003). *Diversity and college admission in 2003: A Survey Report*. Washington DC: National Association for College Admission Counseling.

——(2006). NACAC *Admission Trends Surveys 1993 through 2006*. Washington DC: National Association for College Admission Counseling.

——(2007a). *State of College Admission 2006*. Washington DC: National Association for College Admission Counseling.

——(2007b). *Statement of Principles of Good Practice*. Washington DC: National Association for College Admission Counseling.

——(2008). *Report of the Commission on the Use of Standardized Testing in College Admission*. Washington DC: National Association for College Admission Counseling.

Nakamura, R. T. & Smallwood, F. (1980). *The Politics of Policy Implementation*. New York: St. Martin's Press.

Neustadt, R. E. & May, E. R. (1986). *Thinking in Time: The Uses of History for Decisionmakers*. New York: The Free Press.

Nodding, N. (1984). *Caring, a Feminine Approach to Ethics and Moral Education*. Berkeley: University of California Press.

Nondorf, J. G. (2010). Organizing & Managing the Admissions Function. *2010 Symposium on Holistic Admissions Best Practices in US Universities*. Korean Council for University Education.

Perry, R. R. (1964). *The Admission Officer-Educator, Admistrator, Professional?*. American Association of Collegiate Registers and Admissions Officers & Association of College Admissions Counselors.

Peters, B. G. (1999). *Institutional Theory in Political Science*. London: Pinter.

Popkewitz, T. S. (1999). Introduction: Critical Traditions, Modernisms, and the Posts. In Popkewitz, T. S. & Fendler, L. (eds.), *Changing Terrains of Knowledge and Politlcs*. New York: Routledge.

Reyes, P. & Capper, C. A. (1991). Urban Principals: A Critical Perspective on the Context of Minority Student Dropouts. *Educational Administration Quarterly*, 27(4): 530-557.

Rigol, G. (2004). *Selection through Individualized Review: A Report on Phase IV of the Admissions Models Project*. NY: The College Board.

Robertson, D. B. (1993). The Return to History and the New Institutionalism in American Political Science. *Social Science History*, 17(1): 1-36.

Robinson, A. & Katzman, J. (1987). *College Admissions: Cracking the System*. NY: Villard Books.

Rochefort, D. A. & Cobb, R. W. (eds.). (1994). *The Politics of Problem Definition*. Lawrence: University Press of Kansas.

Rosenau, P. V. (1993). Anticipating a Post-Modern Policy Current? *Policy Currents*, 3: 1-4.

Sabatier, P. A. (1991a). Political Science and Public Policy, *PS: Political Science & Politics*, 24(2): 144-147.

———(1991b). Toward Better Theories of the Policy Process, *PS: Political Science & Politics*, 24(2): 147-156.

Sackett, P. R. (2005). The Performance-Diversity Tradeoff in Admission Testin. In Camara, W. J. & Kimmel, E. W. (eds.). *Choosing Student: Higher Education Admission Tools for the 21st Century*. Mahwah, NJ: Lawrence Erlbaum Associates.

Scheurich, J. J. (1994). Policy Archaeology: A New Policy Studies Methodology. *Journal of Education Policy*, 9(4): 297-316.

Scheurich, J. J. & Imber, M. (1991). Educational Reforms can Reproduce

Societal Inequities: A Case Study. *Educational Administration Quarterly,* 27(3): 297-320.

Schmill, S. (2010). The Goals & Implications of Holistic Admissions. *2010 Symposium on Holistic Admissions Best Practices in US Universities.* Korean Council for University Education.

Schmitt, N., Oswald, F. L., & Gillespie, M. (2005). Broadening the Performance Domain in the Prediction of Academic Sucess. In Camara, W. J. & Kimmel, E. W. (eds.). *Choosing Student: Higher Education Admission Tools for the 21st Century.* Mahwah, NJ: Lawrence Erlbaum Associates.

Sedlacke, W. E. (2005). The Case for Noncognitive Measures. In Camara, W. J. & Kimmel, E. W. (eds.). *Choosing Student: Higher Education Admission Tools for the 21st Century.* Mahwah, NJ: Lawrence Erlbaum Associates.

Senge, P. (1990). *The Fifth Discipline: The Art and Practice of the Learning Organization.* New York: Doubleday.

Shaw, R. H. (2010a). How Decisions Are Made. *2010 Symposium on Holistic Admissions Best Practices in US Universities.* Korean Council for University Education.

———(2010b). Use of Technology in the Admissions Process. *2010 Symposium on Holistic Admissions Best Practices in US Universities.* Korean Council for University Education.

Skocpol, T. (1992). *Protecting Soldiers and Mothers: The Political Origins of Social Policy in the United States.* Cambridge, MA: Harvard University Press.

Smith, A. (2003). Confessions of an Admissions Officer. *Career World,* 32(2).

Sroufe, G. E. (1995). Politics of Education at the Federal Level. In Scribner, J. D., & Layton, D. H. (eds.). *The Study of Educational Politics.* Washington, DC: Falmer Press.

Sternberg, R. J. & The Rainbow Project Collaborators(2005). Augmenting the SAT through Assessment of Analytical. In Camara, W. J. & Kimmel, E. W. (eds.). *Choosing Student: Higher Education Admission Tools for the 21st Century.* Mahwah, NJ: Lawrence Erlbaum Associates.

Stetson, L. (2010). Professional Growth. *2010 Symposium on Holistic Admissions Best Practices in US Universities.* Korean Council for University Education.

Stewart, J. (1991). Policy Models and Equal Educational Opportunity. *PS:*

*Polirical Science & Politics*, 24(2): 167-173.
Stone, D. A. (1988). *Policy Paradox and Political Reason*. New York: Harper Collins.
Swann, C. C. et al. (1998). *Handbook for the College Admission Profession*. Washington DC: American Association of Collegiate Registers and Admissions Officers.
Swann, R. M. & Weese, F. A. (1997). *Becoming a Leader in Enrollment Services*. Washington DC: American Association of Collegiate Registers and Admissions Officers.
Takata, S. (2007). University Admission System in Japan: In Case of Waseda University. 「대학입학사정관제 워크숍 자료집」. 한국대학교육협의회.
Thacker, L. (eds). (2005). *College Unranked*. Cambridge: Harvard University Press. 한석수·이종욱·정훈 옮김(2007). 「미국 대학 입학사정관들의 고민」. 서울: 도서출판 아르케.
The College Board(2002). *Best Practices in Admission Decision: A Report on the Third College Board Conference on Admission Model*. The College Board.
Thelen, K. & Steinmo, S. (1992). Historical Institutionalism in Comparative Politics. In Steinmo, S., Thelen, K., & Longstreth, F. (eds.). *Structuring Politics: Historical Institutionalism in Comparative Analysis*. Cambridge, MA: Cambridge University Press.
Thompson, D. C. (2009). Admission at Selective Collleges and Universities. *International Seminar on the Role of Admissions Officers in Student Selection & Education*. Korean Council for University Education.
Torres, C. A. (1999). Critical Theory and Political Sociology of Education: Arguments. In Popkewitz, T. S. & Fendler, L. (eds.). *Changing Terrains of Knowledge and Politics*. New York: Routledge.
Truman, D. B. (1951). *The Governmental Process: Political Interests and Public Opinion*. New York: Knopf.
UCAS(2006). *Universities and Colleges Admissions Service*.
Young, M. D. (1999). Multifocal Educational Policy Research: Toward a Method for Enhancing Traditional Educational Policy Studies. *American Educational Research Journal*, 36(4): 677-714.
Willingham, W. W. (2005). Prospects for Improving Grades for Use in Admission. In Camara, W. J. & Kimmel, E. W. (eds.). *Choosing Student: Higher Education Admission Tools for the 21st Century*. Mahwah, NJ: Lawrence Erlbaum Associates.

# 찾아보기


ㄱ

가설 검증 144
강창동 49
개별적, 종합적 또는 포괄적 검토 68
건(L. A. Gunn) 28
게스케(T. G. Geske) 18
고교의 역할 114, 119, 134
고등교육정책 105
고유값(eigenvalue) 131, 134, 154
골든(D. Golden) 69, 92
공교육 활성화 113, 117, 134, 155
공선성 통계량 143, 148
공정성 135
공차 141, 143, 148
교육 가치 189
교육개혁 사업 197
교육과학기술부의 역할 113, 118, 119, 134, 156
교육 목표의 명료성 167, 170
교육보호위원회(Advisory Board of the Education Conservancy) 174
교육의 가치 회복 198
교육적 가치 166
교육적 가치 옹호 172
교육적 가치의 중요성 198
교육적 리더십 197
교육적 명료성 163, 166, 168
교육적 비전 189
교육적 양심 198
교육정책 104
교육지원청의 역할 114, 119, 134, 156
교육 평등 190
구성적 차원 32, 33, 43, 108, 109, 110, 111, 132, 134, 139, 140, 142, 144, 148, 153, 156
구성적 차원에 대한 가설 113
구성적 차원에 대한 가설 검증 146
구성적 차원에 대한 KMO와 Bartlett의 검정 133
구성적 차원의 영향 요인 118
구성적 차원의 영향 요인에 관한 하위 변수 118
구성적 차원의 하위 영향 요인 150
구조적 차원 32, 43, 108, 109, 111, 132, 134, 137, 140, 141, 144, 148, 153, 155
구조적 차원에 대한 가설 113
구조적 차원에 대한 가설 검증 145
구조적 차원에 대한 KMO와 Bartlett의 검정 132
구조적 차원의 영향 요인 117
구조적 차원의 영향 요인에 관한 하위 변수 117
구조적 차원의 하위 영향 요인 150

권승아 64, 73, 74, 76, 78, 98, 100, 101, 115, 122
규범적 차원 32, 42, 108, 109, 111, 131, 134, 140, 141, 143, 144, 148, 153, 155
규범적 차원에 대한 가설 112
규범적 차원에 대한 가설 검증 145
규범적 차원에 대한 KMO와 Bartlett의 검정 132
규범적 차원의 영향 요인 116
규범적 차원의 영향 요인에 관한 하위 변수 116
규범적 차원의 하위 영향 요인 149
글루터(B. Grutter) 71
기술적 차원 32, 34, 43, 108, 109, 110, 111, 133, 135, 139, 140, 142, 144, 145, 148, 153, 156
기술적 차원에 대한 가설 검증 147
기술적 차원에 대한 KMO와 Bartlett의 검정 133
기술적 차원의 영향 요인 119
기술적 차원의 영향 요인에 관한 하위 변수 119
기술적 차원의 하위 영향 요인 151
김경범 98, 99
김병주 99
김용범 100, 122
김윤상 155
김택형 54
김택형 · 양성관 · 문성빈 100
김현철 62, 72, 79, 90, 93, 95, 96, 97, 99, 100, 101, 115


ㄴ


나카무라와 스몰우드(R. T. Nakamura & F. Smallwood) 15
난도르프(J. G. Nondorf) 95
남보우 61, 62, 99, 100
뉴욕 타임스(*New York Times*) 171, 189


ㄷ


다이버(C. Diver) 169
다중공선상의 문제점 141
다중회귀분석(multiple regression analysis) 124, 140, 154
다차원 교육정책 분석모형 35, 143, 152
다차원 교육정책 분석 선행 연구 35
다트머스(Dartmouth)대학 69, 184
단일 차원성(unidimensionality) 137
대입 3단계 자율화 방안 59
대입 3단계 자율화 정책 81
대입자율화의 과정 56
대입자율화의 목표와 정책 수단 59
대입자율화의 추진 57
대입전형 반영 요소의 변화 51
대입 전형의 선진화 112, 116, 134, 155
대입제도 변화의 배경 요인 53
대입제도의 변천 과정 49
대학과 고교의 연계 프로그램 156
대학 등급 매기기 200
대학 서열 169, 195, 200
대학 순위 매기기 198
대학위원회(the College Board) 96
대학은 그대가 만드는 것이다 176
대학은 무엇을 할 수 있는가? 188
대학의 신뢰 190
대학의 역할 114, 119, 134
대학의 통계학적 특성 140, 143
대학의 학생 선발 198

대학입학 결정 과정과 관행 163
대학 입학 및 카운슬링협의회(National Association for College Admission Counseling) 93
대학입학사정관제 105
대학 입학의 시장 성향 178
대학입학 상담가 협의회(Association of College Admissions Counselors) 91
대학 입학 시장 164
대학협의회와 언론은 무엇을 할 수 있는가? 193
더글라스(J. A. Douglass) 92
델반코(A. Delbanco) 164, 166, 175, 192
도구적 가치 169
독립변수 116
독립변수의 개념적 타당화 137
드루카(A. M. De Lucca) 94
『등급 없는 대학(*College Unranked*)』 5, 95, 163, 189, 198

### ㄹ

라우렌(B. Lauren) 93
러닝센터(Learning Center) 158
레만(N. Lemann) 183
레빈(R. Levine) 182
레어드(B. Laird) 64, 194
로버트슨(D. B. Robertson) 23
로체포트(D. A. Rochefort) 28
리커트(Likert)의 5점 척도 122, 154

### ㅁ

마더스(P. Marthers) 169
마사(R. Massa) 167
마셜(C. Marshall) 25, 27
마초니(T. L. Mazzoni) 14, 15, 19
마치(J. G. March) 21, 22
마휘니(H. B. Mawhinney) 18, 23
만다린스(Mandarins) 183
매튜(J. Mathews) 182
맥로비(M. A. McRobbie) 94
맥코믹(J. McCormick) 94
맥쿨(D. C. McCool) 13
맥퍼슨(M. McPherson) 166, 174, 188
메이허(B. Mayher) 187
멜런재단(Mellon Foundation) 183
명문대 우대 사회 풍토 157
모스(R. Morse) 195
미국 대학 등록처 및 입학사정관 협의회(American Association of Collegiate Registrars and Admissions Officers) 91, 93
『미국 대학 입학사정관들의 고민』 6, 95, 163
미국의대협회(AAMC) 94
미시간(Michigan)대학 71

### ㅂ

바틀렛(Bartlett)의 구형성 검정 131
박남기 61, 79, 99
박도순 104
박선형·박남기 77, 99
박우순 64, 105
박제남 91, 95, 99, 100, 101, 115
밸링거(P. Ballinger) 167, 169
버링엠(M. Burlingam) 18
버지니아 윌리엄스(Virginia Williams)대학 158
베리맥스(varimax)법 131

베세다(M. Beseda) 167, 169
변수의 설문 구성 115
변수의 조작적 정의 154
보울스(S. Bowles) 25
볼링거(L. Bollinger) 172
부분상관 143, 148
분산 설명력 133, 134
분석모형의 개발 159
블레어(J. Blair) 13
비교육적 전략 199
비투시성(opacity) 69
비판이론 26
비표준화계수 143, 148
빈도분석 123


## ㅅ


사교육비 증가 방지 방안 155
사교육시장 구조 113, 155
사교육시장 구조와의 관계 111
사교육시장 구조 축소 120, 152
사바티어(P. A. Sabatier) 16, 17, 18
사정(査定, assess, revise, screen) 62
사회적 다양성 155
사회적 문제 해결 113, 117, 134
상관관계 133
상관관계 분석 124, 135, 154
상업적 가치 167, 189
상업적 관행 189, 197
상업적 압력 181
상업적 영향 166, 169, 198
상업주의 190, 198
상업주의화 199
상호연계 체제의 구축 111, 156
샤피로(M. Schapiro) 174
서열 173
서열 발표 200
서열주의 165
서열화 165, 189, 190, 200
선도 대학 85, 86, 109, 123
선정 대학별 입학사정관 운영계획 123
『선택의 집착(*Obsession with Choice*)』 173
선택의 횡포 173
설명력 149, 154
설문 대상의 선정 122
설문 문항의 구성 121
셰인(W. M. Shain) 167, 199
소수인종 우대정책 70
손경재 39, 41, 45
손종현 99
쇼(R. H. Shaw) 95
쉬밀(S. Schmill) 95
슈워츠(B. Schwartz) 172
스레셔(B. A. Thresher) 174
스미스(A. Smith) 94
스완(R. M. Swann) 92, 93
스카치폴(T. Skocpol) 21, 23
스태퍼드(K. Stafford) 166
스테트슨(L. Stetson) 95
스톤(D. A. Stone) 30
스튜어트(J. Stewart) 18
스페이어(M. Speyer) 168, 191
시불카(J. G. Cibulka) 21, 22, 26, 27, 30
시장 메커니즘 197
신다원주의 옹호연합 및 이익집단 이론 17
신뢰도 134
신뢰도 검사 131
신뢰도 분석 154
신뢰성 계수 154

신제도주의 이론 20, 108
실증주의 관점 14

## ㅇ

아이비 리그 대학(Ivy League College) 171
아이비 홀리즘 182
애덤스(W. Adams) 169
앤더슨(G. L. Anderson) 25, 27
앰허스트(Amherst)대학 158
양성관 36, 37, 38, 42, 44, 45, 53, 54, 55, 58, 62, 68, 79, 98, 100, 107, 108, 110
양성관 · 김택형 50, 53, 55, 58, 60, 62, 68, 71, 79, 98
양성관 · 정일환 68, 71, 99
업적(merit) 70
연구 과제 159
영(M. D. Young) 14, 25
영감 찾기 163
예외 179
예일(Yale)대학 69
오닐(T. O'Neill) 167, 169, 194
오코너(S. D. O'Connor) 71
올센(J. P. Olsen) 21, 22
완벽한 대학 178
외국 입학사정관제의 역사 68
외국 주요 대학의 입학사정관 제도 비교 76
요인분석 131, 154
요인 적재치 131, 132, 133, 134, 154
우수 대학 86, 109, 123
위즈(F. A. Wease) 93
윈굿(H. Wingood) 169
유의확률 143, 144, 148
윤리와 사회 정의 33
이광석 15
이데올로기적 관점 29, 108
이명박 정부의 교육정책 103
이명박 정부의 정책 기조 103
이미경 158
이원욱 13
이의 제기 대응책 114, 120
이종욱 95, 163, 201
이주호 80, 157
이해영 23
인과 계수 139
『인생게임(*The Game of Life*)』 192
일관성 135
일원배치분산분석(ANOVA) 124
일치도 135
임연기 105, 106
입학사정관(admission officer) 62
입학사정관 역량의 우선순위 100
입학사정관의 신분 보장(정규직) 157
입학사정관의 인구통계학적 요인 115
입학사정관의 인구통계학적 특성 125, 126, 127, 140, 143, 154
입학사정관의 전문성 114, 119, 156, 157
입학사정관의 전형 과정 113, 118
입학사정관의 전형 방식 113, 118
입학사정관의 전형 요소 64, 113, 117
입학사정관의 전형 특징 62, 113, 117
입학사정관 자격증제 157
입학사정관 전문 양성·훈련 프로그램 지원 사업 85
입학사정관 전형의 공통 예시안 67
입학사정관 전형의 주요 전형 기준 65
입학사정관제 105
입학사정관제 공통 전형 요소 예시안 67

입학사정관제 공통 전형절차 예시안 67
입학사정관제 내실화 82, 106
입학사정관제 도입 및 지원 방안 연구 96
입학사정관제 분석모형 111
입학사정관제 3단계 정착 방안 82, 120
입학사정관제 선정 대학의 통계학적 요인 115
입학사정관제 선정 대학의 통계학적 특성 128, 129, 155
입학사정관제에 관한 선행 연구 90
입학사정관제에 관한 실증적 선행 연구 비교 101
입학사정관제 운영 지원사업 85
입학사정관제의 개념 61
입학사정관제의 미래 비전 100
입학사정관제의 신뢰성 111, 120, 152
입학사정관제의 정착 82, 106, 111, 112, 120, 140, 143, 144, 154
입학사정관제의 정착에 미치는 영향 요인 분석 108, 140
입학사정관제의 정착에 미치는 주요 영향 요인 간의 상관관계 136
입학사정관제의 추진 목적 달성 111, 120, 152
입학사정관제 지원사업의 내용 85
입학사정관제 지원사업의 도입 배경 78
입학사정관제 지원사업의 선정대학 현황 87
입학사정관제 지원사업의 운영 체계 84
입학사정관제 지원사업의 추진 과정 80
입학사정관제 지원사업의 추진 목적 83
입학사정관제 지원사업의 추진 방향 83
입학사정관제 확대 82, 106
『입학사정관 핸드북(*Handbook for Admissions Officers*)』 94
입학 전형 과정의 공정성 114, 119
입학 허가 과정 199
입학 허가의 조건 설정(setting the conditions of admission) 92

## ㅈ

자격증 제도 157
자기상관관계 141
자유재량(discretion) 69
전문성 135
전수조사 122
전임 입학사정관 122, 123, 154
전형(銓衡, screening, selection, choice) 62
전형 결과 114, 120
전형 결과에 대한 합리적인 이의 제기 대응책 156
전형 과정 134
전형 방식 134
전형 요소 134
전형 특징 134
정규직 비율 157
정부 신뢰의 연구 120
정영수 74, 98
정용덕 20
정일환 49, 50, 63, 65, 66, 82, 98, 99, 100, 101, 115, 102, 122
정일환·김병주 99
정진곤 98
정훈 13, 35, 95, 163, 201
젠킨스-스미스(H. C. Jenkins-Smith) 17, 18
존스(M. Jones) 182
존스턴(K. Johnston) 73, 94

종속변수 120
주요 독립변수의 경로계수 138
주요 독립 변수의 요인분석 및 신뢰도 검증 134
주요 독립변수의 인과계수 및
중범위이론(middle-range theory) 23
지역균형임용제 155

ㅊ

체제이론 14, 108
추정값의 표준오차 148
추천입학제 74
측정 도구의 요인분석 131
측정 도구의 적합성 135

ㅋ

카라벨(J. Karabel) 68, 70, 92
카릴(T. R. Careel) 95
카츠(M. B. Katz) 25
카퍼슨(G. Caperson) 193, 194
커르(D. H. Kerr) 31
컬럼비아(Columbia)대학 69
코브(R. W. Cobb) 28
콘리(D. T. Conley) 93
콜러웨이(S. Callaway) 170, 191
콜먼(M. S. Coleman) 189
쿠퍼 등의 다차원 교육정책 분석모형 33, 45, 109, 153
쿠퍼 등의 다차원 정책분석 모형 108
쿠퍼, 푸사렐리, 랜달(B. S. Cooper, L. D. Fusarelli, & E. V. Randall) 14, 16, 24, 27, 31, 32, 33, 39, 42, 44, 108, 109, 110, 108, 137, 141, 155
크래스너(S. D. Krasner) 21, 55
크론바하 알파(Cronbach's α) 값 123, 131, 154

ㅌ

『타임』지 72
타카타(S. Takata) 74
탐색적 요인분석 123, 131
태커(L. Thacker) 5, 95, 107, 163, 198, 201
토레스(C. A. Torres) 26
톰슨(M. Thompson) 94, 182
통계량 144, 148
트루먼(D. B. Truman) 17
특성화 단위 운영 대학 109
특성화 모집 단위 운영 대학 85, 86, 123

ㅍ

파인(M. Fine) 26
퍼스텐버그(K. Furstenberg) 169, 184
페리(R. R. Perry) 91
페미니즘 27
펙(D. Peck) 166
펠튼(L. Pelton) 163
포스터(W. Foster) 26
포스트모더니즘 28, 108
포크(B. Poch) 169, 184
표준오차 144
표준화 190
표준화 계수 143, 148
표준화 베타값 141, 142
표준화 인과계수 137, 138, 139
프란츠(C. Franz) 169

프리드먼(J. Freedman) 188, 189
피츠제럴드(F. Scott Fitzgerald) 196
피터스(B. G. Perers) 24

ㅎ

하버드(Harvard)대학 69
하버마스(J. Habermas) 28
하야시 아쓰히로(Hayashi Atsuhiro) 94
하우서(J. Z. Hauser) 91
학부모가 고려하여야 할 사항 185
학부모가 학부모에게 187
학부모는 무엇을 할 수 있는가? 181
학부모와의 관계 정립 156
학생다움(studenthood) 96, 174, 198
학생다움 되찾기 172
학생들은 무엇을 할 수 있는가? 176
학생들의 특성 170
한국과학기술원(KAIST) 158
한국교원단체총연합회 104
한국교육정치학회 107
한국대학교육협의회의 역할 114, 119, 134
한석수 95, 98, 163, 201
합리적 대응책 135
해석학주의 관점 25
해석학주의와 비판사회이론 29
허쉬(R. Hersh) 169, 178
헬드(D. Held) 26
호그우드(B. W. Hogwood) 28
호킨스(D. A. Hawkins) 93
홀(P. A. Hall) 14, 22
홍후조 98
확률론적인 모형 140
확신 177
확인적 요인분석(confirmatory factor analysis) 124, 137
황규호 97
회귀모형 144
후속 연구 159

2002학년도 개선안 59
2008학년도 개선안 59
2010년 입학사정관 전문 양성·훈련 프로그램 지원사업 선정 대학 명단 89
2010년 입학사정관 전문 양성·훈련 프로그램 지원사업 86
2010년 입학사정관 지원사업 선정 대학 운영계획 109
2010년 입학사정관제 운영 지원사업 선도 대학 선정 명단 87
2010년 입학사정관제 운영 지원사업 우수 대학 선정 명단 88
2010년 입학사정관제 운영 지원사업 유형 86
2010년 입학사정관제 운영 지원사업 특성화 모집 단위 운영 대학 선정 명단 88
2010년도 입학사정관제 지원사업 123
5·31 교육개혁 59

ACT(American College Test) 94
AMOS 18.0 110, 124, 137, 154
AO(Admission Officers) 72, 73, 74, 77
C.R. 139
F 141, 144, 148
GCE(Getneral Certificate of Education) 75
GPA(Grade Point Average) 94
KMO(Kaiser-Meyer-Olkin) 131
NACAC 170

*National Crosstalk* 194
R 144, 148
R 제곱 143, 144, 148
SAT(Scholastic Aptitude Test) 94, 171, 172, 195
S.E. 139
SMC(squared multiple correlations) 137, 139
SPSS Win 18.0 110, 154
t 148
t-검정 124
*The College Board Review* 164
*The Future of Higher Education* 75
*The Student Aid Game* 174
THES(Times HIgher Education Supplement) 72
*U.S News & World Report* 72, 96, 195
UCAS(Universities and Colleges Admissions Service) 75
VIF 141, 143, 148

## 저자 소개

정훈(鄭勳)<hunjung@tk.ac.kr>

- 경북대학교 및 동 대학원 행정학과에서 석 · 박사학위(전공: 정책학)를 취득하였으며, 현재 대경대학교 행정복지학부 교수로 재직 중이고, 산학협력단장, 산학협력처장, 학생지원처장, 교무2처장, 기획부(처)장, 평생교육원장 등을 역임하였다.
- 주요 저서와 논문으로는 『행정학개론』, 『도시행정론』, 『지방행정론』, 『환경행정론』, 『조직과 인간』, 『행정학연습』, 『경찰행정학』, 『경찰학개론』, 『미국 대학 입학사정관들의 고민(역서)』, 그리고 「정책분석에 있어서 정책문제의 정의 방안」, 「선진 민주부국에 있어서 정책집행의 성공도 평가」, 「조합주의(Corporatism)와 정책연계성 분석」, 「정치에 있어서 여성의 역할과 전망」, 「한국 경찰법제 고찰」, 「경찰문화에 대한 이론적 고찰」, 「Cooper 등의 교육정책분석 이론 및 모형에 관한 연구」, 「한국 입학사정관제의 정착에 미치는 영향요인 분석: 다차원 정책분석 모형 적용」 등이 있다.
- 주요 경력으로는 한국 전문대학 산학협력처 · 단장협의회 회장(2004~2009)과 전문대학 교육혁신운동본부 공동대표(2005~2006)를 역임하였으며, 2007년부터 현재까지 포럼 희망전문대학 의장을 맡고 있다. 또한 대통령자문 국가균형발전위원회 전문위원과 교육인적자원부 지방대학 혁신역량강화사업(NURI) 중앙평가위원 및 전문대학 특성화사업제도개선1위원장과 전문대학 구조혁신위원, 그 외 산업자원부와 행정자치부 사업 평가위원 등을 역임하였다.
- 현재 교육과학기술부 평생교육진흥원 운영위원, 교육과학기술부 고등학교 직업교육 선도사업 컨설팅 팀장, 교육과학기술부 중소기업 특성화고 육성사업 전문위원회 자문위원장, 고용노동부 직업능력개발계좌제 심사위원 팀장과 문화체육관광부 관광전문인력교육기관 평가위원장 등으로 활동 중이며, 대통령 및 교육인적자원부 장관 표창(2005)을 기관 및 개인으로 수상하였다.

# 한국 입학사정관제 분석

**-다차원 교육정책 분석모형 적용-**

펴낸날 / 제1판 제1쇄 2012년 1월 5일
지은이 / 정 훈
펴낸이 / 임춘환
펴낸곳 / 도서출판 대영문화사
주소 / 서울 용산구 청파동 1가 178-2 ㉾ 140-869
등록 / 1975년 12월 26일 제3-16호
전화 / (02)716-3883, (02)714-3062
팩시밀리 / (02)703-3839
우체국 온라인 / 011353-02-009106



ISBN 978-89-7644-385-4

〔값 13,000원〕